물류클러스터를 연계한
수도권 적합산업

-인천경제자유구역을 중심으로-

물류클러스터를 연계한
수도권 적합산업

유광현·장동한 공저

한국학술정보㈜

세계경제는 WTO를 중심으로 무역자유화를 통한 세계화와 더불어 지역경제블록화 현상이 동시에 진행되고 있다. 이런 가운데 동북아경제권은 중국의 부상으로 인해 EU, NAFTA와 함께 세계 3대 교역권으로 급성장하였다. 한편 우리나라의 제조업 경쟁력은 중국에 지속적으로 밀리고 고부가가치 업종에서는 일본에 밀려 마치 호두까기에 끼인 호두와 비슷한 상황이다.

우리나라는 이와 같은 상황을 타개하기 위해 21세기의 새로운 성장동력 산업을 발굴해야 하는 시점에 있으며, 유망 산업으로 많은 전문가와 미래학자들은 물류산업을 꼽고 있다. 이는 한반도가 입지여건상 동북아경제권 내에서 최적의 연계성과 중심성을 확보하고 있기 때문이다. 입지여건은 시설, 운영 등 다른 여건과는 달리 외생적으로 주어진 것으로서 스스로 바꿀 수 없는 것이며, 해당 지역의 물류중심화 실현 여부를 결정하는 궁극적 요인이 된다. 이러한 점에 비추어 볼 때 한국은 우수한 입지여건을 활용하여 동북아지역 내 주요 물류중심지 중 하나로 발전할 수 있는 잠재력을 갖고 있는 것으로 판단된다.

우리나라의 동북아 물류중심전략과 관련된 논의는 1990년대 후반부터 본격화되었는데, 동북아 물류중심전략이란 지금까지의 단순 환적 기능에서 부가가치물류기능의 활성화를 도모하고, 세계 최고수준의 공항과 항만의 개발, 그리고 세계적인 물류센터 및 지역본부 유치를 통하여 세계의 화물과 사람과 정보가 모이는 동북아 관문을 목표로 하고 있다.

동북아 물류거점 또는 물류중심국가 건설을 위해 경제자유구역을 중심으로 한 물류인프라 확장과 외국기업 유치에 전력을 다하고 있으나, 실현 가능성에 확신을 갖기 어려운 실정이다. 실제 개별 경제자유구역의 발전방향 및 계획을 살펴보면, 공통적으로 경제자유구역 내 물류클러스터의 활성화를 중심으로 하고 있으나, 지역의 차별성 및 지역별 특성 반영이 미흡하고 특화산업의 유사성으로 인한 과다경쟁과 중복투자가 우려되고 있다. 또한 현재 추진 중인 물류기능 강화를 통한 물류거점화 방안은 단순히 물류시설의 확충과 물류기업의 유치를 통해 경제자유구역의 물류산업 공단화를 추진하는 것으로 이런 단순한 물류산업집적화 전략만으로는 세계적인 기업들의 핵심 물류전략인 글로벌SCM전략에 부응할 수 없을 것이다.

물류클러스터 활성화를 통한 경제자유구역 발전전략의 성공을 위해서는 지역별 특성과 해당 지역의 물류인프라를 고려한 배후지역 적합산업의 선정과 육성이 필요할 것으로 보인다. 물류클러스터는 기존의 물류수요 존재와 새로운 물류수요 창출을 도모할 수 있는 산업을 기반으로 하여, 해당 산업들의 물류수요를 충족할 수 있는 최적의 물류기능을 보유해야 한다는 점에서 배후지역 입지산업과 물류산업은 상호 보완적 관계라 할 수 있다.

한편 수도권과 비수도권의 격차 해소를 통한 국민통합과 국가경쟁력 확보를 위한 국가균형발전이 중요한 과제로 부상되고 있는데, 참여정부 들어 이러한 기조가 더욱 강화되어 행정중심복합도시와 지역혁신도시 선정을 통한 국가균형발전전략을 수립하여 시행하고 있다.

이로 인해 그동안 수도권에 밀집되어 있던 공공기관의 지방이전 및 지역특성화 산업의 육성이 추진되고 있어서 수도권 공동화 및 지역별 특화산업의 중복에 대한 우려가 나타나고 있는 실정이다. 국가균형발전전략 추진과정에서 발생할 수 있는 수도권의 손실에 대한 대체 기능 발굴과 수도권과 비수도권의 공존 및 상생 발전을 위해서라도 지역별로 특화된 산업클러스터를 육성하는 것이 필수적이다. 특히 수도권에 가장 적합한 산업을 선정하여 해당 산업의 클러스터 형성과 체계적인 육성방안에 대한 모색이 필요하다. 동북아 물류중심 전략과 국가균형발전 전략의 성공적인 추진을 위해서는 수도권에 집적될 산업에 대한 연구가 필요하다. 인천경제자유구역의 활성화를 위한 물류클러스터의 구축과 함께 그 배후지역인 수도권에 이를 활용할 수 있는 산업의 전략적인 입지를 통해 시너지효과의 창출을 도모할 수 있을 것이다.

본 연구의 목적은 인천경제자유구역 내 물류클러스터의 활성화 방안으로서 인천경제자유구역의 배후지역에 집적되어야 할 적합산업을 도출하는 데에 있다. 다음으로, 도출된 적합산업의 전략적인 육성방안 제시와 함께 인천국제공항의 활용도 제고방안에 대해 제안하고자 한다.

이러한 연구를 통해 물류클러스터를 최대한 활용할 수 있는 산업들의 연계를 통한 안정적인 물류수요 확보와 물류효율성의 증가에 따른 수도권 적합산업의 국제경쟁력 향상을 도모할 수 있을 것이다. 또한 적합산업 선정을 통해 수출중심산업들의 클러스터 형성을 제안하기 때문에 수출산업의 경쟁력 제고에 긍정적인 효과를 기대할 수 있을 것이다. 마지막으로 향후 수도권에 입지해야 하는 적합산업에 대한 기준을 제시함으로써 수도권에 대한 산업정책과 유치기업 선정에 기여를 할 것으로 기대된다.

마지막으로, 본 연구에 많은 조언을 아끼지 않으신 한국항공대학교 이헌수 교수님, 한국방송통신대학교 김진환 교수님, 건국대학교 박광서 교수님께 감사를 드리며, 편집과정에서 많은 도움을 준 건국대학교 박사과정 김형철씨에게도 감사의 마음을 전한다.

1장 서 론

2장 물류클러스터에 관한 연구

5장 배후입지 적합산업 도출

6장 적합산업의 육성과 물류클러스터 활성화 방안

7장 요약 및 결론

1장

서 론

1절 연구배경 및 목적

1. 연구배경

현재 우리나라는 동북아 중심국가 건설이라는 장기적인 목표를 달성하기 위해 총력을 기울이고 있으며, 이러한 전략 중에 하나로서 동북아 물류거점 또는 물류중심국가 건설을 위해 경제자유구역을 중심으로 한 물류인프라 확장과 외국기업 유치에 전력을 다하고 있다.

동북아 지역물류거점을 추진하는 요인으로는 크게 대외적 요인과 대내적 요인으로 나눌 수 있다. 대외적 요인으로서 첫째, 동북아경제권은 무역자유화를 통한 세계화, 지역경제블록화 현상과 중국의 부상 등으로 세계경제에서 비중이 증가하여 세계 3대 교역권으로 성장하였으며, 최근 지리적 인접성을 이용한 상호 투자와 교역활동이 활발해지고 있어서 해당 권역을 총괄하는 물류거점의 필요성이 높아지고 있다.

둘째, 기업의 국제물류환경의 변화를 들 수 있다. 기업의 물류정책은 운송수단의 대형화·고속화, 정보통신 발달 등에 힘입어 글로벌SCM을 통한 지역거점중심으로 변화하고 있다. 즉 세계적인 다국적 기업들은 국제물류서비스체제를 구축하기에 용이한 거점항만 및 공항과 그 배후지를 중심으로 거점지역별 물류체계와 전 세계적인 네트워크를 동시에 구축하여 국제물류활동을 전개하고 있다. 또한 국제물류관리의 고도화는 공급연쇄관리와 함께 경쟁우위를 결정하는 핵심전략의 하나로 자리잡고 있다.

대내적 요인으로는 중국경제의 급성장으로 인한 위기의식 고조와 이로 인한 우리나라의 새로운 성장동력 확보의 필요성을 들 수 있다. 현재 우리나라의 제조업 경쟁력은 중국에 지속적으로 밀리고 고부가가치 업종에서는 일본에 밀리는 마치 호두까기에 끼인 호두와 비슷한 상황이기 때문에 이러한 상황을 타개하기 위한 새로운 성장동력으로서 많은 전문가와 미래학자들은 물류산업을 제안하고 있다.

또한 물류인프라의 대형화·허브화는 최근 네트워크가 강조되는 클러스터 개념으로 발전되고 있으며 이를 통한 부가가치물류(Value Added Logistics)가 강조되고 있다. 부가가치물류의 중요성이 부각되면서 국지적으로 분산되어 있던 물류센터가 공항만 주위로 집중화·대형화되면서 물류거점 및 공항만 배후단지의 클러스터 형성은 보다 촉진되고 있다.[1]

따라서 우리나라가 동북아 물류중심지로서 경쟁력을 가지려면 먼저 물류 관련 전후방연관산업, 연구소 및 대학 등을 공항만을 비롯

---

1) 방희석·김새로나, "동북아 물류거점의 Cluster 접근방안", 『무역학회지』, 29:3, 2004. 8.

한 물류시설을 하나의 공간 속에 집적시켜 구성원 간 네트워크 구축 및 상호 작용을 통해 물류서비스 이용자들에게 한 차원 높은 통합물류서비스(integrated logistics service)를 제공하는 시스템으로서 물류클러스터(logistics cluster)의 구축 필요성이 제기되고 있다.

그러나 현재 정부가 추진하고 있는 경제자유구역 내 물류클러스터 구축을 중심으로 하는 물류중심지 정책[2]은 물류산업의 클러스터에 대한 구체적인 분석과 명확한 이해 없이, 기존의 자유무역지역의 생산적인 측면과 단순한 물류단지의 혼합지[3]적인 접근방법을 시도하고 있기 때문에 물류클러스터 구축을 통한 경제자유구역의 차별성과 경쟁력 확보에는 한계가 있다.[4]

또한 개별 경제자유구역의 지역적·산업적 차이에도 불구하고 모든 경제자유구역의 발전방향 및 추진계획 등이 공항만 배후지역 개발, 물류단지 구축, 해외 유수의 글로벌 기업의 유치 등을 통해 물류클러스터를 구축한다는 일괄적인 전략을 추진하고 있어 '선택과 집중'이라는 정부의 기본취지에도 부합되지 못하고, 자칫 물류시설의 중복투자와 동북아 물류중심지 선점을 위한 경쟁하고 있는 여타 공항만과의 경쟁에 앞서 우리나라 개별 경제자유구역 간의 경쟁 심화

---

2) 정부는 동북아 물류중심지 로드맵을 2003년에 발표하여 3개(인천, 광양만, 부산·진해권) 경제자유구역을 중심으로 하는 동북아 물류중심지 전략을 수립하여 실행에 옮기고 있다.
3) 단순한 물류산업의 집합이지 클러스터라고 하기에는 네트워크 구축이나 구성요소 간 상호 작용 등을 통한 각종 시너지효과 존재 여부 등에서 부족한 면이 많다.
4) 경제자유구역의 차별성과 특화를 통한 경쟁력 확보방안으로서 네덜란드의 성공 사례가 주목을 받고 있다. 즉 네덜란드는 로테르담 항을 중심으로 스키폴공항, 철도망, 물류기업, 콜센터 및 연구소 등 세계적인 물류클러스터를 형성하여 글로벌 기업의 물류센터를 자국에 유치하여 유럽의 물류중심국가가 되었다.

를 야기할 수도 있다.

이와 같은 배경하에서 우리나라에서도 물류클러스터 구축에 대한 논의가 전개되고 있으나 아직까지는 물류클러스터에 대한 개념 및 분석방법에 대한 연구가 미비하며, 종합적인 시각에서 접근할 수 있는 방법론이 정립되지 못하고 있는 실정이다.

기존의 동북아 물류중심국가 건설 또는 경제자유구역에 관한 연구는 대부분 대내외적인 요인들로 인한 물류중심국가 건설에 대한 필요성에 대한 논의와 그 방안으로서 경쟁국의 현황과 비교분석을 통해 인센티브 강화, 노동문제, 법·규제 완화, 전문인력 확충 등 제도적인 해결책을 제시하고 있다.

또한 연구방법적인 측면에서도 일부 설문조사 분석을 통해 클러스터 구축요인에 대한 연구가 이루어지고 있지만 대부분 클러스터에 대한 기존 문헌 연구를 통한 물류클러스터5)의 개념 정리와 물류클러스터 구성산업 도출을 위한 방법으로 물류산업의 전후방연관분석 정도를 수행하여 물류연관산업을 정의하고, 해당 산업의 항만인근 입지 정도를 분석하는 연구가 대부분이다.

한편 물류클러스터 구성산업 도출을 위한 산업연관표의 중간수요와 중간투입인 내생부문만을 고려대상으로 하는 물류산업의 전후방연관분석 중심의 연구방법은 외생부문인 수출입 관련 부문과 실제 산업별 운송수단의 이용도와 SCM과 같은 기업물류전략적인 부문, 경제자유구역별 물류클러스터의 차별화 방안, 산업별 고유의 물류수요, 대중국 비즈니스 모델 정립, 그리고 국토개발이라는 정부와 지자체의 정책결정 등을 반영할 수가 없다.

---

5) 부산항 등 주된 항만에 있어서 물류클러스터 구축 가능성 등 항만클러스터(Port Cluster)에 대한 논의가 주류를 이루고 있다.

2. 연구목적

본 연구의 목적은 인천경제자유구역 내 물류클러스터의 활성화 방안으로서 인천경제자유구역의 배후지역에 집적되어야 할 적합산업을 도출하는 데에 일차적인 목적이 있다. 둘째, 도출된 적합산업의 전략적 육성방안 및 인천경제자유구역의 핵심물류거점인 인천국제공항의 활용도 제고방안을 제시하는 데에 있다.

이를 통해 물류클러스터의 활성화를 통한 인천경제자유구역의 동북아지역물류거점과 나아가 동북아 비즈니스거점으로서의 발전과 함께 지역적으로 특화된 산업의 전략적 육성으로 인한 수도권의 경쟁력 향상방안을 제시하고자 한다.

한편 물류클러스터 배후지역의 적합산업을 도출하고자 하는 목적으로는 지역적으로 특화되어 있으면서 동시에 당해 물류클러스터를 최대한 활용할 수 있는 산업들과 물류클러스터가 연계가 된다면 안정적인 물류수요의 확보에 가장 효과적이기 때문이다.

이는 물류산업의 성격에 기인하는데, 물류산업은 서비스산업이며 그 성격상 유발산업적 성격이 강하기 때문에 물류클러스터의 성공은 물류수요[6]가 존재할 때 가능할 것이다. 즉 물류클러스터는 기존의 물류수요의 존재와 새로운 물류수요 창출을 도모할 수 있는 산업을 기반으로 하여야 하며, 해당 산업들의 물류수요를 충족할 수 있는 최적의 물류기능을 보유해야 한다는 점에서 물류산업과 배후입지산업은 상호 보완적 관계라 할 수 있다.

또한 인천경제자유구역 내 위치할 물류클러스터의 물류수요는 글

---

6) 기업의 국내 활동에 소요되는 국내물류와 수출입에 소요되는 국제물류, 그리고 환적과 같은 국제물류거점으로서의 수요를 모두 포함한다.

로벌 경영활동을 전개하는 기업들의 글로벌SCM전략을 지원하는 지역물류거점으로서의 국제적 물류수요와 우리나라의 항공운송 관련 수출입물류의 관문으로서 국내물류수요를 가지고 있다. 그러나 국제적 물류수요의 경우에 물류수요가 아직은 불투명하며 보다 장기적인 관점에서 추진해야 하는 전략이라고 볼 때, 보다 안정적인 물류수요를 제공하는 국내물류수요를 기반으로 하여 단계적으로 국제물류기능의 확보를 추진하는 것이 현실적인 방안이다.

2절 연구방법과 범위

연구방법에 있어서는 기존 문헌 연구와 산업연관표와 각종 무역 관련 자료 등을 이용하여 실증분석을 하고자 한다. 즉 선행연구의 한계점을 고려하여 무역의존도가 높은 우리나라의 실정을 고려해 볼 때 물류클러스터는 수출입물류가 주를 이룰 것으로 예상되기 때문에, 기존의 물류클러스터 구축 논의와 같이 공항만을 중심으로 하는 관련 물류산업의 집중에 대한 연구와 더불어 무역과의 연계성이 높은 산업들에 대한 연구도 필요할 것이다. 즉 배후입지 적합산업의 입지에 영향을 줄 수 있는 무역 관련 항목, 산업연관 항목, 물류 관련 항목, 지역특성화 항목, 정책의지 등 다양한 변수들에 대한 요인 및 군집분석을 통해 적합산업의 도출을 시도하였다.

도출방법으로는 산업연관표의 내생부문과 외생부문을 활용하여 물류산업과의 전후방연관분석과 전체 산업의 전후방연관분석을 분리하여 실시하였다. 또한 무역의존도가 높은 현실을 반영하여 산업별 무역 연관효과, 산업별 수출입 운송수단 이용도, 한중일 산업 내 무역과 산업의 지역특화도 등을 제시하였으며, 이를 통해 확보한 자료를 이용하여 요인분석과 군집분석을 실시하여 적합산업을 도출하였다.

연구범위로서는 현재 추진되고 있는 3개(부산·진해권, 광양만권, 인천권) 경제자유구역 모두에 대한 논의를 통해 국가 전체적인 추진전략을 검토해야겠지만, 본 연구에서는 국내 항공물류의 대부분을 처리하는 인천국제공항과 국내 3번째 물동량 처리능력과 대중국 교역을 중심으로 하는 인천항을 중심으로 하는 인천경제자유구역만을 분석의 대상으로 삼고자 한다.

이는 부산·진해권과 광양만권의 경우 해상운송과 관련된 항만물류산업이 중심이기 때문에 분석에 있어서도 항만물류만이 대상이 된다. 그러나 전술한 바와 같이 인천경제자유구역의 경우 공항과 항만의 이용도와 대중국 교역에 특화 등으로 인해 항공물류, 항만물류 그리고 Sea & Air 복합물류 등이 가능하여 전체 물류산업에 대한 분석이 가능하기 때문이다.

또한 적합산업 선정대상으로는 제조업만을 대상으로 하여 선정을 하였다. 이는 서비스산업의 경우 무역 관련 자료 확보가 어려우며, 농수산물 등 1차 산업과 광업의 경우에는 연구지역이 수도권이기 때문에 상대적으로 중요성이 낮아서 제외하였다.

한편 분석에 활용된 자료에 있어서는 산업연관표를 활용하는 산업연관분석이 분석의 일부로 사용되는데, 산업연관표는 5년에 한 번씩 발행이 되며 현재는 2000년 자료까지만 나와 있기 때문에 자료시기를 일치시키기 위해 불가피하게 모든 자료를 1990년, 1995년, 2000년으로 제한하여 사용하였다.

연구의 진행은 1장에서는 연구의 배경과 기존 이론의 한계를 통한 연구목적 제시와 연구목적 달성을 위한 연구의 범위와 방법에 대한 간략한 언급을 하였다.

2장에서는 기존 이론 고찰을 통해 클러스터의 개념과 연구방법 등에 살펴보고, 물류산업에 대한 정의와 군집화에 대한 고찰을 통해 물류클러스터의 개념과 구축 필요성, 선행연구를 분석하도록 하겠다. 3장에서는 물류클러스터가 위치할 지역적 대상인 경제자유구역의 추진계획 등의 현황과 이에 따른 문제점과 경쟁력 제고방안을 제시해보고, 적합산업 선정에 영향을 줄 수 있는 배후입지에 관련된 정부정책에 대해 살펴보고자 한다.

4장에서는 경제자유구역 내 물류클러스터의 활성화를 위한 방안으로서 물류클러스터의 기본적인 물류수요와 새로운 창출을 위한 배후입지 적합산업을 도출하기 위한 연구방법을 제시하며, 아울러 실증분석에 활용될 개별 분석요소에 대해 정리를 한다.

5장에서는 전술한 분석범위와 방법을 통해 확보한 자료를 활용하여 요인분석과 군집분석을 실시하고, 분석 내용을 정리·검토하여 배후입지 적합산업 선정기준에 적용을 하여 최종적으로 물류클러스터 배후에 입지할 최적의 산업을 도출하고, 이후 도출된 적합산업의 육성방안과 인천국제공항 활용도 증대방안을 제시함으로써 물류클러스터 활성화 방안을 제안해 보겠다.

6장에서는 연구결과의 요약과 연구의 한계 및 향후 과제를 제시하도록 하겠다.

2장

물류클러스터에 관한 연구

1절 클러스터 관련 기존 연구

1. 클러스터의 정의와 접근방식

1) 클러스터 정의

산업 또는 기업 간 경쟁우위 창출을 위한 입지 및 지리적 근접성의 필요성은 운송과 정보통신의 혁신으로 인해 그 비중이 점차 감소하고 있다. 그러나 미국의 실리콘벨리, 핀란드의 IT산업, 이탈리아의 패션산업, 네덜란드의 물류산업, 우리나라의 동대문 의류산업 등 이들 지역의 혁신과 성공요소를 분석할 때 입지와 지리적 근접성은 여전히 중요한 요소로 작용하고 있다. 현재까지 클러스터에 대한 정의와 용어, 그리고 연구방법 등은 학자들과 국가별로 다소 상이하게 사용되고 있는 실정[1]이며, 이는 클러스터에 관한 연구가 다양하게 이루어지고 있다는 의미이다.

클러스터(cluster)의 사전적 의미는 사물들의 밀접한 집단(close group of things)으로 정의되며,[2] 밀집(density), 상대적 근접성(relative nearness), 유사성(similarity) 등이 클러스터의 주요 개념을 이루고 있다. 이러한 유사성이나 근접성은 지리, 기술, 사회적 특성 등 특정 차원에 국한되거나 특정 범위로 제약되는 것이 아니라 분석대상에 따라 외생적으로 선택되는 것이다.

경제학에 있어서 클러스터에 관한 최초의 언급은 Marshall의 산업지구(industrial district)라는 용어를 사용하면서부터이다. Marshall은 관련 기업들과 산업들의 집적에 따른 正의 외부성(externality)이 산업복합체(industry complex)의 발전을 가져온다고 주장하였다. 그는 이러한 외부성이 지리적으로 전문기술(specialized skills)을 가진 노동자풀(pooled market), 지원산업들로부터의 전문화된 투입요소와 서비스, 기업들 간 기술파급효과(technological spillover)에 의해 발생된다고 주장하였다.[3]

이후 경제학자들은 Marshall의 이론을 소위 '신무역론'과 '수확체증'의 관점에서 발전시켰다. 이들은 지역의 경제적 군집화와 특화가 수확체증을 발생시키고, 기술과 시장 및 여타 외부경제성이 제공하는 잠재력을 최대화하는 데 결정적으로 기여한다고 주장하였다. 이는 국가경제 전체의 관점에서도 보다 지리적으로 지역화 된 산업일수록 국제적인 경쟁력이 더욱 강화된다는 점을 시사하였다.

---

1) 클러스터란 용어는 Porter에 의해 처음 사용되어, 이후 지역클러스터(regional cluster), 산업클러스터(industrial cluster), 핫스팟(hot spot) 등으로 칭하여졌다.
2) *Oxford Advanced Learner's Dictionary*, Oxford University Press, 2000.
3) P. Krugman., *Geography and Trade*, MIT, Cambridge, 1991.

한편 경제지리학자들도 최근 20년 동안 지역의 집적화를 설명하는 개념으로 산업지구(industrial district), 신산업공간(new industrial space), 지역산업단지(regional industrial complex) 등에 대한 개념을 개발하였다.

Porter는 Marshall의 이론을 클러스터와 국가경쟁력과의 관계를 설명하는 것으로 논의를 확장시킨 대표적인 학자로서, 클러스터란 특정 분야에 있어서 관련 기업, 전문성이 높은 공급업자, 서비스 제공업자, 관련 업계에 속한 대학, 관련 단체 등 관련 기관이 지리적으로 집중, 경쟁하고 있는 상태라고 정의하였다.[4] 또한 산업의 경쟁력에 있어서 클러스터의 역할, 정부의 투자 및 기업, 각종 기관으로서 클러스터의 의미를 클러스터 이론으로 설명하였다. 즉 클러스터는 물리적 의미에서 고립된 노드(node)가 하나도 없이 모두 연결(link) 되어 있는 네트워크로서, 경제활동 측면에서 지리적으로 인접하고 있는 연계기업, 특정 영역의 연관 기관 등이 유사성(commonalities), 보완성(complementarities) 등으로 연결된 집단을 지칭한다.

Krugman은 클러스터를 소수 산업에 있어서 기업들의 지리적 집중(concentration) 또는 집적(agglomeration)이라고 정의하고 클러스터의 성장은 수확체증, 운송비, 수요 등에 의존하게 된다.[5] Roelandt는 클러스터란 동일한 최종생산물시장이나 동일한 산업군에 속한 기업 간에 이루어지는 수평적 네트워크이며 나아가 R & D, 전시, 마케팅, 구매 등에 대한 단순한 협력을 초월하는 개념이라고 하였다.[6] 즉 클

---

4) M. Porter, *The Competitive Advantage of Nations*, The Free press, 1990.
5) P. Krugman, "Increasing Returns and Economic Geography", *Journal of Political Economy*, 1991.
6) Roelandt, T. et al., "Cluster Analysis and Cluster – based Policy Making in OECD Countries: An Introduction to the Theme", *Boosting Innovation*:

러스터는 특별한 연계성이 있거나 혹은 특별한 지식기반에 특화된, 상이하거나 혹은 보완적인 기업들로 이루어진 종적·횡단적 산업 간 네트워크라고 정의한다.

OECD에서는 부가가치 창출과정에서 지식의 생산과 공유, 활용 등 기업들 사이에서 활발하게 이루어지는 기업 이외의 조직이 발휘하는 외부효과를 포함하여 부가가치를 창출하는 생산사슬에 연계된 독립성이 강한 기업들과 대학, 연구기관 등 지식창출기관, 지식집약사업 서비스, 브로커나 컨설턴트 등의 연계조직, 그리고 고객의 네트워크로 이를 혁신클러스터(innovative clusters)라 정의하였다.[7] OECD는 이 같은 지식활동 관련 조직들이 기술지식을 창출하거나 확산하여 네트워크 외부성(network externalities)을 확대함으로써 클러스터 내 다양한 조직들이 기술혁신능력을 강화하고 부가가치를 더 많이 창출하게 하는 원동력이 된다고 주장하였다.

최근 들어 국가의 정부 차원에서 국가혁신체계(NIS)와 이를 지역 경제에 응용한 지역혁신체계(RIS)에 입각한 산업정책 및 지역개발정책이 강조되면서 그 핵심개념인 클러스터 분석의 중요성이 부각되고 있다. 네덜란드 경제부는 클러스터를 부품공급업체를 포함한 강한 독립성을 갖는 기업들의 생산네트워크, 대학, 연구소 등 지식생산주체, 브로커, 컨설턴트 등 경제주체 간 가교 역할을 하는 기관, 고객 등이 생산체계에서 부가가치를 창출할 수 있도록 연계된 것이라고 정의하고 있다.[8]

The Cluster Approach, OECD, 1999.
7) OECD, *Boosting Innovation: The Clusters Approach,* OECD Proceedings, Paris: OECD, 1999.
8) Dutch Ministry of Economic Affairs, *Overview of Cluster Policies in International Perspectives*, 2000. 2.

스코틀랜드의 지역발전연구회(Regional Development Agency) 역할을 수행하고 있는 SE(Scottish Enterprise)는 클러스터를 "구매 및 판매관계에 의해서나 또는 지역 내에서 동일한 기술이나 기반시설을 이용함으로써 경제적으로 상호 연계된 산업 내 기업이나 조직의 집단"이라고 정의하고 있다.[9] 또 미국 상무부 역시 클러스터를 "수직적·수평적 관계를 통해 네트워크를 형성하고 있는 경쟁적 협력적 성격의 산업체들의 지역 내 집적"으로 규정하고 있다.

2) 클러스터에 대한 접근방식

최근 클러스터가 한 나라에 있어서 생산성 증가 및 보다 높은 경제적 후생을 가져다주는 유효한 산업정책으로 인식됨에 따라 클러스터에 관한 많은 이론적 실증적 분석들이 나오고 있다. 그러나 아직까지 클러스터 정의에 대한 일반론적인 합의가 이루어지지 못하고 있는 실정이다. 대부분의 연구자들은 그들의 접근방식에 따라 클러스터를 상이한 각도에서 검토하고 있다. 다만 대부분의 연구들에 있어서 클러스터는 지식파급효과 혹은 지역적 근접성과 같은 외부우위로부터 편익을 도모하려는 기업과 기관들의 그룹으로 정의되고 있다.

지금까지 클러스터에 관한 주요 이론들과 그 대표적 학자들은 크게 다음 네 가지로 분류할 수 있다.[10]

첫째, 전략경영학파(strategic management school)들이 주장하는 정보네트워크 접근방식으로, Porter와 Notteboom 등이 대표적 학자들이

---

9) Scottish Enterprise, *Scottish Enterprise Network Strategy*, 1999, (www.scotent.co.uk).
10) 한철환, 『Port Cluster 구축 및 효과에 관한 연구』, *한국해양수산개발원*, 2002. 11.

다. 정보네트워크 접근방식은 기업들, 공공기관들 그리고 정부 간 네트워크의 지리적, 혁신적 요소들을 결합한 것으로서 클러스터 참여자들의 근접성으로 인한 클러스터의 비공식성을 강조한다. 경영전략이론에 근거하고 있는 정보네트워크 접근방식은 클러스터를 기업, 공공기관, 정부 간 지역적 네트워크로 정의하고, 이러한 클러스터를 통한 경쟁자 간 학습효과, 네트워크의 외부성이 클러스터 내 기업들의 경쟁력을 강화시켜 준다고 주장하고 있다.

둘째, 지역경제학에서 주장하는 지역클러스터(regional clusters)의 대표적 학자들로는 Fujita, Krugman 등이 있으며, 이들은 전문화된 클러스터 중 기업들의 지역적 집적에 분석의 초점을 맞추고 있다. 지역경제학에 근거하고 있는 지역클러스터 접근방식은 클러스터를 기업들 간 지리적 집중 혹은 응집이라 정의하고, 이러한 기업 간 지리적 응집은 거래비용을 감소시키고 지역 간 전문화를 통한 규모의 경제를 실현할 수 있다고 주장한다.

셋째, 산업조직론 혹은 내생적 성장이론학파에서 주장하는 혁신클러스터는 생산물시장에 대한 경쟁자들 간(부품공급업자 혹은 소비자) 협력적 혁신과 지식교환에 대해 주로 초점을 맞추고 있으며 대표적 학자들은 Scott와 Harrison 등이 있다. 이들은 혁신클러스터가 생산물시장에 있어서 생산비 절감 혹은 신시장 개척으로 경쟁우위를 확보하기 위한 혁신활동에 의해 형성된다고 주장한다. 이러한 혁신클러스터를 조장하기 위한 정책으로는 대학과 기업 간 공동프로젝트의 권장, 벤처자금의 제공, 특허권의 보호 강화 등을 들고 있다.

넷째, 최근 들어 네덜란드를 중심으로 논의되고 있는 산업연관분석 기법을 주로 이용하는 수요공급클러스터(supply-demand clusters)는 기업들 간에 있어서 중간재 공급 혹은 가치사슬상에 있어서 전방 및 후방연관관계에 분석의 초점을 맞추고 있으며, De Bresson이 대표적 학자이다.

이들 네 가지 접근방식은 몇 가지 유사성을 가지고 있다. 일반적으로 개별클러스터 형태는 기업, 근로자, 공공기관, 정부 간 그룹과 관련된 것으로 거래비용이나 비효율성을 축소하고 정보흐름의 원활화를 통한 새로운 기회를 창출함으로써 산업의 부가가치 제고를 강조한다.

또한, 이들 클러스터 접근방식은 여러 측면에서 상호 보완적 성격을 지니고 있다. 경영전략학파는 클러스터의 특징과 동인에 관해 가장 광범위한 견해를 피력하고 있다. 특히 지역정보네트워크의 참여자들 간 비공식적이고 긴밀한 계약관계를 강조한다. 반면 다른 학파들은 단일 측면에서의 공식적 관계에 초점을 맞춘다. 이들 개별 접근방식들은 지역적 집중과 연구협력 차원에서 서로 중복되는 경우가 많다.

그러나 이들 네 개 학파는 클러스터의 분석에 있어서 상이한 방법을 사용하고 있다. 수급클러스터학파는 투입산출분석이라는 실증적 연구를 강조한다. 지역클러스터와 혁신클러스터학파들은 이론적 모형에 근거하여 계량적 분석을 이용하는 한편, 개별클러스터의 기회와 위협을 분석하기 위해 벤치마킹이나 사례연구를 이용한다. 반면 정보네트워크 접근방식을 취하고 있는 경영전략학파는 현장연구에 기초한 비공식적이고 정성적 분석에 의존하고 있다는 차이점이 있다.

이 외에도 Lagendijk의 이론적 분석[11]을 기초로 한 접근방식이 있는데, 클러스터와 관련된 논의는 크게 1) 신산업공간론(new industrial

---

11) 이론 분석의 세 가지 주제로는 첫째, 산업의 공간적 집적의 원리, 둘째, 구조와 행위자의 역할, 셋째, 진화(evolution)에 대한 개념적 정의이다.

spaces), 2) 산업지구론(industrial district theory), 3) 혁신환경론(milieux innovateurs), 4) 클러스터 접근(clustering), 5) 지역혁신체제론(regional innovation systems) 등으로 나누어 볼 수 있다.

표 1 클러스터에 대한 접근방식

이 론	대표학자	주요 내용
정보네트워크론	Porter Notteboom	경영전략이론에 근거하고 있는 정보네트워크 접근방식은 클러스터를 기업, 공공기관, 정부 간 지역적 네트워크로 정의하고, 이러한 클러스터를 통한 경쟁자 간 학습효과, 네트워크의 외부성이 클러스터 내 기업들의 경쟁력을 강화시켜 준다고 주장
지리적 접근론	Fujita Krugman	−지역경제학에 근거하고 있는 지역클러스터 접근방식은 클러스터를 기업들 간 지리적 집중 혹은 응집이라고 정의하고, 이러한 기업 간 지리적 응집은 거래비용을 감소시키고 지역 간 전문화를 통한 규모의 경제를 실현할 수 있다고 주장 −Krugman의 개념은 클러스터의 생성과 클러스터의 성장을 명시적으로 구분하고 있음. 그에 따르면 클러스터의 생성과 그로 인한 클러스터의 초기 분포는 역사, 우연한 사건, 심지어는 예정론에 의해 결정된다고 주장
혁신 및 지식이전론	Scott Harrison	−산업조직론에 근거한 혁신클러스터 이론은 클러스터를 생산물시장에 있어서 경쟁기업 간 혁신과 지식이전의 공간적 개념으로 파악 −이들은 혁신클러스터가 생산물시장에 있어서 생산비 절감 혹은 신시장 개척으로 경쟁우위를 확보하기 위한 혁신활동에 의해 형성된다고 주장 −혁신클러스터를 조장하기 위한 정책으로 대학과 기업 간 공동프로젝트의 권장, 벤처자금의 제공, 특허권의 보호 강화 등이 있다고 주장
수요공급론	De bresson	−네덜란드를 중심으로 논의되고 있는 수요−공급 접근방식은 클러스터를 가치사슬상에 있어서 중간재 공급 및 체화된 지식의 이전을 통한 부품공급업자와 사용자 간 관계라고 정의 −특히 산업연관표 분석기법을 주로 사용하는 수급클러스터의 특징은 중간재 공급에 기초한 클러스터를 강조

자료: 한철환, 『Port Cluster 구축 및 효과에 관한 연구』, 한국해양수산개발원, 2002. 5.

2. 클러스터의 유형과 형성요인

1) 클러스터의 유형

일반적으로 클러스터의 유형은 기능(R & D, 생산, 판매 및 서비스, 혁신), 지식활동(지식창출, 강화, 흡수, 자족), 형성방식(인위적, 자연 발생적), 행태(경쟁적, 협력적) 등을 기준으로 4가지 유형으로 분류할 수 있다.[12]

또한 발전단계에 따라 분류할 수도 있는데, 클러스터는 생성, 발전, 쇠퇴의 라이프 사이클을 거치면서 단순 집적지, 지역산업클러스터, 혁신클러스터 등으로 발전단계에 따른 유형을 구분해 볼 수 있다.[13]

첫째, '단순 집적지'에서 '지역산업클러스터'로 발전하는 데에는 국지화, 네트워킹, 착근성 / 제도적 집약 등이 핵심요소가 된다. 국지화는 '전문화(특화) 지구'의 특성으로 지역 내 유관 산업이 집적되고 안정된 노동시장이 형성되며, 거래비용이 감소되는 것을 의미하고, 네트워킹은 국지적 연계와 기업 간의 조직적 근접성 등이 강조되며, 착근성과 제도적 집약은 지원서비스의 발달, 기업－사회 간 문화적 근접성, 비공식적 정보교류 등이 발달하여야 한다. 따라서 이 단계에서 클러스터 활성화를 위한 주요 정책방향에서는 산업의 특화 및 집적의 촉진이 강조되어야 할 것이다.

둘째, '지역산업클러스터'에서 '혁신클러스터'로 발전하는 데에는 집단학습과 혁신시너지 등이 핵심요소가 된다. 지역 내 경제주체 간에 새로운 기술과 혁신에 대한 집단학습이나 기업 간 원활한 기술인

---

12) Ina Drejer, *Boosting Innovation*: *The Clusters Approach*, OECD Proceedings, Paris: OECD, 1999.
13) 김주한 외, 『바이오클러스터의 성공조건과 발전방안』, *산업연구원*, 2003. 12.

력의 이전 등을 통해 조직적·문화적 근접성이 단순한 연대감을 넘어 학습능력으로 연결되며(학습지구에 해당), 집단적 학습을 통하여 형성된 잠재적 혁신능력을 실질적인 수익으로 전환할 수 있는 각종 혁신지원체제가 구축되어야 한다. 따라서 이 단계에서 클러스터 활성화를 위한 주요 정책방향은 혁신시너지 창출을 위한 연계 및 학습의 강화가 강조되어야 할 것이다.

2) 클러스터 형성요인

클러스터에 대한 기존 연구들을 토대로 발견된 클러스터 형성 또는 결정요인들을 살펴보고자 한다.

Nelson은 '산업선도(industrial leadership)'라는 개념을 이용하여 클러스터 형성의 네 가지 주요 요인을 Ricardo와 Heckscher Ohlin의 비교우위에 해당되는 자원, 숙련노동의 공급을 보장하는 대학과 같은 기관, 소비자 또는 정부로부터의 시장수요, 상위기술이나 경영능력 혹은 규모로 제시하였다.[14]

Muizer와 Hospers는 모든 가능한 클러스터 결정요인들을 찾아내기 위하여 기존 클러스터 이론들을 광범위하게 분석하였다. 그들은 입지이론, 산업조직이론, 거래비용이론, 산업지구이론(industrial districts theory), 혁신시스템 접근방식 등을 검토하였다. 이들 이론들에 따라 클러스터 설립의 동기로서 그들은 운송비용, 노동(이용 가능성, 이동성, 인적자본의 중요성), 입지상 상호의존관계(locational interdependence), 입지 외부성(locational externalities), 규모 및 범위효과, 지식파급효과, 자산특성(asset specificity), 거래빈도(frequency of transaction), 혁

---

14) Nelson, R. R., The Sources of Industrial Leadership: A Perspective on Industrial Policy, *De Economist,* No.147, 1999.

신의 적절성(relevance of innovation)과 같은 클러스터 결정요인들 선정하였다.[15]

Feldman은 경제이론 및 지리이론으로부터 클러스터 결정요인들을 검토한 후, 이들 결정요인들이 실증적으로도 적용되는가를 분석하기 위해 대규모 혁신 관련 데이터를 이용하였다. Feldman은 지리적인 군집화는 "새로운 제품의 상업화가 축적 가능하고 입지 특유의 특성을 가진 지식에 의존하기 때문"이라고 주장하면서, 대학들은 과학적 지식과 숙련노동자들을 제공함으로써 혁신에 공헌한다고 주장하였다.[16]

Schmitz와 Heijs는 지식기관(knowledge institutions)을 보유하고 있는 도시들이 높은 R & D 활동을 수행함을 발견하였으며, 그들은 혁신의 군집화를 발생시키는 가장 중요한 요인은 숙련노동의 존재라고 결론지었다.

Feldman과 Audretsch는 어떠한 산업믹스(industrial mix)가 가장 큰 혁신성향을 제공하는가를 분석하였다. 그들은 실증 모형을 통해 한 지역에 있어서 전문화와 다양화가 혁신의 수에 얼마만 한 영향을 미치는가를 분석하였다. 그 결과, 그들은 대부분의 혁신들은 산업이 상대적으로 다양화되어 있을 경우 발생한다고 결론 내렸다. 한 기업 내 혹은 한 산업 내에 있어서 공동의 과학기반을 공유하고 있는 보완적 경제활동 간 혁신의 다양성과 경쟁의 정도는 혁신의 수에 긍정적 영향을 미친다. 따라서 클러스터는 일반적으로 하나의 특정 제품을 생산하는 기업들로 집중되기보다는 투입물을 공급하고, 산출물을 구입하고, 유사한 제품을 생산하는 관련 기업들로 이루어진다.

---

15) Muizer, A. and Hospers, G. J., SMEs in Regional Industry Clusters, *The Impact of ICT and the Knowledge Economy*, EIM, 2000.
16) Feldman, M. P., The Geography of Innovation, Kluwer Academic Publishers, Netherlands, 1994.

Feldman과 Audretsch의 연구는 혁신성과 관련하여 하나의 중요한 결정요인을 언급했는바, 이들은 숙련노동의 이용 가능성 외에 높은 경쟁 정도 또한 기업들의 혁신성에 영향을 미친다고 주장한다. 그러므로 혁신성의 결정요인에 관한 문헌들은 이들 요인들이 클러스터의 결정요인이 될 수 있음을 간접적으로 시사한다.

한편 De Jong과 Brouwer는 앞서 언급된 클러스터 결정요인과 매우 유사한 혁신의 결정요인들을 분석하였다. 그들은 혁신의 결정요인으로서 구성원특성, 전략, 문화, 조직, 수단의 이용 가능성, 네트워크 활동 그리고 회사특성이라는 7개의 기업 내부요인들과 혁신인프라와 시장특성이라는 2개의 기업 외부요인을 제시하였다.

Krugman은 클러스터가 발생하는 원인에 대해 Mashall의 국지화 (localization) 이론을 수용하면서 집적경제의 원천, 즉 클러스터를 결정하는 요소로 첫째, 공급업체가 생산 및 유통에 있어서 규모의 경제를 얻을 수 있을 만큼 충분히 고객업체가 제한된 지역 내에 집중되어 있는 경우, 둘째, 전문화된 하부구조를 공급할 수 있도록 이에 대한 수요가 대규모로 집중되어 있는 경우, 셋째, 전문화된 분업이 이루어질 수 있도록 다양한 노동자 pool이 형성되어 있는 경우를 제시하였다.[17]

Porter는 산업의 특성, 입지조건 등과 연계해 국가경쟁력을 분석할 수 있는 다이아몬드 모델을 제시하였으며 클러스터 구조를 분석하는 여러 연구에서 개념적 틀로서 활용되고 있다. 주요 요소로 요소조건, 수요조건, 연관산업 및 지원산업조건, 기업의 전략 및 경쟁조건이 제시되었으며, 클러스터는 다양한 형태를 나타내지만 대부분은 최종재

---

17) Paul Krugman, "On the Relationship between Trade Theory and Location Theory", *Review of International Economics*, 1993.

화 또는 서비스기업, 특화된 투입물, 부품·기계류 및 서비스공급업체, 금융기관 및 연관산업 기업, 정부기관을 포함한 공공기관, 조합 및 협회와 같은 공동체적 집단들을 포함한다. 또한 Porter는 클러스터의 존재에 있어서 하부구조, 통신기술의 공유, 투입물의 유용성, 최종제품 시장의 접근성, 운송비용 절감 등과 같은 집적경제(agglomeration economies)의 긍정적 효과를 강조하였다.

이 같은 클러스터의 형성요인 혹은 긍정적 효과, 즉 응집효과 혹은 외부경제, 높은 생산성, 활발한 혁신활동들은 클러스터 내 기업들의 성장은 물론 새로운 기업의 클러스터 내 진입을 촉진시킴으로써 클러스터를 더욱 강화시키며 이러한 현상은 순환, 반복 작용하게 된다.

그러나 클러스터의 성장이 포화점에 다다르면 요소시장과 생산물시장에 있어서 혼잡과 경쟁이 더욱 심화된다. 즉 처음에는 클러스터 내 기업들의 성장이 느려지고 새로운 기업들의 진입이 줄어들다가 결국에는 클러스터의 쇠퇴에 영향을 미치게 된다.[18]

기존 연구를 검토한 결과 클러스터 형성과 효과에 영향을 미치는 요인에는 여러 가지 요인들이 존재하지만 이를 정리해 보면 숙련노동과 같은 요소조건과 수요조건의 지리적 집중성과 동종 업체의 내외부적 경쟁성, 연관산업 및 다양한 지원기관의 존재와 근접성에 따른 다양성이 가장 중요한 요인이라 할 수 있다.

---

18) Swann은 '클러스터 수명주기(cluster life cycle)'라는 용어를 사용하면서 클러스터도 기업들과 마찬가지로 탄생, 성장, 쇠퇴, 소멸의 수명주기를 가지고 있다고 주장하고 있다.

표 2 클러스터 형성요인에 관한 기존 연구 정리

학 자	클러스터 형성요인	특 징
Muizer와 Hosper(2000)	운송비, 노동, 입지상 상호의존관계, 입지외부성, 규모 및 범위의 경제, 지식파급효과, 거래빈도, 혁신	입지요인
Feldman (1994)	대학 및 산업의 R&D 지출, 관련산업의 존재, 전문화된 기업서비스	대학의 지식파급효과 숙련노동 제공
Schmitz와 Heijs(2001)	숙련노동의 존재가 가장 중요하고 기업 간 협력은 클러스터 출현에 중요하지 않음	숙련노동
Feldman와 Audretsch (1998)	• 전문화보다는 다양화가 혁신을 증가시킴으로써 클러스터 촉진 • 경쟁이 심할수록 기업의 혁신성 증가	혁신 높은 경쟁정도
Brouwer (1997)	기업규모, 수요증대, R&D 집중도, 경쟁수준, 중소기업들의 존재, 입지근접성	경 쟁
De Jong와 Brouwer (1999)	• 혁신의 결정요인으로 7개 기업 내부요인과 2개 기업 외부요인 제시 • 기업 외부요인은 혁신인프라(잘 교육받은 인적자원의 공급)와 시장특성(개방경제와 경쟁)	경쟁과 교육
Nelson(1993)	국가혁신체계(NIS) 분석	교육받은 노동력, 경쟁, 지식기관의 근접성

자료: 한철환, 『Port Cluster 구축 및 효과에 관한 연구』, 한국해양수산개발원, 2002. 5.

3. 클러스터의 효과

Porter는 클러스터가 국가의 경쟁우위를 강화시킨다고 주장한다. 그에 따르면 클러스터는 세 가지 측면에서 경쟁우위에 영향을 미친다고 한다. 첫째, 구체적인 투입물과 인력에 대한 접근성, 정보와 각종 관련 기관, 공공재 등에 대한 접근성, 보완성 등에 유리하여 클러스터를 구성하는 기업 및 산업의 생산성 제고에 기여하며, 둘째, 지식확산 및 혁신에 기업들의 수용능력을 제고시키며 아울러 산업 내 경쟁압력으로 기업에 혁신에 대한 동기를 부여한다. 마지막으로 진입장벽이 여타 지역에 비해 낮기 때문에 고용인력들이 스핀오프(spin-off) 벤처에 참여할 기회가 많고 그에 따라 새로운 사업들이 형성될 가능성이 높아서 클러스터의 확장에 의해 국가경쟁력을 향상시킨다.[19]

Porter를 제외하고는 대부분의 학자들이 클러스터의 결정요인에 연구의 초점을 맞춰 왔으며 클러스터의 효과에 대해서는 명시적으로 언급하지 않았으나, 클러스터의 효과는 클러스터의 결정요인들로부터 도출할 수 있다. Porter의 연구를 포함해 여러 학자들이 주장하는 클러스터의 효과는 이윤증가, 수출증대, 빠른 경제성장, 경쟁우위의 강화, 혁신 촉진, 신속한 지식확산, 기술성장 촉진, 생산성 증대 등으로 요약할 수 있다.

이러한 클러스터의 긍정적 효과들 외에 몇몇 학자들은 클러스터의 부정적 효과를 언급했으며, 부정적 효과로는 오염이나 혼잡에 따른 부(-)의 외부성, 카르텔 형성에 따른 경쟁의 감소, 주택, 임금, 토지임대료 등 가격의 상승, 완고한 사고와 새로운 기술이나 아이디어를 채택하지 못하는 집단사고 등을 지적했다.

---

19) Porter. M. E., *On Competition*, Harvard Business Press, 1998; *The Competitive Advantage of Nations*, New York: The Free Press, 1990.

표 3 클러스터의 긍정적 효과와 부정적 효과

클러스터의 긍정적 효과		클러스터의 부정적 효과
경쟁우위 강화	이윤증가 수출증대 경제성장	오염이나 혼잡에 따른 부의 외부성 카르텔 형성에 따른 경쟁 감소 주택, 임금, 토지임대료 등 상승 집단사고의 존재
혁신 촉진	지식확산 생산성 증대	

기업의 관점에서 볼 때 특정 기업이 클러스터에 입지할 경우 발생하는 편익 및 비용은 크게 공급 측면과 수요 측면으로 나누어 설명할 수 있다.

첫째, 수요 측면에 있어서 기업들은 고객들이 집중해 있는 지역에 인접하려고 특정 지역에 집적하게 된다. 둘째, 어떤 조건하에서 기업은 경쟁기업에 가까이 위치함으로써 그들의 시장점유율을 빼앗으려고 노력한다. 물론 이러한 편익은 여타 기업들이 진입하거나, 클러스터 내 기존 기업들이 경쟁에 대응하게 될 경우 오래 지속되지 못할 것이다.

셋째, 기업들은 고객들이 보다 쉽게 접근할 수 있기를 원하기 때문에 클러스터 내에 입지하기를 원한다. 다른 모든 조건들이 동일하다면 탐색은 소비자에게는 비용을 수반하는 행위이다. 따라서 소비자들은 다양한 제품들이 집중된 지역에서 구매함으로써 탐색비용을 최소화하고자 한다. 특히 이 같은 경우는 잠재적 고객들이 특정한 요구사항을 가지고 있거나 상품을 구매하기 전에 탐색하기를 원하는 시장(고미술 시장)에서 잘 적용된다.

넷째, 특정 지역에 있어서 기존 부품공급업자들이 성공적으로 사업을 할 경우 신규기업들은 현지수요가 큰 것으로 생각하여 클러스터로 진입하게 되는데, 이때 정보 측면에 있어서 정의 외부효과가 발생한 것이다. 이와 관련, 성공적인 클러스터에 입지한 기업은 자신의 잠재적 고객에게 제품이나 서비스의 질을 보장함으로써 단골을 확보할 수 있는 기회를 가지게 된다.

한편 공급 측면에서의 편익으로 첫째, 지식의 파급효과로서 이는 특히 지식이 암묵적 지식일 때 현저하게 나타난다. 둘째, 클러스터 내에 있어서 정의 피드백에 의해 창출된 거대한 숙련노동풀에 접근할 수 있다는 이점이 있다. 셋째, 클러스터 내 인프라 편익을 들 수 있는바, 예를 들어 도로, 항만, 공항 등 잘 갖추어진 인프라는 클러스터의 주요 유인으로 작용한다. 끝으로 공급 측면에 있어서 정보의 외부효과는 클러스터 내 기존 기업들의 성공적 생산활동에 따른 신규기업의 진입으로 나타난다.

표 4 기업관점에서 클러스터입지의 비용-편익 분석

	수요 측면	공급 측면
편　익	고객들에 대한 근접성 시장점유율 제고(Hotelling) 고객 탐색비용의 절감 정보의 외부효과	지식파급효과 전문노동력 인프라 편익 정보의 외부효과
비　용	생산물시장에 있어서 혼잡 및 경쟁	요소시장에 있어서 혼잡 및 경쟁 (부동산, 노동): 요소가격 상승

자료: N.R.Padit et al., "A Comparison of Clustering Dynamics in the British Broadcasting and Financial Services Industries", *International Journal of the Economics of Business*, Vol.9, No.2, 2002.

4. 클러스터 분석에 관한 기존 연구

1) 클러스터 분석의 의의

클러스터의 분석은 특정 지역 및 국가의 특화 현상을 분석하는 데 그 목적이 있다. 즉 특정 지역이나 국가는 비교우위의 강화를 통해 국가 및 세계시장을 대상으로 경쟁우위에 있는 제품에 특화하여 대량생산을 통해 전문화하게 되며, 점차 강한 교역관계에 있는 산업들이 동일 장소나 인접장소에 입지하면서 생산요소를 공유하고 그 이익을 향유하는 산업클러스터와 산업지구의 조건을 새롭게 형성한다. 이러한 산업 간 근접성은 지식과 기술의 교환을 촉진시키고, 가치사슬을 공유하는 산업 간 근접입지는 지역 및 국가경쟁력 우위의 원천으로 작용한다.

산업클러스터를 도출하는 데 가장 자주 쓰이는 분석도구는 산업연관표이다. 이는 정량적 접근 연구방식으로 한 경제 내의 모든 산업 간의 부가가치 및 기술연계에 토대를 둔 산업 간 상호의존성의 네트워크를 분석하는 방법이다. 또한 산업연관표를 이용한 산업클러스터 분석은 기술확산과 제품거래 및 교역의 흐름에 대한 분석이며, 산업군 간의 반복적 거래를 통해 혁신에 대한 편익의 파급경로를 파악하는 것이다.

De Bresson은 실증적 연구를 통해 혁신의 확산패턴이 투입산출표상의 연관구조와 매우 유사하다고 보고 투입산출표상의 중간재 거래를 혁신의 대리변수(proxy variable)로 이용하였다.[20] 곽승준은 해양산업의 국민경제적 파급효과를 분석하기 위해 산업연관분석을 통해

---

20) De Bresson, C., *Economic Interdependence and Innovative Activity*, Edward Elgar Publishing, 1996.

해양산업의 산업 간 연쇄효과, 생산유발효과, 공급지장효과, 물가파
급효과 등을 실증분석하였으며, 이 외에도 산업연관분석을 통해 해
양산업의 파급효과를 분석한 연구는 윤동한, 정봉민·한철환 등의
연구가 있다.21)

2) 클러스터 유형에 따른 분석

이론적으로 볼 때, 클러스터의 종류는 크게 분석의 범위 또는 수
준(scope or level)과 클러스터에 속한 주체들 간의 관계(relation)라는
두 가지 기준에 비추어 구분될 수 있다. 먼저 분석의 범위와 수준을
기준으로 할 때, 클러스터는 표 5와 같이 micro level(기업 차원),
meso level(산업 차원), macro level(국가 차원)의 클러스터로 구분할
수 있다.

다음으로 클러스터에 속한 주체들 간의 관계를 기준으로 보면, 클
러스터는 혁신노력(innovation efforts)에 기초한 클러스터와 생산연쇄
(production linkage)에 기초한 클러스터로 구분할 수 있다. 혁신노력
에 기초한 클러스터는 기술혁신의 확산과정에서 상호 협력하는 기업
이나 부문 간의 클러스터를 의미하며, 생산연쇄에 기초한 클러스터
는 생산 및 부가가치사슬을 형성하는 기업이나 부문 간의 클러스터
를 의미한다.

---

21) 곽승준 외, "산업연관분석을 이용한 해양산업의 국민경제적 파급효과
분석", *해양정책연구*, KMI, 2002.

표 5 분석수준에 따른 클러스터 분석의 구분

분석수준	클러스터의 개념	분석의 초점
micro level (기업 차원)	하나 또는 그 이상의 핵심기업을 둘러싼 특화된 공급자	• 전략적 비즈니스 개발 • 연쇄관계(chain) 분석과 관리 • 상호 협력적 혁신프로젝트 개발
meso level (산업 차원)	유사 최종재 생산사슬의 각 단계별 산업 내 또는 산업 간 연계	• SWOT와 산업의 벤치마크 연구 • 혁신 필요성의 조사
macro level (국가 차원)	경제 전체로 본 산업그룹 간 연계	• 국가 / 지역경제의 특화패턴 분석 • 메카클러스터 내 제품 및 제조과 정의 혁신과 개선점 파악

자료: T. J. A. Roelandt & P. Hertog, *Cluster Analysis and Cluster-based Policy in OECD* Countries, OECD, May 1998.

3) 클러스터 추출을 위한 실증적 방법

산업연관분석(input-output analysis)은 그래프분석과 함께 네트워크나 부가가치사슬상의 비유사적 행동주체 간의 연계구조에 초점을 맞추고 있으며, 산업연관표나 기술혁신 상호 작용 매트릭스(innovative interaction matrix)를 이용하여 생산이나 기술혁신의 네트워크 연쇄구조를 규명하는 데 이용 가능하다.

동 분석은 가장 정량적인 방법으로써 산업연관표상의 연관구조에 기초하여 서로의 제품을 사용하는 부문들이 확인되고 클러스터로 통합된다. 시계열자료나 국가별로 동일한 방법이 쉽게 이용 가능하기 때문에 객관성을 지니며, 대부분의 국가들에 대해 투입산출표 입수가 가능하여 국가 간 비교가 가능하다는 장점이 있다. 그러나 클러스터의 개수와 성격은 이용된 산업연관표의 부문 통합 정도에 좌우된다는 단점이 있다.

그래프분석은 그래프 이론(graph theory)에 기반을 두고 기업이나 산업그룹 간 소집단이나 여타 네트워크 연계구조를 규명하는 방법이지만 분석에 필요한 기술혁신 관련 데이터를 구하기 어렵다는 문제가 있다.

상응분석(correspondence analysis)은 요인분석(factor analysis), 주요요소구성분석(principal component analysis) 등이 있으며, 일반적이면서 정량적인 클러스터 추출기법으로서 유사한 혁신 형태를 지닌 기업이나 산업군을 규명하는 데 이용한다.

마지막으로 사례연구(monographic case studies)방법이 있다. 이는 국내 생산구조의 경쟁력을 분석하기 위한 프레임워크로서 Porter의 다이아몬드 모형에 기초를 둔 cluster chart를 주로 이용하고 있다. 부가가치사슬 외에도 혁신클러스터를 추출하는 데 이용 가능하며, 면담이나 설문조사, 사례연구에 주로 의존함으로써 정성적 분석의 성격이 강하며, 보다 깊이 있는 정보 제공과 함께 통계적 분석결과를 해석하고 보완하는 데 이용할 수 있다.

대부분의 클러스터 분석은 특정 분석방법 하나만을 사용하지 않고 서로 다른 부문 통합 수준에서 각각의 기법들을 결합하여 사용하고 있다.

표 6 사례연구의 장·단점 비교

장 점	단 점
• 현실경제에 대한 이해 및 통찰력 증대 • 여타 산업들을 포괄하는 강력한 혁신 네트워크에 대한 인식 제고 • 국가경제가 지닌 강점과 약점에 대한 토론을 유도 • 지식풀(pool) 및 향상의 중요성에 초점 • 클러스터의 지리적 범위의 다양성 설명	• 가장 경쟁적인 클러스터를 규명하는 데 있어 수출량이 종종 주된 지표로 사용. 따라서 클러스터 도표의 이용 가능성이 제한됨 • Porter의 다이아몬드 모형은 기본적으로 heuristic device임. 또한 Porter의 분석은 meso level에서의 경쟁력과 시스템 역동성을 분석한 수단임. 따라서 전략 입

장 점	단 점
• 혁신을 지원·촉진하는 제도의 역할을 강조 • 클러스터와 연계된 정책 입안에 기초를 제공	안을 위해서는 macro 및 micro level에서의 수단 및 방법과 결합될 필요가 있음 • 기본적으로 정성적 분석방법임 • 클러스터 간에 상호 결과 비교가 어려움

자료: Roelandt, T. et al., "Cluster Analysis and Cluster-based Policy Making in OECD Countries: An Introduction to the Theme", *Boosting Innovation: The Cluster Approach*, OECD, 1999.

2절 물류산업의 정의와 군집화 요인

1. 물류산업의 정의

1) 물류의 개념

물류에는 협의와 광의의 개념이 공존한다. 전통적으로 협의의 물류 개념은 '생산지점으로부터 소비지에 이르는 재화 및 서비스의 흐름에 연결된 제반 기업활동'으로 정의된다. 그러나 미국의 '전국물류관리협의회'는 "물류란 완성품을 생산라인의 종점에서 소비까지 유효하게 이동시키는 것과 관련된 광범위한 활동으로 원재료의 공급원으로부터 생산라인의 시점까지의 흐름을 포함할 경우도 있다."고 광범위하게 정의하였다. 정리하면 물류란 제품과 서비스의 이동과 관련하여 행해지는 모든 활동의 전반을 지칭하고 있다고 볼 수 있다.[22]

---

22) 최용록, 『알기쉬운 국제운송물류의 이해』, *인하대학교 출판부*, 2002. 2.

또한 1970년대 중반 이후 Logistics라는 새로운 물류개념의 등장으로 인해 물류의 정의는 모두 광범위하게 확산되었다. 미국물류관리협의회는 로지스틱스에 대해 "물류관리(Logistics)란 산출지로부터 소비지에 이르기까지의 원자재, 제조과정의 생산재고 및 완성품의 효율적인 흐름을 계획하고 실시하며, 통제하기 위한 2개 이상의 총체적 활동을 말한다. 이들 활동에는 고객서비스, 수요예측, 유통정보, 재고관리, 재고하역, 수주관리, 부품 및 서비스의 제공, 공장이나 창고의 입지선정, 조달, 포장, 반품처리, 폐기물처리, 수송 및 창고보관을 포함한다."고 정의하였다. 즉 오늘날의 물류란 조달물류, 판매물류, 정맥물류[23]를 총괄하고 여기에 전략적 물류의 요소를 가미한 의미라고 확대 해석할 수 있다.

2) 물류산업의 법적 정의

현재 물류 관련 법률에서 산업에 대한 정의는 각각 다르며 특히 물류 분야의 기본법이라고 할 수 있는 '화물유통촉진법'에조차 물류산업에 대한 명확한 정의가 없는 상태이다. 이 산업에 대한 구체적인 정의는 물류 관련 법률이 아닌 '조세감면규제시행령'에 제시되어 있다.[24]

현재는 물류산업을 정의할 때 '화물의 운송·보관, 하역 또는 포장과 이와 관련된 제반 활동'을 포함하고 있으나, 향후 물류정보의 기

---

23) 정맥물류란 기존의 물류개념이 생산에서 소비로의 직선적인 물자의 흐름을 관리한다고 보는 시각과 대응하여 재활용과 환경을 고려한 폐기 및 회수물류를 포함하고 물자흐름의 순환적 구조를 강조하는 새로운 물류개념이다.
24) 박창호,『인천지역 물류산업 활성화를 위한 기초연구』, 인천발전연구원, 2001. 12.

능이 중요해지고 있는 추세를 고려하고 전체 물류기능이 포함될 수 있도록 그 대상을 확대할 필요가 있다.

표 7 현행법상의 물류산업의 정의

법 률	조 항	물류산업의 정의
화물유통 촉진법	제2조 제1호	물류사업은 타인의 수요에 응하여 유상으로 화물의 운송·보관·하역 또는 포장과 이에 관련된 제반 활동을 영위하는 것을 업으로 하는 것을 말한다.
조세감면 규제법 시행령	제6조 제9항	−화물 운송업 −화물 취급업 −보관 및 창고업 −화물터미널·시설 운영업 −화물운송 대행업 −화물중개 및 대리업 −화물포장, 검수 및 유사 대리업
유통산업 발전법	제2조 제1호, 제5조	−유통산업은 농·임·축·수산물 및 공산품의 도매·소매·보관 및 이와 관련된 정보·용역의 제공 등을 목적으로 하는 산업을 말한다. −도매배송업은 집배송시설을 이용하여 자기의 계산으로 매입한 상품을 도매하거나 수수료를 받고 위탁받은 상품을 도매점포 또는 소매점포에 공급하는 사업을 말한다.

3) 물류산업의 경제학적 정의

(1) 통계청 분류체계

경제적 측면에서 본 물류산업 분류로는 통계청에서 정의한 한국표준산업분류 중 특수분류체계[25]가 있다. 이것은 물류산업에 대한 정의와 분류기준이 연구자 혹은 기관마다 달라 물류산업의 국민총생산에서 비중, 성장률 측정 등에서 많은 혼란이 발생했고, 정부에서조차 부서 간 혹은 시점 간 일정한 집계치를 제시하지 못하는 한계를 극

---

25) 특수분류된 산업은 정보통신기술산업, 관광산업, 환경산업, 문화산업, 물류산업, 스포츠산업, 자동차관련전용부품제조업, 인터넷산업, 생명공학기술산업 및 에너지산업이다.

복하기 위해 시도되었다.

결국 통계청은 이 문제를 해결하기 위해 1996년 특수분류별로 전문가들의 자문을 구했고 그 과정에서 합의된 분류체계이나, 이 분류는 연구자들로부터 다양한 지적이 제기되어 현재는 가이드라인 정도로만 이용되고 있다. 이러한 약점에도 불구하고 지역의 물류산업의 현황이나 비중을 알기 위해서는 이 분류가 필수적이다. 왜냐하면 지역별로 집계가 가능하고 세세분류(5자리)기준으로 정의되었기 때문이다.

표 8 통계청 특수분류체계에 따른 물류산업 분류

물류산업			
대분류	중분류	세분류	세세분류
화물 운송업	육상화물 및 파이프라인 운송업	철도 운송업	
		화물자동차 운송업	일반 화물 자동차 운송업
		파이프라인 운송업	용달 및 개별 화물 자동차 운송업
	해상화물 운송업	외항화물 운송업	
		내항화물 운송업	
	항공화물 운송업	정기항공 운송업	
		부정기항공 운송업	
	소포 송달업		
물류 시설 운영업	창고업	일반 창고업	
		냉장 및 냉동 창고업	
		농산물 창고업	
		위험물품 보관업	
		기타 창고업	
	화물터미널 운영업	철도운송지원 서비스업	
		화물자동차 터미널 운영업	
		항구 및 기타 해상터미널 운영업	
		공항 운영업	

물류산업			
대분류	중분류	세분류	세세분류
화물 운송 관련 서비스업	화물 취급업	항공 및 육상화물 취급업	
		수상화물 취급업	
	도로 및 관련 시설 운영업		
	기타 화물운송 관련 서비스업	화물운송 주선업	
		화물 포장업	
		그 외 기타 분류 안 된 운송 관련 서비스업	
	기타 소프트웨어 자문, 개발 및 공급업		
물류 장비 임대업	컨테이너 임대업		
	기타 운송장비 임대업		
	그외 기타 산업용 기계장비 임대업		
물류 장비 제조업	운송용 콘테이너, 화물자동차 및 물품취급장비 제조업	운송용 컨테이너 제조업	
		화물차 및 트레일러 제조업	화물차 및 기타 특수목적용 자동차 제조업
			차체 및 특장차 제조업
			트레일러 및 세미트레일러 제조업
		산업용 트럭 및 물품취급장비 제조업	
		팔레트 제조업	목재깔판류 및 기타 적재용 판 제조업
			포장용 플라스틱 성형용기 제조업
			그외 기타 조립금속제품 제조업
	강선건조업		
	항공기, 우주선 및 보조장치 제조업		

(2) 운수업 통계

통계청에서 특수분류체계로 물류산업의 범위를 지정하였지만 자동차, 선박, 항공기 제조업을 포함한 물류장비 제조업까지 물류산업에 편입시키는 것은 무리가 있다. 따라서 통계청에서는 별도로 순수 물류산업이라 할 수 있는 화물운송과 보관 부문만을 그 대상으로 하였다.

(3) 산업연관표상 물류산업

산업연관표는 총 28개 대분류로 구분되어 있는데, 물류산업에 대해서는 21. 운수 및 창고 부문으로 분류를 했다. 본 연구에서는 산업연관표에 있는 물류산업의 정의를 사용하여 논의를 진행하겠다.

표 9 산업연관표상 물류산업 분류

대분류 (28부문)	중분류 (77부문)	소분류(168부문)		기본부문(404부문)	
0021 운수 및 보관	0065 운수 및 보관	0137	철도운송	0334	철도여객운송
				0335	철도화물운송
		0138	도로운송	0336	도로여객운송
				0337	도로화물운송
		0139	수상운송	0338	연안 및 내륙수상운송
				0339	외항운송
		0140	항공운송	0340	항공운송
		0141	운수보조서비스	0341	육상운수보조서비스
				0342	수상운수보조서비스
				0343	항공운수보조서비스
		0142	하역	0344	하역
		0143	보관 및 창고	0345	보관 및 창고
		0144	기타 운수 관련 서비스	0346	기타 운수 관련 서비스

2. 물류산업 군집화와 입지요인

1) 물류산업 군집화에 대한 기존 연구

생산성과 네트워크가 중시되는 신경제에 있어서 산업군집화의 중요성은 강조되고 있다. 오늘날 기업은 정보통신·수송기술의 발전과 전자상거래의 활성화로 자본, 상품, 정보, 기술을 전 세계로부터 온라인 또는 오프라인을 통하여 신속하고 용이하게 조달할 수 있게 되었다. 이론적으로 볼 때 개방된 세계시장, 신속한 수송, 광속의 통신은 입지의 역할을 감소시키고, 입지선정 자체가 글로벌 기업의 핵심 경쟁력을 좌우하는 원천이 될 수는 없다. 그러나 실제로 많은 글로벌 기업들은 국제적으로 특정 지역 또는 특정 국가에 군집화되어 경영활동을 수행하는 경향을 나타내고 있으며, 입지 자체가 여전히 중요한 경쟁력의 원천의 하나로 인식되고 있다.[26]

Porter는 이러한 현상을 군집화(Clusters)로 파악하였고, 대표적인 예로서 실리콘벨리와 헐리우드를 꼽았으며, 세계적인 뮤츄얼펀드회사(보스톤), 섬유 관련 기업(북캐롤라이나), 자동차 관련 기업(독일 남부), 패션신발(북부 이탈리아)의 경우를 예로 제시하였다. Porter는 군집화에 대한 개념[27]으로서 관련 기업, 공급자, 서비스제공자, 산업과 관련 산업과 연계된 기업, 관련 기관(대학, 연구소, 정부기관, 무역협회 등)까지 포함한 관련 산업이나 기관이 특정 지역에 집중되는 것을 나타내는 것으로 파악하였다. 관련 기업들이 특정 지역에 밀집

---

26) 백종실 외, 『관세자유지역의 글로벌 물류기업 유치 강화방안 연구』, KMI, 2001. 12.

27) M, E. Porter, "Location, Competition, and Economic Development: Local Clusters in a Global Economy", Economic Development Quarterly, February 2000.

하는 산업군집화는 선진국에서 찾아볼 수 있는 특징 중의 하나지만 점차 각국으로 확대되고 있다. 산업군집화는 특정 산업에 대한 특화 비교우위를 가진 경제블럭으로서 기술과 전문인력을 활용한 시너지효과를 극대화하여 생산성 향상을 도모하고 외국인투자 등 신규투자와 지역발전을 도모할 수 있기 때문에 중요성이 강조되고 있다.

Porter는 군집화가 3가지 형태, 즉 ⅰ) 특정 지역에 기반을 둔 기업의 생산성 향상을 통하여, ⅱ) 기술혁신의 방향과 속도에 따라 사업을 추진함으로써, ⅲ) 집단화된 지역 내에서 신사업의 형성을 자극함으로써 경쟁력 향상에 커다란 영향을 미치는 것으로 설명하였다. 포터는 입지가 경쟁력의 중요한 요소임에는 틀림없으나 과거와는 다른 중요성을 가진다고 주장하였다. 즉 과거에는 천혜의 항만, 저렴한 노동력과 같은 투입비용요소가 입지선정 시 중요한 요인으로 간주되었으나, 오늘날은 글로벌 소싱으로 비용상 단점을 극복할 수 있기 때문에 투입물의 생산적 이용이 경쟁우위에 더욱 많은 영향을 미친다고 주장하였다.

Porter는 성공적인 산업군집화 중 하나의 예로서 노르웨이의 해운 산업군집화를 설명하였다. 나라도 작고 임금수준도 높지만 세계 해상물동량의 10%를 처리하는 노르웨이는 산업군집화를 통하여 생산성 향상과 혁신을 추진해 왔기 때문에 경쟁우위를 확보하고 있다. 해운업체 및 조선업체 외에 보험업체, 금융업체, 관련 대학과 연구소, 해운법률가 등 다양한 관련 산업과 공급업체 그리고 관련 기관들이 군집되어 있기 때문에 가능하다.

오늘날 경쟁은 개별 기업의 규모나 투입물의 접근성에 의해서 좌우되는 것이 아니라 생산성이나 효율적인 네트워크에 의해 절대적인 영향을 받는다. 따라서 기업은 생산성의 제고 및 네트워크의 강화를 위해서는 군집화를 감안하여 입지를 선정할 필요성이 제기되고 있다. 지역적, 문화적, 제도적 근접성은 기업 간 밀접한 관계, 많은 양질의 정보, 강력한 인센티브, 기타 이점을 제공한다. 이러한 근접성은 세계경제가 보다 복잡화, 지식산업화, 다이내믹화됨에 따라 입지선정의 중요한 요인이 되고 있다. 신경제에 있어서 경쟁우위는 생산성 향상과 시너지효과를 창출할 수 있는 산업군집화를 통하여 경쟁자가 흉내 낼 수 없는 기술, 서비스, 상품을 개발하고 판매할 때 가능하다.

군집화는 일상적인 거래관계와 수직적 통합 사이에 위치하는 새로운 공간적 조직 형태로서 가치연쇄(value chain)를 창출하는 대안으로 인식되고 있다. 일상적 거래관계로서 불연속적인 구매자와 공급자 간 거래가 아니라 기업과 단체들이 한 지역에 근접해 있음으로써 신뢰와 협조관계를 구축할 수 있다. 군집화는 수직통합에서 야기될 수 있는 경직성과 일상적 거래에서 발생할 수 있는 불확실성을 배제할 수 있다는 이점이 있기 때문에 효율성과 탄력성을 추구하는 중요한 수단으로 인식되고 있다.

산업군집화와 관련한 문헌조사에 비추어 볼 때 우리나라도 수출촉진과 외국인투자 유치 확대를 위하여 산업군집화를 적극 추진해야 한다. 외국인투자지역과 같은 군집화는 물론 동북아 물류중심국가를 실현하기 위한 물류산업군집화의 필요성이 강조되고 있다. 곧 경제자유구역이라는 물류산업군집화를 통하여 수출 촉진과 외국인투자 유치를 도모해야 할 시점이다. 경제자유구역은 공항 또는 항만지역에 물류 관련 기업, 수출입업체, 금융 및 정보업체, 관련 정부기관 등이 군집화됨으로써 글로벌 기업들이 조립, 가공, 상표부착 등 부가가치물류활동 수행 시 시너지효과를 높일 수 있는 지역이다. 그동안 생산과 관련한 특정 지역이 주요 산업군집화의 대상지역이었다면 경제자유구역은 부가가치물류활동과 관련한 물류시설 및 물류기업의 군집화 지역으로 볼 수 있다.

2) 물류네트워크 구축과 국제물류센터 입지요인에 대한 기존 연구

(1) 물류네트워크 구축

경제활동의 세계화와 전자상거래의 확산으로 대부분의 기업들은 경로구조를 재평가하여 고객관계관리, 규모의 경제, 속도와 정확성을 추구하고 있다. 또한 많은 기업들은 수직적 통합 대신에 가치네트워크(value networks)를 구축하여 경쟁우위를 확보하고, 핵심역량의 일부 또는 가치연쇄상의 인프라 요소를 제공하는 파트너와 제휴관계를 확대하고 있다.

Juga는 글로벌 네트워크조직은 수직적 통합을 실시하지 않더라도 글로벌 수준에서 레버리지 효과와 기술변화를 촉진시키는 것으로 파악하였다. 네트워크조직은 자사 중심의 운영이나 관리범위를 확대시킨 확장된 기업(extended enterprise)으로서 기업의 물류흐름과 사업과정을 지원, 결합시키는 것으로 파악하였다.[28] Copacino는 기업들이 가치네트워크를 구축하는 이유로서 첫째, 확장된 기업으로서 효율적인 관계를 통하여 별도의 자산투자 없이도 수직적 통합의 이점을 향유할 수 있고, 둘째, 완전한 수직통합을 위해 막대한 자산투자보다는 주주의 이익 창출과 투자자산의 효율적 활용에 더 많은 관심을 두고 있으며, 셋째, 경영자원의 효율적 활용을 위하여 핵심역량을 제외한

28) Juga Jari, "Organizing for Network Synergy in Logistics: A Case Study", *International Journal of Physical Distribution & Logistics Management*, Vol.26, No.2 1996.

나머지 분야는 전문가나 전문기업으로부터 아웃소싱을 선호하고 있다는 점을 지적하였다.[29)]

Coyle 외 2인은 고객이 요구하는 물류서비스의 수준이 고도화되어 보다 효율적이며 신속하고 정확한 물류서비스를 요구하고 있고, 공장 또는 물류시설이 고객과 공급자시장 간 공급연쇄상에 위치하고 있기 때문에 효율적인 물류네트워크의 설계가 중요하다고 주장하였다.[30)] 나아가 경쟁우위 확보를 위하여 물류서비스 수준과 물류시설 네트워크 비용의 재검토가 필요하다는 점도 지적하였다. 예를 들면 FedEx는 물류거점을 공항 주변에 설치하여 제조업체나 유통업체가 고객의 요구에 따라 상품의 재고관리 지원과 신속한 인도서비스를 제공함으로써 서비스 수준을 향상시키고 자사창고를 직접 관리할 경우보다 물류비용을 대폭 낮출 수 있도록 지원하고 있다.

Engdahl은 글로벌SCM을 구축함에 있어서 영향을 미치는 요소로서 인건비, 해상운임, 관세 및 관세환급, 경제블럭, 법인세, 환율 등 외에 글로벌 물류네트워크 구축비용, 상품 또는 서비스 인도시간까지 고려해야 한다고 주장하였다.[31)] Ballou는 물류네트워크 구축 시 물류센터의 입지선정에 영향을 미치는 요인으로서 수송시간, 경쟁, 지역사회의 태도, 교통접근성 등 비경제적인 요인이 많은 것으로 파악하고, 입지선정계획 수립 시 구매 또는 생산비, 물류센터까지 수송비, 물류센터 보관비, 화물처리비, 세금, 보험 등 총비용이 최소화되

29) W. C Copacino, "The Emergence of 'Value Networks'", *Logistics Management & Distribution Report*, August 1999.
30) J. J. Coyle, E. J. Bardi, and C. J. Langley Jr., The Management of Business Logistics, *West Publishing Company*, 1997.
31) L. F. Engdahl, "Optimizing Global Supply Chains", *Annual Conference Proceedings*, CLM, 1997.

는 곳을 선정한다고 주장하였다.[32] 이들 연구자들이 물류네트워크 또는 글로벌SCM 구축 시 비용이나 시간 등을 중요한 고려요소로 파악하고 있다는 점에서 볼 때 공항 또는 항만과 인접한 물류거점은 글로벌 물류기업들이 선호하는 입지로 볼 수 있다.

Bart Vos와 Berg는 입지선정요소인 인건비, 노동생산성, 연료비, 수송비, 무역장벽, 세금정책, 환율 등이 급변하는 상황에서 기업들은 글로벌전략 수립 시 성과를 극대화할 수 있는 지역에 가치연쇄의 부분을 적절히 할당해야 한다고 주장하였다.[33] 다국적 기업들이 여러 국가에 분산된 물류센터나 공장의 활동을 감시하고 조정하기 위한 물류네트워크를 구축하는 것은 네트워크의 중요성을 인식하고 있기 때문이다. 기업의 전략적 입지결정은 가치연쇄상 필요한 원재료나 부품의 공급으로부터 국제물류관리를 통하여 최종 고객에게 상품을 인도하기까지 전체적인 가치연쇄의 성과를 극대화시키는 데 초점을 두고 있다.

과거 글로벌 생산공장이나 물류센터의 입지선정 시 주로 수송비, 환율, 세금, 인건비 등 비용과 관련한 양적인 문제에 관심이 집중되었다. 그러나 비용에 기초한 입지선정은 장기적인 이점을 제공할 수 있는 질적인 요소의 중요성을 과소평가하기 쉽다.[34] 기업들은 세계무역환경 변화, 새로운 생산시스템, 신기술에 따라 대형화, 첨단기술 도

---

32) R. H. Ballou, "Logistics Network Design: Modeling and Informational Considerations", *International Journal of Logistics Management*, Vol.6, No.2, 1995.

33) Bart Vos and E, van den Berg, "Assessing International Allocation Strategies", *The international Journal of Logistics Management*, Vol.7, No.2, 1996.

34) A. D. MacCormack, L. J. Newman Ⅲ, and D. B. Rosenfeld, "The New Dynamics of Global Manufacturing Site Location", *Sloan Management Review*, Vol.35, No.4, Summer 1994.

입 외에 지역시장에 초점을 둔 분산화된 네트워크를 구축하고 있다. 경제활동의 세계화와 국제물류체제의 고도화로 점차 각 공장이나 물류센터가 대형화되고 유연성을 가지며, 그 위치도 비용에 기초하기보다는 해당 지역의 인프라와 전문인력의 수준에 따라 결정되고 있다.

21세기 기업의 경쟁우위는 파트너들과 이러한 가치네트워크를 얼마나 효율적으로 구축하는가에 따라 좌우되며, 이러한 네트워크 구축능력을 발전시키기 위해서는 문화적, 기술적, 운영적인 측면 등 모든 방면의 변화를 고려하지 않으면 안 된다. 또한 가치네트워크는 물류, 제조, 고객서비스가 아웃소싱 또는 가치네트워크와 조화를 이루어야 하기 때문에 물류관리자 또는 공급연쇄관리자들도 이러한 요소를 감안하여 입지선정을 해야 한다.

연구자마다 물류네트워크 구축 시 고려요인에 대하여 다소 차이는 있으나 대체로 다음과 같이 요약할 수 있다. 물류네트워크 구축 시 고려요소로서 시장 / 고객과의 접근성, 네트워크 구축 가능성, 기업의 군집화 가능성, 노동여건과 토지비용, 신속한 수송 가능성과 기반시설, 세제와 인센티브 등을 들 수 있다. 관세자유지역에 글로벌 물류기업을 유치하기 위한 고려요소로서 물류기업과 관련 기관의 군집화, 노동여건과 전문물류인력, 기반시설 등 인프라, 세제와 인센티브, 관련 기관 간 협조체제 구축, 물류네트워크 구축 등을 들 수 있다. 이들 고려요소 중 일부는 관세자유지역의 경쟁력 비교 시 감안하여 평가한다.

(2) 국제물류센터의 입지

국제물류관리상 물류센터는 원재료, 반제품, 부품, 완제품 등의 시간적 효용을 증대시키는 역할을 한다. 고객서비스의 중요성이 강조되면서 시장지향형 물류센터는 리드타임을 단축하여 고객에게 서비스를 제공하며, 특히 고객이 원하는 시간과 장소에 따라 상품과 서비스를 제공할 수 있도록 해 준다.

물류센터는 국제물류관리상 혼재, 혼합, 분류, 상표부착 등 다양한 부가가치서비스를 제공할 수 있게 해 준다. 혼재는 소량의 화물을 대량화물화하여 수송비의 절감이 가능하게 하고, 혼합은 다른 공장이나 생산자가 생산한 다양한 색상, 크기, 형태 등의 부품, 반제품, 상품을 물류센터에 보관하였다가 고객의 주문에 맞춰 원하는 상품을 제공할 수 있다. 크로스도킹(cross docking)[35]은 이러한 상품혼합기능을 용이하게 해 준다. 고객이 주문 시 물류센터에 인도 가능한 상품이 있으면 고객만족도를 증대시키고 매출을 향상시킬 수 있다.

T.H. Brush 외 2인은 해당 지역의 인프라와 기술인력의 수준이 다국적 기업의 물류센터 및 공장입지선정에 큰 영향을 미치는 요인으로 파악하였다.[36] 과거 물류센터나 공장입지선정의 기준은 규모의 경제, 수송비, 요소비용우위와 같은 비용요소를 강조해 왔으나, 최근 국가 및 지역적 특성인 무역장벽과 환율보다는 핵심고객 및 주요 시장과의 접근성을 중요한 입지요인으로 분석하였다. 이들이 제시한 입지요인은 다음과 같다.

---

35) 크로스도킹은 다양한 공급자로부터 상품이 트럭단위로 물류센터에 도착하면 추후에 피킹을 위하여 보관장소에 보관하지 않고 곧바로 특정 고객에게 수송할 대기 중인 트럭에 적재할 상품대기장소로 옮기는 작업을 말함.

36) T. H. Brush, C. A. Maritan and A. Karnani, "The Plant Location Decision in Multinational Manufacturing Firms: An Empirical Analysis of International Business and Manufacturing Strategy Perspectives", *Production and Operations Management*, Vol.8, No.2, Summer 1999.

표 10 물류센터 입지요인

그 룹	주요요소	입지결정요인
네트워크상 노드	○ 하부구조 노드와의 접근성 ○ 상부구조 노드와의 접근성	○ 주요 시장과의 접근성 ○ 핵심고객과의 접근성 ○ 핵심공급자와의 접근성 ○ 기타 시설과의 접근성
국가 및 지역적 특성	○ 정부정책 특성 ○ 사회적 특성 ○ 규제완화 등	○ 지역무역정책 ○ 정부의 보조금 ○ 환율위험 ○ 언어, 문화, 정치 ○ 잘 구축된 인프라 ○ 노동관습 및 규제 ○ 환경규제

자료: T. H. Brush, C. A. Maritan and A. Karnani, "The plant location decision in multinational manufacturing firms: an empirical analysis of international business and manufacturing strategy perspectives", Production and Operations Management, Vol.8, No.2, Summer 1999, p.112.

T. B. Gooley는 아시아지역에서 물류활동 수행 시 입지선정을 위하여 고려해야 할 요소로서 지역 및 물리적인 인프라, 공급자와 고객과의 접근성, 정치적 안정 및 세제, 국제무역조건 등 4가지를 열거하였다.[37)]

산업별, 개별 기업별로 입지선정 시 고려할 요소는 차이가 있다. 즉 섬유, 가구, 가정용품 등 노동집약적인 상품을 생산하는 기업은 기능인력이 풍부하고 인건비가 저렴한 지역을 선호한다. 그러나 컴퓨터, 반도체, 통신장비 등 첨단산업제품을 생산하는 기업은 고급기술을 가진 전문인력의 확보가 용이한 지역을 선호하고, 제약, 음료, 출판물 등 물류비용이 높은 비중을 차지하는 산업은 물류인프라나 물류비용

---

37) T. B. Gooley, "The Changing Face of Asia: How It affects Logistics", *Logistics Management and Distribution Report*, February 1998.

을 중시한다. Coyle이 제시한 입지선정 시 주요 요소로서 노동여건, 신속하고 안전한 수송 가능성, 시장과 고객의 접근성, 삶의 질, 세금 및 인센티브, 공급자네트워크, 토지비용 및 기반시설, 기업 차원의 선호도를 제시하였다.[38]

Handfield는 국내 SCM에 비하여 국제 SCM은 지역적, 시간적으로 차이가 있고, 복수의 물류센터나 영업장소, 수요와 공급의 다양성에 따른 기회 확대, 글로벌SCM에 따른 추가비용이 발생하는 것으로 파악하였다.[39] Poirier은 3M이 공급연쇄관리네트워크 구축 시 몇 가지 요소를 고려하여 생산공장이나 물류센터의 입지를 선정하는 것으로 파악하였다.[40]

국제물류센터의 입지선정과 관련한 문헌조사결과를 요약하면 공·항만과 인프라 구축, 전문물류인력과 노동여건, 세금과 인센티브, 물류네트워크 구축, 법·제도적 환경, 공급자네트워크, 핵심고객과 시장과 접근성, 신속한 수송 가능성이 중요한 고려요소로 인식되고 있다. 물류산업 군집화와 물류네트워크 구축 시 고려요소와 중복되는 공·항만과 인프라 구축, 전문물류인력과 노동여건, 세금과 인센티브, 물류네트워크 구축 외에 법제도적 환경에 대하여 경제자유구역의 경쟁력 비교 시 감안하여 평가한다.

38) J. J. Coyle et at, op. cit.
39) C. C. Poirier, Advanced Supply Chain Management, *Berret−Koehler Publisher Inc.*, SF, 1999.
40) R. B. Handfield and E.L. Nichols. Jr, Introduction to Supply Chain Management, *Prentice Hall*, NJ, 1999.

3절 물류클러스터의 개념과 구축 필요성

1. 물류클러스터의 정의

경제자유구역은 클러스터의 한 유형으로서 비즈니스와 첨단산업 그리고 물류거점을 주요 핵심기능으로 하고 있어, 향후 국가경제의 새로운 성장축으로서의 역할과 동북아 물류중심지 전략의 중심역할을 할 것으로 기대된다.

특히 물류 분야는 정보와 기술 그리고 다양한 전문성이 접목된 복합산업이고, 또한 물류산업의 특성상 타 산업에 의해서 시장이 형성되는 유발산업의 성격이 강하다. 즉 다른 산업의 생산 및 유통 등의 영역이 확장될수록 물류산업 역시 시장의 규모가 커지고 해당 산업의 경쟁력 제고를 위한 중요한 요소로 자리매김을 한다는 점에서 클러스터 개념의 도입이 가장 필요한 산업이라 할 수 있다.

전통적인 물류클러스터는 3개의 결절점(Node), 즉 제조업체(기업, 공장, 산업단지 등), 소비지(가정, 도시), 물류시설(운송, 포장, 하역, 보관, 통신이 발생하는 곳)이 주요 구성요소로서 이들이 물류단지를 형성하는 것으로 정의할 수 있다. 그러나 이런 형태는 단순한 물류산업의 집합이지 클러스터라고 하기에는 네트워크 구축이나 구성요소 간 상호 작용 등을 통한 각종 시너지효과 존재 여부 등에서 부족한 면이 많다.

특정 산업의 클러스터란 비슷한 업종의 다른 기능을 하는 관련 기업·기관들(연구개발기능을 담당하는 대학 및 연구소, 생산기능을 담당하는 대기업 및 중소기업, 각종 지원기능을 담당하는 벤처캐피

탈과 컨설팅 등)이 일정 지역에 모여 네트워크 구축과 상호 작용을 통해 사업전개·기술개발·인력·정보교류 등에서 시너지효과를 극대화함으로써 산업의 경쟁력을 제고하는 것을 의미한다.

따라서 물류클러스터(Logistics Cluster)란 공항만 및 물류배후부지라는 지리적 공간을 중심으로 화물처리를 핵심사업으로 한 전후방연관(지원)산업 및 관련 기관(대학 및 연구소, 중앙 / 지방정부, 관련 협회) 등이 네트워크화 하여 공항만 등 물류시설 이용자에게 원스톱 물류서비스를 제공하기 위한 집적체를 말한다고 할 수 있다.

이러한 개념으로 볼 때, 경제자유구역이 지향해야 될 물류클러스터의 형태는 전통적인 물류클러스터와 더불어 혁신기능(지식창출) 수행 및 물류인력을 배출하는 대학과 연구소, 제도적 지원서비스를 담당하는 정부(중앙정부 및 지방자치단체), 지원업체(금융, 법률상담) 그리고 인력 유치를 위한 주거 및 레저기능(기타 의료, 교육, 쇼핑 포함)을 포함해야 할 것이다.[41]

---

41) 김경석 외 5, 『경제자유구역의 물류거점기능 활성화 방안』, 국토연구원, 2004. 12.

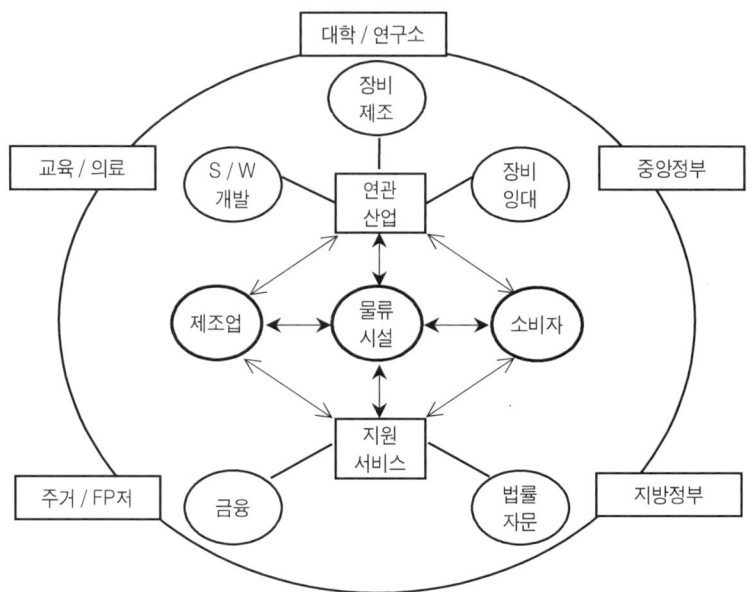

자료: 김경석 외 5, 『경제자유구역의 물류거점기능 활성화 방안』, 국토연구원, 2004. 12.

그림 1 경제자유구역 물류클러스터의 구성요소

이와 같은 물류클러스터를 구축함으로써 기대할 수 있는 효과로는 물류산업 연구를 위한 새로운 분석단위, 물류정책에 대한 새로운 접근방식의 제공이라는 이점 외에 공항만 및 관련 물류산업의 시너지 효과 제고, 국내 공항만 및 관련 물류산업들의 경쟁력 제고, 동북아 물류중심지 전략의 실천전략으로서 활용할 수 있을 것이다. 즉 물류 클러스터의 구축을 통해 경제자유구역은 대외적으로 국제적 인지도를 갖는 경쟁력 있는 거점으로 인식될 수 있을 것이며, 이를 통해 국제적 물류기업과 글로벌(다국적) 기업의 유치가 보다 수월해질 것이다.

궁극적으로는 경제자유구역 내의 물류클러스터와 경제자유구역 권역의 산업클러스터와 연계를 통한 이른바 광역클러스터[42]를 구축하여 경제자유구역의 전문성과 차별성을 극대화하고 또한 충분한 물동량 확보를 통해 동북아지역 조달·생산·배송거점으로 발전할 수 있을 것이다.

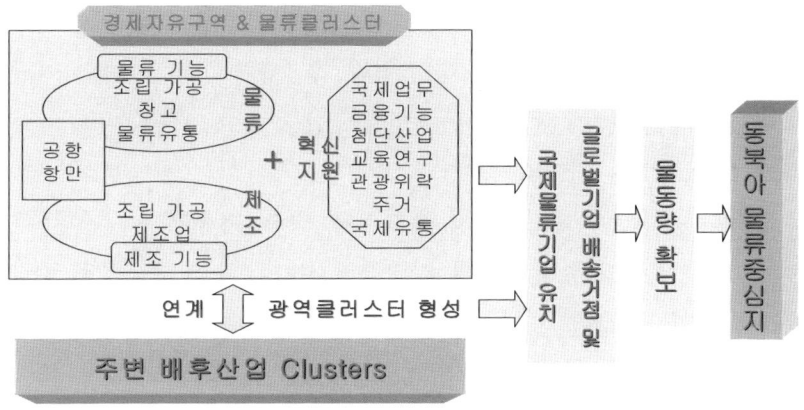

그림 2 경제자유구역 물류클러스터 개념도

2. 물류클러스터에 관한 선행연구

선행연구에서 공통적으로 정의한 물류클러스터(logistics cluster)의 개념은 공항만 및 물류배후부지라는 지리적 공간을 중심으로 화물처리를 핵심사업으로 한 전후방연관(지원)산업 및 관련 기관(대학 및 연구소, 중앙/지방정부, 관련 협회) 등이 네트워크화하여 공항만 등

---

42) 행정구역을 초월해 클러스터와 클러스터와의 연계를 통해 최종적으로는 하나의 클러스터로 통합시키는 것을 광역클러스터라 한다.

물류시설 이용자에게 원스톱 물류서비스를 제공하기 위한 집적체를 말한다.

Porter[43]는 성공적인 산업군집화 중 하나의 예로서 노르웨이의 해운산업군집화를 설명하였다. 나라도 작고 임금수준도 높지만 세계 해상물동량의 10%를 처리하는 노르웨이는 산업군집화를 통하여 생산성 향상과 혁신을 추진해 왔기 때문에 경쟁우위를 확보하고 있다. 해운업체 및 조선업체 외에 보험업체, 금융업체, 관련 대학과 연구소, 해운법률가 등 다양한 관련 산업과 공급업체 그리고 관련 기관들이 군집되어 있기 때문에 가능하다.

De Langen[44]는 항만클러스터의 개념 정의와 함께 실증분석과 설문조사를 병행하여 네덜란드의 로테르담 항과 미국의 미시시피 강 주변의 지역특화도를 분석하여 항만클러스터의 형성 가능성을 주장하였다. 그에 따르면 항만클러스터는 다양한 기관 및 경제활동주체들이 구성원이 되는 하나의 집적체로 보았으며, 항만 및 인근 배후 부지를 지리적 공간으로 정의하였으며, 구성요소로는 항만연관기업, 협회, 공사조직 그리고 공공기관 등이 관련되어 있다.

한철환[45]은 산업클러스터의 형성 움직임이 유럽 해운 선진국들을 중심으로 점차 확대되어, 클러스터 접근방식에 기초한 정책을 통해 개별 산업의 경쟁보다는 해사산업 전체의 국제경쟁력 향상 도모를 목

---

43) Porter. M. E., "Location, Competition, and Economic Development: Local Clusters in a Global Economy", *Economic Development Quarterly* (February 2000).

44) De Langen, P. W., "Clustering and Performance: The Case of Maritime Clustering in the Netherlands", *Maritime Policy and Management*, Vol.29, No.3, 2002.

45) 한철환, 『Port Cluster 구축 및 효과에 관한 연구』, 한국해양수산개발원, 2002. 11.

적으로 1990년에 결성된 노르웨이의 Maritime Forum of Norway, 1997년 영국의 Maritime London, 1999년 네덜란드의 Dutch Maritime Network 등의 결성을 소개하면서 동북아 물류중심국 건설을 위한 방안으로서 항만클러스터(Port Cluster) 구축을 통한 동북아 물류중심지로서의 역할 선점을 제안하였다.

김새로나[46]는 클러스터의 결정요인과 형성수준, 효과에 대한 이론적 정리를 통해 항만산업의 클러스터적 접근 가능성을 고찰하였으며, 부산항, 광양항, 인천항을 대상으로 하여 항만클러스터 구축에 영향을 미치는 요인들에 대해서 설문조사를 실시, 분석하였다.

이양우[47]는 항만물류와 관련이 깊은 항만클러스터의 개념과 기대효과를 분석하기 위해 항만물류산업의 정의와 범위를 설정하여 산업연관표의 생산거래표에 대한 요인분석(factor analysis)을 통해 전후방연관산업을 파악하고, 중요한 전후방연관산업들이 부산지역에 어느 정도나 집적되어 있는가를 분석하여 부산지역 항만물류산업의 클러스터 구축 가능성에 대해 연구하였다.

이규훈[48]은 광주・전남지역발전에 관한 연구에서 광주・전남지역의 물류환경 분석을 통해 물류환경의 문제점과 활성화 방안에 대해 동북아 물류중심지화 전략하에서 광주・전남지역의 통합적인 지역물류전략으로서 광양항을 중심으로 한 물류클러스터 구축을 제안하였다.

방희석[49]은 항만클러스터를 형성하는 핵심요소로서 국지화, 네트

---

46) 김새로나, "항만클러스터 구축에 영향을 미치는 요인에 관한 연구", 중앙대학교 박사학위논문, 2003. 12.
47) 이양우 외, "부산지역 항만물류산업의 클러스터 분석", 『국제상학』, 2004. 6.
48) 이규훈, "광주・전남지역의 물류환경분석", 2003년도 제2회 광주・전남지역발전 포럼 발표논문, 2003.
49) 방희석・김새로나, op.cit..

워킹, 착근성, 집단학습을 설정하여 부산, 인천, 광양항을 대상으로 설문조사를 실시하여 지역별 항만클러스터 형성 정도와 가능성에 대해 연구하였고 지역별 특성에 부합되는 항만클러스터 구축을 제안하였다.

한편 이미영[50]은 지역 내에서 기업과 기업, 기업과 대학, 연구기관 등 간의 체계적인 물류네트워크의 구축은 물류혁신을 창출하는 가장 중요한 기반이 되기 때문에 물류클러스터 혁신시스템의 구축을 위한 중요한 요소로서 각 혁신 주체들 간의 네트워크 모델의 도출을 주장하였다. 또한 부산지역에 있어서 물류클러스터 혁신시스템의 구축을 위한 방안으로서 부산지역물류산업집적을 형성하는 관련 기업 간의 정기적인 교류기회를 확대하거나, 물류 관련 지역기업의 공동연구개발, 공동마케팅, 공동물류 등의 협력활동을 증대시킬 수 있는 물류클러스터를 찾아내어 전략적으로 모델화하여야 한다고 주장하였다.

김기환[51]은 경제자유구역의 현황과 문제점을 제시하면서 외국기업의 유치와 경제자유구역의 활성화를 위해 혁신클러스터 형성을 제안하였다. 즉 경제자유구역이 제시하고 있는 여러 인센티브가 비용절감효과를 가져와 외국인기업을 유인하는 효과가 있기는 하지만 보다 근본적으로 검토되어야 할 것은 외국인투자가 활성화될 수 있는 여건을 조성하는 것이며, 이러한 여건을 조성하는 것은 정부, 학계, 기업, 연구소 등 다양한 혁신주체들이 연구개발, 신제품생산, 행정제도 개혁, 문화활동 등의 영역에서 서로 역동적으로 협력하고 학습할 수 있는 체계를 조성할 수 있는 혁신클러스터의 구축이라고 주장하였다.

박기찬[52]은 다기능으로 중요한 요소들은 기업의 역내활동의 핵심

---

50) 이미영, "부산지역경제활성화를 위한 물류Cluster 전략화 방안", 『물류학회지』, 14:2, 2004. 7.
51) 김기환, "경제자유구역의 추진현황과 향후 과제", 『산업경제분석』, 2003.
52) 박기찬, "Pentaport Networking – 분석방법 및 개발전략", 동북아물류허브

적 구성요소라 할 수 있는 Penta-port(Seaport, Airport, Techno-port, Business port, Leisure port)로 규정지을 수 있으며, 물류거점 경쟁국들과의 비교를 통해 다섯 기능에서의 선책과 집중에 의한 핵심 및 보완기능 간의 선택적 차별화를 통한 물류중심지 구축을 주장하였다.

한편, 최용록[53]은 인천경제자유구역의 발전방안으로서 주변 지역 IT산업의 우위성을 토대로 한 IT클러스터 구축과 Penta-port 중에서 Techno-port를 연계하여 동북아 물류 제3세대 허브인 e-Logistics Gateway 구축을 제시하였다. Penta-Port와 관련하여 우종균은 특정 지역 내 글로벌 기업의 유치는 관련 기업의 다양한 동반진출을 도모하면 이들을 연결하는 Tele-port의 기능이야말로 장기적인 경제거점화에 필수적이기 때문에 경제자유구역의 통신인프라 구축을 물류중심지의 요인으로 지적했다.

하헌구[54]는 물류중심지화 전략의 성공 여부에 대해 최우선 과제로서 외국인직접투자 유치를 지적하면서, 외국인투자입지 결정의 통합요소(안정성, 시장성, 인프라, 노동유연성, 조세혜택, 환경쾌적성, 행정효율성)를 고려하여 네덜란드 모델과 중국의 경제특구 모델의 결합모델을 우리나라가 택할 수 있는 최적의 물류중심지 모델로 제안하였다.

국제포럼 발표논문, 인하대학교2003. 10.
53) 최용록, "동북아물류허브를 위한 Techno-Port의 개발 방안", 『무역학회지』, 2004. 12.
54) 하헌구 외, 『동북아물류중심지화 전략 수립 및 시행방안』, 교통개발원, 2002.

3. 물류클러스터 구축 필요성

1) 경쟁 공항만에 대한 차별성 확보

동북아지역 주변국 간의 물류중심지 경쟁이 갈수록 치열해지고 있어 기존 우리나라의 경쟁수단이었던 낮은 공항만 이용료와 지리적 이점만으로는 경쟁에서 살아남기 어려우며, 경쟁국과 차별화된 한 단계 높은 수준의 물류서비스 제공이 절대적으로 필요하다.

따라서 우리나라가 동북아 물류중심지로서 경쟁력을 가지려면 물류 관련 전후방연관산업, 연구소 및 대학 등을 항만을 비롯한 물류시설 공간 속에 집적시켜 구성원 간 네트워크 구축 및 상호 작용을 통해 물류서비스 이용자들에게 한 차원 높은 통합물류서비스(integrated logistics service)를 제공하는 시스템으로서 물류클러스터의 구축이 필요하다.

향후 물류중심지 경쟁의 패턴은 기존의 공항만 간 하드웨어적인 경쟁에서 물류네트워크 간 소프트웨어적 경쟁으로 변화될 것이기 때문에 물류시설 및 기관들 간 네트워킹 구축이 매우 중요하며, 또한 부가물류서비스의 원활한 제공에 달려 있다.

2) 글로벌 기업의 물류전략 부응

글로벌 기업들은 물류기능의 아웃소싱을 통한 SCM전략을 추구하고 있으며, 경제의 글로벌화와 아웃소싱의 진전은 선사, 포워더, 터미널 운영업체, 육상운송업체 등 운송체인에 참여하고 있는 경제주체들로 하여금 통합된 형태의 새로운 부가물류서비스 제공을 요구하고 있다. 이에 공항만을 비롯한 물류시설이 적절히 대응하기 위해서는 기존의 화물처리기능에 초점을 맞추기보다는 선사, 예·도선 서비스업, 터미널 운영업자, 창고기업, 부가물류서비스 제공업체(조립, 포장 등), 제조업체, 포워더, 항공·해운대리점, 유통회사, 육상운송업자 등으로 구성된 물류클러스터 통해 원스톱 부가물류서비스와 보다 효율적인 전방위 서비스를 제공해야 한다.

따라서 글로벌 기업들의 공급망관리(SCM)전략에 대응하고, 물류서비스 이용자의 통합물류서비스의 제공의 요구에 부응하기 위해서는 공항만 및 물류시설 내외에서 이루어지는 화물처리시스템, 내륙운송시스템, 물류시스템을 통합 운영하는 물류클러스터의 구축을 통해 경쟁국들과의 차별화된 서비스를 제공해 범위의 경제를 모색해야 할 것이다. 또한 갈수록 치열해지고 있는 동북아의 물류중심지 선점 경쟁에서 이기기 위해서는 현대화된 물류인프라를 조기에 구축하고 경쟁국과 차별화된 물류서비스를 제공하는 것이 필수적이다.

이같이 물류클러스터의 필요성은 공항만이 기존 국제교역의 결절점으로서 역할을 하던 공항만 지향적 차원에서 국제생산 및 물류사슬상 물류플랫폼으로서 역할을 하는 물류지향적 접근으로 변화하고 있다는 공항만 운영전략의 기조변화, 개별 공항만 간 경쟁에서 향후에는 물류네트워크 간 경쟁으로 바뀌는 경쟁패턴의 변화, 글로벌 기업들의 아웃소싱 및 공급사슬관리전략에 따른 국제물류시스템의 변화, 마지막으로 공항만 및 물류커뮤니티의 형성 차원에서 그 중요성이 점차 증대하고 있다.

3) 경제자유구역의 경쟁력 확보

경제자유구역의 기능 강화를 위해서는 국제물류 추세를 감안하여 물류클러스터를 형성하고 지역의 특화된 서비스를 제공하는 것이 가장 중요하다.

전술한 바와 같이 지금과 같은 우리나라의 경제자유구역 내 물류거점화 전략은 물류산업과 그에 연관된 산업들의 집적(agglomeration)인 물류산업의 클러스터 구축전략이라고 하기보다는 무역과 연관된 물류산업만의 집적 형태인 수출입물류단지 내지는 전형적인 공항만 배후단지(hinterland) 조성전략이라 할 수 있다.

외국 경제자유구역의 경우들은 산업의 클러스터가 이루어져 네트워크 구축을 통하여 시너지효과를 창출하고 있다. 국제물류거점 기능을 수행함에 있어 필수적인 국제적인 금융, 정보, 통신 등 인프라가 잘 구축되어 있으며, 첨단산업이나 고부가가치산업 등 관련 산업이 좁은 지역 내에 집적되어 있어 산업 간 네트워크 구축과 시너지효과를 얻기에 용이하다. 싱가포르의 경우 주룽항 및 주룽산업단지에 아시아-태평양지역의 화학제품 종합물류센터를 구축하기 위한 전략을 정부 차원에서 추진하는 것은 곧 화학 산업의 집적화를 통하여 시너지효과를 극대화시키고, 세계 유수의 기업을 유치하기 위함이다.

이상에서 볼 때, 물류거점은 물류유통기능의 강화 없이는 관련 산업의 집적화가 곤란하고, 관련 산업의 집적화가 이루어지지 않는다면 국제물류거점으로서의 위치를 확보할 수 없게 된다는 점에서 물류기능만의 제고전략은 경제자유구역 내 물류산업과 경제자유구역의 차별성이 잘 드러나는 관련 산업군의 집적을 도모하는 전략으로 수정해야 할 것이다. 예를 들어 국내 경제자유구역 주변에 공항만 배후지에 전자, 통신, 첨단산업, 고부가가치산업 등 상호 관련성이 높은 산업을 적극 유치, 산업의 집적화를 도모하여 경제자유구역 입주기업들이 집적이익 내지 시너지효과를 얻을 수 있도록 해야 할 것이다.

4. 물류클러스터의 구축과 활성화를 위한 요인

경제자유구역 내에는 이미 운영 중인 물류시설들이 있으며, 이들은 기존의 물류단지에서 물류클러스터로의 혁신을 통한 현대화된 클러스터(혁신클러스터) 형성이 필요하다. 여기에는 기존 물류시설에 연구소 및 대학과의 산-학-연 연계, 정부지원센터의 유치, 지원산업과 네트워크 형성 그리고 정보센터 등 정보화의 추진 등을 통해 새로운 부가가치를 창출할 수 있는 혁신클러스터 조성전략이 우선되어야 한다. 또한 경제자유구역 내 새로이 확충되는 물류시설들은 조성단계에서부터 계획적인 클러스터 개념을 도입하여 네덜란드의 로테르담 항만과 ECD 및 배후물류단지가 클러스터화된 Distripark와 같은 개념의 신규 클러스터 조성전략의 추진이 필요하다.

산학연 연계 클러스터를 형성하기 위해서는 대학·연구소 및 대기업을 적극 유치하여 클러스터 형성의 핵을 확보하여 혁신클러스터화를 유도해야 하며, 이를 통해 전문인력 양성, R&D 부족, 클러스터 리더의 부족 등을 극복할 수 있다. 이를 위해서는 각 권역에 위치하고 있는 대학들의 물류특성화를 유도하고, 교육내용 역시 지역 물류클러스터가 요구하는 주문형 교육과 실무 위주의 교육, 그리고 현장학습 위주의 교육 등을 적극적으로 추진해야 할 것이다. 또한 물류전문연구소를 신설 혹은 유치하여 R&D기능을 강화[55]하고 클러스터 자체의 지속적인 혁신을 주도해 나가야 할 것이다.

또한 기본적인 물류수요 창출을 위해 경제자유구역 내 지정된 기

---

[55] 이러한 R&D는 주로 물류관리기술의 혁신에 초점을 맞추어, 예를 들어 RFID와 같은 물류기술의 도입으로 e-로지스틱스 거점화를 선점할 수도 있을 것이다.

존 산업단지의 혁신과 아울러 주변 권역에 해당 물류클러스터와 연관성이 높은 산업들의 유치가 필요하다. 즉 물류거점으로서의 물동량 확보가 있어야 하며, 경제자유구역이 공항만을 중심으로 하기 때문에 수출입화물과 환적화물이 물동량의 대부분을 차지할 것이다. 따라서 수출입화물을 주된 생산영역으로 하는 산업의 제조업체의 확보는 물류클러스터 구축과 활성화에 있어 가장 중요한 요소라 할 수 있다.

3장

경제자유구역과
지역특화산업의 현황

1절 경제자유구역의 현황 및 문제점

1. 동북아 물류중심지 배경과 현황

1) 동북아 물류중심지 배경

(1) 세계화에 따른 물동량 증가

1999년부터 2011년까지 세계경제성장률은 2~3% 수준으로 전망되지만, 컨테이너 물동량은 동 기간 동안에 2억 TEU에서 4.3억 TEU로 늘어날 것으로 예상되어 6.7% 증가할 전망이다. 아울러 동북아지역은 경제성장률은 연평균 6~7%에 달하고, 컨테이너 물동량 증가세는 8.1%에 달할 것[1]으로 예상된다.

[1) 중국정부 추정에 따르면, 중국의 물동량은 연간 11.5%씩 증가하여 2011년에는 6700만 TEU로 동북아 물동량의 절반 수준을 차지할 것으로 예

항공운송의 경우 전 세계 항공화물수요는 1999～2019년 6.4%의 증가를 보일 것으로 전망되고, 이 중 아시아 역내 항공화물 증가율은 8.6%로 가장 높을 것으로 전망되고, 아시아 관련 물동량의 비율이 전체적으로 증대할 것으로 예상된다.[2]

(2) 중심항만의 개념 변화

중심항만이란 세계간선항로상에 위치하면서 Hub & Spoke 운항전략에 따라 주변항만에 화물의 운송과 관련된 제반 서비스를 제공하는 항만으로서, 일정 지역의 물류중심지 및 환적중심항을 말하며 넓은 의미에서 상공업중심지를 지칭한다. 이러한 중심항만의 개념은 컨테이너선박의 대형화 추세에 따라 변화되고 있는데, 현재 포스트 파나막스급 시대에는 거대중심항만이 8000 TEU급 이상의 초대형 선박이 주류를 이루게 될 2010년 이후 지역중심항만으로 위상이 감소할 것으로 보인다.

표 11 중심항만의 개념 변화(단위 TEU)

	컨테이너선박 크기	직기항선 투입고려	지역중심항만	거점중심항만
post-Panamax 시대	3-5000	100만 이상	300만 이상	1000만 이상
2010년 이후	8000 이상	300만 이상	900만 이상	3000만 이상

상된다.
2) 하헌구 외, "한국의 동북아물류중심지화 가능성 및 전략의 선택", 산업연구원, 2003.

(3) 운송수단의 대형화와 고속화

대형 컨테이너선 및 화물전용기 취항 증가는 규모의 경제 면에서 유리하다. 특히 선박의 경우 세계 10대 선사들은 2007년 이전 10000 TEU, 2015년 12000 TEU, 2015년 이후 14000 TEU 수준에 도달할 것으로 전망된다.

이러한 선박이나 항공기의 대형화는 비용절감·수송시간 단축을 위해 소수 거점 공항만에만 기항하고, 주변 지역은 지선편(feeder)서비스 또는 내륙수송으로 대응하는 형태인 Hub & Spoke 개념이 더욱 발달할 것으로 보인다.

선박의 고속화도 진행되고 있는데, 이는 화주에게 보다 신속하게 서비스를 제공할 수 있다는 점에서 해상운송의 경쟁력을 높이게 되고, 이론적으로 볼 때 적재능력이 늘어난다는 것을 의미하기 때문에 선진 조선국들은 고속 컨테이너선박 개발에 박차를 가하고 있다.

(4) 기업물류체계 변화

글로벌 물류서비스 등장으로 인한 국제물류네트워크가 형성되고 있다. 이는 글로벌 기업들이 대륙단위 거점물류관리체계를 구축하고 이들 거점을 연계하는 네트워크를 통해 국제물류를 관리하고 있으며, 국제물류관리를 전문물류업체에 위탁함으로써 물류관리의 효율성을 추구하고 있기 때문이다.

이로 인해 국제복합일관운송체제의 기본으로서 항공운송 및 Sea & Air 운송 등에 대한 수요가 급하고 있으며, Mega Hub항을 중심으로 대륙 간 국제물류네트워크 형성이 가속화되고 있다. 또한 컨테이너 터미널 운영업체들은 성장잠재력이 높은 지역의 항만 운영에 적극 진출하여 독자적인 글로벌 항만네트워크 구축전략을 진행하고 있다.

(5) 물류업체 간 M & A 및 전략적 제휴 확산

제조업 및 유통업체들의 글로벌 서비스 제공, 서비스 수요의 세분화에 따라 세계적인 물류업체들은 보다 효율적인 글로벌 운송네트워크 구축을 위해 업체 간 M & A를 지속적으로 추진 중이며, 향후에도 가속화될 전망이다.

해운선사의 경우 선사 간 협력, 글로벌 제휴, M & A에 의한 거대선사가 출현하고 있으며, 선사들이 자사 산하의 물류전문업체를 신설하는 움직임도 활발히 전개되어 향후 몇 년 이내에 대부분의 거대선사들은 자사 내에서 3PL서비스를 제공할 것으로 예상된다. 또한 대형 특송업체들은 현재 포워딩 및 물류기업들의 M & A와 전략적 제휴를 적극적으로 추진하고 있어 물류업체들 간의 경계는 점차 없어지고 있다.

2) 우리나라의 추진 배경 및 현황[3]

물류중심지는 지역경제권을 연결하는 글로벌 물류시스템에서 주변 지역에 물류 관련 서비스를 제공하는 기지로, 동북아 물류중심지는 글로벌 물류의 동북아센터(본부) 또는 동북아의 관문을 의미한다. 구체적으로는 세계적 기업의 동북아지역본부나 물류센터를 우리나라의 공항이나 항만 배후 물류단지에 설립하고 국내외에서 원자재, 주요 부품, 완성품을 조달하여 제조, 조립, 가공, 포장, 라벨링 등의 부가가치물류서비스(Value Added Logistics)를 하여 동북아 전 지역 또는 타 대륙으로 완성품을 공급하는 거점 역할을 하는 곳이라 할 수 있다.

따라서 인천국제공항, 부산항, 광양항이 동북아 물류중심지로 발전

---

3) 동북아경제중심추진위원회, 『동북아경제중심의 비전과 과제』, 2003. 12.

하게 되면 물류산업뿐만 아니라 금융산업, 관광산업 등 관련 산업의 연쇄적인 발전을 기대할 수 있고, 외국의 사례를 보면 세계화 기업의 판매센터, 서비스센터, 콜센터, R & D센터, 비즈니스 본부, 제조기능까지도 유치할 수 있다. 또한 21세기 한국의 지속적인 성장을 위해서는 중국이 창출하는 부가가치의 흡수효과가 가장 큰 산업 부문을 전략산업으로 채택·발전시켜야 한다는 폴 케네디의 주장과 같이 물류산업을 전략산업으로 채택하고, 중국이 산출하는 기회와 가능성이 가장 큰 부문과 지역을 전략적으로 채택·발전시킬 필요성이 대두되었다.

이러한 배경과 필요성을 반영하여 정부는 '선택과 집중, 선점과 차별화', '약점의 중점보완', 그리고 '국내물류체계의 개선 병행'이라는 전략하에 세계 최고수준의 공항만 개발과 7대 세부 추진과제를 수립·추진하기로 하고 동북아 물류중심지 로드맵을 2003년에 발표하였다.

2. 경제자유구역의 현황과 경쟁력 분석

1) 경제자유구역의 개념 및 유형

경제자유구역은 외국의 우수인력 및 유수 다국적 기업을 유치하여 첨단산업 및 지식기반 고부가가치 서비스산업을 새로운 성장동력으로 활용할 수 있는 기반을 확보하기 위해 일정 지역을 지정하여 인프라 제공은 물론 각종 세제, 자금 지원, 행정적 특혜 등을 부여하는 일종의 경제적 특구를 의미한다.

경제자유구역은 시·도지사의 신청을 받아 경제자유구역위원회의 심의·의결을 거쳐 재정경제부 장관이 지정할 수 있다. 지정 시에는 외국인투자 유치 및 정주 가능성, 지역경제에의 파급효과, 국제공항·국제항만·교통망·용수 등 기반시설, 부지 확보의 용이성 등을 고려하고 있다.

유사한 제도로는 국내에서는 외국인기업전용단지, 외국인투자지역, 자유무역지역, 제주국제자유도시 등이 있다. 이러한 제도는 외국인투자 유치, 무역진흥 등을 촉진하기 위한 목적은 대개 비슷하나 지정권자, 입주자격 등에서 다소 차이가 있다.

또한 외국의 유사한 형태로는 자유항, 특별경제지구, 수출가공지구, 금융서비스지구, 상업자유지구 등을 들 수 있으며, 이들은 주변 여건과 목적에 따라 조금씩 상이한 지원체계와 물류기능을 가지고 있다.[4]

2) 우리나라 경제자유구역 현황

(1) 우리나라의 경제자유구역 현황

가. 인천경제자유구역

인천경제자유구역은 총면적 6,336만 평에 달하며, 세계경제의 급격한 흐름에 대응하고 중국의 급부상 등 동북아경제권의 경쟁관계에서 우위를 점하기 위한 전략으로 동북아경제 중심국가의 실현은 중요한 의미를 가진다. 이러한 동북아경제 중심권의 실현을 위한 거점으로서 국제공항 및 항만, 광역교통시설, 수도권 배후지역이 위치하고, 필요한 부지의 확보가 용이한 인천지역을 경제자유구역으로 지정한 것이다.

---

4) 보다 자세한 내용은 김경석 외 5, 『경제자유구역의 물류거점기능 활성화 방안』, 국토연구원, 2004. 12 참조하길 바람.

개발계획은 1단계는 2008년까지, 2단계는 2020년까지로 나누어 개발되고 있으며, 인천경제자유구역의 개발이 완료되면 생산, 부가가치 및 고용 등의 부문에서 긍정적인 경제적 파급효과가 있을 것으로 기대된다. 인천발전연구원의 분석에 의하면 생산유발액 53조 4350억 원, 부가가치유발액 22조 4370억 원, 신규 고용창출은 약 13만 명이 될 것으로 추정하고 있다.

나. 광양만권경제자유구역

광양만권경제자유구역은 여수·순천·광양시와 하동군 일원 5개 지구 총 2,691만 평에 달하며, 광양만권은 허브항으로서의 광양항의 잠재력을 활용, 해외 유수 물류기업을 유치하고, 화물의 저장·분류·가공·조립 등을 거쳐 제3국에 반출함으로써 부가가치를 창출할 수 있다. 또한 기존의 석유화학, 제철산업 등을 활용한 전후방연관산업을 전략수출산업으로 육성함으로써 기간산업과 연계된 신산업 부문에서의 성장 가능성도 있다.

개발계획은 1－1단계(2003～2006), 1－2단계(2010년까지), 2단계(2015년까지), 3단계(2020년까지)로 나누어진다. 경제자유구역이 활성화되면 광양만권의 외국인투자는 현재보다 약 5배가 증가한 120억 달러에 이를 것으로 전망되며, 생산유발효과는 105조 원, 고용창출은 160만 명 정도가 예상된다. 특히 광양항 3단계가 끝나는 2020년 이후에는 물류산업이 주력산업으로 성장할 것이 예상됨에 따라 지역경제의 활성화에 기여할 것으로 보인다.

다. 부산·진해경제자유구역

부산·진해경제자유구역은 부산광역시 강서구와 경상남도 진해시 일원에 위치한 5개 지역으로 총 3,154만 평 규모이다. 부산·진해의 신항만지역을 동북아 해양물류의 중심거점으로 육성하고, 첨단산업단지와 R&D센터를 조성하여 동남권의 생산거점 및 R&D기능을 강화하는 것을 목표로 하고 있다. 국토연구원의 추정에 의하면 부산·진해경제자유구역이 성공적으로 추진될 경우 외국인투자 유치 155억 달러, 생산유발효과 95조 원, 부가가치 창출효과 39조 원, 고용유발효과 152만 명 등의 파급효과가 예상된다. 개발계획은 1-1단계는 2006년까지, 1-2단계는 2010년까지, 2단계는 2020년까지로 단계적으로 시행한다.[5]

표 12 경제자유구역 추진계획 비교

구역		기능		면적 (만 평)	인구 (명)	주요 사업
		주 기 능	물류기능			
인천	송도	−국제업무 −지식기반산업	−IILC(배송센터, 화물터미널, 철도시설, 사업시설 등)	1,611	252,500	−지식정보산업단지 −테크노파크 −국제비즈니스센터 −바이오산업단지
	영종	−공항직원 −항공물류 −국제관광	−화물터미널(기존) −관세자유지역 −물류(세부기능 미정, 고부가 항공 물류)	4,184	114,800	−관세자유지역·IBC −물류·첨단산업단지 −주거단지 −용유·무의관광단지
	청라	−국제금융 −첨단레저	−수출농산물 물류단지 −화물터미널 −집배송단지, 창고 −컨테이너 야드 등	541	90,000	−국제금융·업무 −외구인 주거단지 −스포츠·레저 −화훼단지·공공용지
	소 계	−	−	6,336	457,300	−

5) 김기환, "경제자유구역의 추진현황과 향후 과제", 『산업경제분석』, 산업연구원, 2003.

구역		기능		면적 (만 평)	인구 (명)	주요 사업
		주 기 능	물류기능			
신항만		−물류·유통 −국제업무 및 해사	−물류단지 (신항배후지 개발)	342	20,000	−항만물류·유통단지 −주거·지원단실 −국제업무시설
	명지	−항공물류 −첨단부품 소재	−유통단지(항만 −항공물류 유통)	395	34,000	−신호산업단지 −주거, 휴양, 첨단생산 −명지대교건설
	지사	−외국인전용 첨단산업, R&D	물류산업, 배후 주거	1,144	110,000	−부산과학산업단지 −부산경전철건설 −국제업무·주거단지
	두동	−메카트로닉 −전문교육− R&D	−물류산업, 배후 주거	637	55,000	−조선R&D, 첨단생산 −선항진입도로 Ⅱ건설 −물류유통, 주거단지
	웅동	−무류·유통 −여가·휴양	−항만물류·유통 단지	653	16,000	−첨단생산, 국제업무, 교육·R&D시설
	소 계	−	−	3,171	235,000	
광양	율촌	−자동차부분 −항공물류, 금융 −국제물류 유통	−물류(항공물류) −국제물류단지	851	−	−전라선복선전철화 −컨부두9선석 −2,3산단 개발
	광양	−국제해양 물류 −상업/비즈 니스	−수출농산물류 단지 −해운비즈니스 센터 −농수산물 수출 센터 −물류인력양성 대학	390	−	−컨부두8선석 −배후부지개발
	신덕	−교육, 상업, 연구	−복합물류 유통 단지(배송, 전시 기능 강화)	771	101,000	−해룡산단개발 −복합물류유통단지 −주거·교육·의류
	화양	−국제관광· 스포츠· 휴양	−배후 주거 및 지원시설	299	−	−관광·생산기반시설 −레저·위락시설 −물류해운
	하동	−산업기능 도시 −레저, 업무	−배후 주거	380	10,000	−관광·생산기반시설
	소 계	−	−	2,691	111,000	−

자료: 김경석 외 5, 『경제자유구역의 물류거점기능 활성화 방안』, 국토연구원, 2004. 12.

(2) 경제구역별 산업클러스터 추진계획

가. 인천경제자유구역

인천경제자유구역의 산업클러스터 형성을 위한 기본방향을 세 가지로 나누어 살펴보면 첫째, 국제적 경영환경을 갖춘 국제업무지역 조성을 위해 국제기준에 부합하도록 규제를 철폐 및 완화하고 외국인 및 외국기업에 대한 친환적 환경을 조성함은 물론 전문인력 유치 및 양성을 위한 교육여건도 조성 중이다.

둘째, 물류기반시설 및 물류단지 구축을 위해 공항과 항만이 동북아거점 역할을 하도록 확충하고 관세자유지역 조성을 통하여 물류거점을 확보함은 물론 산업·물류단지를 조성하여 복합물류산업 및 첨단산업을 육성하려 하고 있다.

셋째, IT, BT산업 중심의 R&D 혁신클러스터 조성을 위해 연구개발 집적지를 조성하고 환경친화적인 IT, BT산업 및 벤처기업의 유치 및 육성을 통해 산업정보인프라를 구축하려 하고 있다.

나. 부산경제자유구역

부산경제자유구역은 산업클러스터 형성을 위한 다양한 역할을 수행할 수 있는 기능이 있다. 먼저, 직접영향권 내에 있는 인근에 집적된 기계 및 조선기자재 산업클러스터를 연계하고 간접영향권에 있는 울산자동차산업 및 사천지역의 항공산업클러스터 등 동남권의 광역적인 산업협력체계를 구축하는 데 중심적인 역할과 자유구역 내의 연구개발기능과 첨단기술 산업의 입지를 바탕으로 지역 내의 산업을 위한 핵심적인 부품소재 분야의 공급과 함께 넓게는 중국시장에 대한 부품소재 공급기지 역할을 수행할 수 있다. 또한 일본을 비롯한 선진기술의 유치로 기존 산업의 고부가가치화와 핵심소재 개발을 위한 선도거점기지 및 해사물류기능의 해사클러스터와 연계된 종합 해사클러스터 구축의 핵심기지 역할도 수행할 수 있다.

부산경제자유구역의 산업별 클러스터의 역할을 살펴보면 먼저, 기계산업클러스터는 마산, 창원을 비롯한 기존의 기계산업집적지를 기계산업클러스터로 역할을 할 수 있도록 육성하고 점차 중저가제품 및 단순조립생산의 중국 이전으로 대중국 핵심부품 및 소재를 공급하는 기지화 역할을 수행하고 있다.

조선공업 클러스터는 거제조선업과의 연계가 물리적인 제약으로 클러스터 형성에 한계가 있었으나, 거제-부산 간 연결도로망이 건설되고 경제자유구역 내에 선박 관련 기자재 산업 및 연구개발기능이 입지하면 물리적 연계성이 한층 높아져 클러스터로 발전할 수 있을 것으로 예상되고 조선업, 해운업, 박용공업과 조선산업의 신기술개발 관련 연구기관 등으로 구성된 종합 해사클러스터의 핵심기지 역할이 가능하고 고부가가치 선박의 주문생산과 고품질 A / S수요에 대응할 수 있다. 조선공업 클러스터는 장차 중국의 조선산업 부상에 따른 조선 관련 핵심기자재의 공급, 개발센터 역할이 가능하고 해양구조물 관련 산업의 발전과 기술개발센터기능도 예상된다.

자동차산업클러스터는 부품업계의 대형화와 전문화가 절실하며 첨단기술개발에 역점을 두어야 한다. 현재 이 지역에 입지하고 있는 삼성르노자동차와 연계한 부품공급 또는 세계적 기술개발능력을 가진 부품업체의 생산기지 유치와 더불어 르노삼성자동차의 지역본부 유치를 통해 다국적기업의 영업활동의 새로운 거점을 제공하고 있다.

다. 광양만권경제자유구역

광양만권경제자유구역의 산업클러스터 형성을 위한 기본방향을 세 가지로 나누어 살펴보면 첫째, 물류기능 활성화이다. 광양항이 가지고 있는 강점과 잠재력을 충분히 활용하여 동북아 물류허브로서의 역할이 가능하도록 관련 기능을 유치하려 하고 있다. 이러한 역할수행을 위해 국제물류·유통, 생산, 교육·연구, 국제업무 및 관련 시설의 유치를 우선적으로 검토하고 있다.

둘째, 산업의 고도화, 첨단화를 유도하려 하고 있다. 이 지역은 철강, 석유화학 산업이 집적된 지역으로서 이들 산업의 생산성 향상은 경제자유구역뿐만 아니라 광양항의 물류기능을 촉진시키는 데 중요한 역할을 할 것이다. 이를 위해 산업구조의 고도화와 산금속·정밀화학 등 신산업의 유치를 고려하며 이를 위한 기능을 도입하려 하고 있다.

셋째, 쾌적한 도시환경 조성이다. 기업활동이 편리하고 정주하기에 좋은 환경을 만들기 위해서 광양만권은 국제적인 경영환경과 쾌적한 주거환경을 갖춘 동시에 문화, 레저, 스포츠 등 여가생활에 대한 배려가 요구된다. 이를 위해 다양한 형태의 주거시설의 공급과 레저, 스포츠 및 관광시설의 도입을 고려하고 있다.

표 13 경제자유구역 추진계획 비교

주요 기능 및 세부 시설		관련 산업	인천	부산	광양
물류·유통기능	가공 / 조립 / 포장	운수·보관 건설업 정밀기기 수송장비	○	○	○
	유통센터				
	집배송센터				
	기업물류센터				
국제업무기능	해운센터, 산업전시장, 문화시설, 컨벤션센터	건설업 금융 및 보험	○	○	○
	대단위 쇼핑몰	도소매업	○	○	○
	호 텔	음식점 및 숙박	○	○	○

주요 기능 및 세부 시설		관련 산업	인천	부산	광양
생산기능	첨단산업(IT, BT)	전자·전기기기 정밀기기	○	△	×
	항만 및 선박 관련 시설	일반기계 건설업	×	○	○
	자동차산업	자동차 생산 자동차부품	△	○	×
	물류장비 제조업	일반기계	×	×	○
	환경산업	정밀기기 건설업	×	×	○
	화훼산업	농수산업	○		
교육· 연구기능	외국인학교, 교육시설	교육 및 보건	○	○	○
	기업연구소	사회 및 기타서비스	○	○	○
관광· 위락기능	해변리조트, 해양테마파크	건설업 음식점 및 숙박업 부동산 및 사업서비스	○	○	○
	생태관광		○	○	○
	공연장·전시장, 엔터테인먼트 시설		○	○	○
주거· 지원기능	중저밀도 주택, 전원주택	건설업 부동산 및 사업서비스	○	○	○
	병원, 은행		○	○	○
기반시설	철도, 도로, 공항, 항만	건설업	○	○	○
	광역 공급 및 이용시설	전력가스 및 수도 건설업	○	○	○

자료: 김경석 외 5, 『경제자유구역의 물류거점기능 활성화 방안』, 국토연구원, 2004. 12.

(3) 인천경제자유구역의 물류중심지 전략

본 연구의 범위가 3개 경제자유구역 중 인천경제자유구역을 대상으로 하기 때문에 다른 경제자유구역에 비해 좀더 상세히 발전전략에 대해 서술해 보고자 한다.

표 14 인천경제자유구역의 SWOT 분석

	강점(S)	약점(W)
	• 인천항, 인천공항의 근접 • 지리적 입지 우수 • 양호한 연계운송네트워크 • 한중일의 대규모 배후시장 존재 • IT, BT 고급인력 확보 용이 • 저렴한 공항 이용 비용 • 야간 항공기 운항 가능 • 강력한 정부의 정책적 추진 의지	• 물류기업의 영세성 • One-stop 서비스 미흡 • 노동시장의 안정성과 유연성 부족 • 외국인 생활편의시설 부족 • 공항배후단지개발 실천 미흡 • 화물의 연계운송네트워크 빈약 • 물류전문인력 부족 • 경쟁국에 비해 국내물류수요 부족
기회(O)	S-O 전략	W-O 전략
• 인천공항에 대규모 물류센터 추진 • 수출입 화물의 항공운송비중 증가 • 경쟁공항들의 시설능력 미확보 • 대중국 물동량 증가 • 유비쿼터스 도시 조성계획 • 광역인프라 확충계획 • 양질의 노동력 제공	• Sea & Air 복합운송기지 구축 • IT, BT 중심의 혁신클러스터 구축 • 동북아 경제중심(물류, 관광, 금융) 거점 추진 • 복합기능 중심지 발전전략 • 대중국 항공자유화 정책 추진을 통한 지역 간 물류교류 활성화	• 물류전문기업 육성 • 교육·주거·문화·관광 등 외국인 거주여건 개선 • 노동시장의 유연성 제고 및 양질의 노동력 제공 • 행정서비스의 효율성 제고 • 중국 물류전문인력 양성 • 세계적 물류전문기업 유치 확대 • 대중국 해상화물처리를 위한 항만 확충
위협(T)	S-T 전략	W-T 전략
• 주변국과의 경쟁상황 심화 • 국내 외국인투자 감소와 중국의 성장 • 재원조달 계획의 구체성 미흡 • 국내 경제자유구역과 경쟁 • 푸동, 나리타 등 동북아 허브화 경쟁 심화	• 대중국 부가가치산업 유치 • 동북아 시장을 겨냥한 FDI 유치 전략 수립 • 외국투자지원조직 확대개편 • 공항·항만을 이용한 효율적 국내외 물류네트워크 구축	• 제한된 자원의 효율적 활용을 위한 선택과 집중전략 • 재원조달 계획 합리화로 관련 인프라 조기 확충 • 공항배후단지의 조속한 개발 • 수도권 적합산업 육성을 통한 안정적 내수 확보 • 개성공단 활성화를 통한 물량 확보

인천경제자유구역은 인천국제공항과 인천항을 동시에 활용할 수 있도록 지정이 되어 있으나 실제로는 인천국제공항을 중심으로 하는 경제자유구역이라 할 수 있다. 즉 인천항의 경우 항만 인프라의 미비 등으로 인해 대부분의 수출입 물동량이 부산항을 통해 이루어지기 때문에 항만으로서의 독자성보다는 인천국제공항과 연계한 Sea & Air 운송과 북중국과의 해상운송을 담당하는 인천국제공항의 보조적 역할을 할 것으로 예상된다. 따라서 인천경제자유구역의 효과적인 발전전략을 세우기 위해서는 항공운송과 연계시킬 수 있는 산업을 우선적으로 분석해야 할 것이다. 먼저 인천경제자유구역의 SWOT를 분석해 보면 표 14와 같다.

이를 바탕으로 한 인천경제자유구역의 발전전략을 살펴보면, 우선적으로 단순 환적중심지 전략을 찾을 수 있다. 이 전략은 불특정다수 화물을 항공기 착륙 후 하역한 후 가공, 라벨링, 재포장 등의 추가적인 부가가치물류작업 없이 그대로 재출하는 것이다. 이러한 전략의 핵심은 인천국제공항 자체적으로 얼마나 많은 환적화물을 유치하느냐에 달려 있는데, 이는 결국 인천국제공항을 사용하는 항공사들의 운임경쟁력과 화물수송능력에 전적으로 달려 있다고 할 수 있다. 특히 인천국제공항의 경우 국적항공사의 환적화물처리비율이 약 90%에 달해 단순 환적중심지 전략의 성패는 국적항공사의 화물운임과 운송능력의 경쟁력에 따라 좌우된다는 한계를 가지고 있다. 따라서 단기적으로는 cash cow 전략으로써 추진해 갈 필요는 있지만 중장기적인 전략으로는 부적합할 것이다.

다음으로 생각해 볼 수 있는 전략으로는 세계적 물류기업 유치를 통한 물류중심지 전략으로서, 항공사의 운송가격경쟁력에 좌우되는 단순 환적보다는 안정적인 대량의 물동량을 확보하고 있는 세계적 물류기업들을 유치, 군집화하여 인천자유경제구역을 지역물류거점화하는 방안이다. 이러한 전략을 추진하기 위해 인천자유경제구역청에서는 세계 4대 글로벌 특송업체를 대상으로 교섭에 들어가 2003년 DHL은 화물터미널 부지로 6000평을 확보하였고, TNT도 동년 11월에 투자의향서를 제출하였다.

물류기업을 중심으로 한 중심지 전략의 성공 여부는 세계적 물류기업의 유치 여부가 가장 중요한 이슈이지만, 보다 근본적인 이슈는 경쟁공항과 비교하여 유치대상 기업들이 요구하는 수준의 물류인프라와 인센티브, 법·제도의 정비 등의 물류경쟁력을 확보했는가의 여부라 할 수 있다.

마지막으로 제안해 볼 수 있는 전략으로는 다국적 기업의 글로벌 SCM을 지원하는 물류센터로서의 기능을 수행하여 인천경제자유구역을 동북아 조달·배송거점으로 발전시키는 전략을 들 수 있다. 이러한 전략은 세계적으로 다국적 기업들의 물류전략이 조달·생산·배송의 원활한 흐름과 효율적 관리와 관련 기업들과의 공급사슬관리를 위해 다핵중심에서 지역거점중심으로 바뀌고 있으며, 특히 중국의 급성장과 동반한 동북아시아의 성장으로 인해 동북아지역의 물류거점 확보가 필요한 실정이다.

따라서 동북아지역에서 글로벌SCM의 재구성 혹은 신설을 원하는 다국적 기업은 글로벌SCM을 가장 효율적으로 지원해 줄 수 있는 공항·항만을 선택해 해당 기업의 지역물류거점으로 활용할 것이다. 이와 같은 전략을 성공시키기 위해서는 공항·항만의 물류경쟁력과 아울러 다국적 기업의 SCM을 지원할 수 있는 국내산업의 경쟁력이 확보되어야 한다.

장기적인 관점에서 볼 때 다국적 기업의 SCM이 경쟁력 있는 국내산업과 연계가 클수록 국내제품이 해당 SCM에 포함될 개연성이 높고, 또한 해당 SCM에서의 국내제품 비중이 높아져 장기적인 지역 물류중심지 전략으로서 고려해 볼 수 있다.

3) 경제자유구역의 국제경쟁력 비교

우리나라 경제자유구역과 경쟁을 하고 있는 주요 경쟁국들과의 비교를 통해 경제자유구역의 가능성과 개선점을 확인해 보고자 한다. 비교대상으로는 현재 아시아에서 물류거점 역할을 하고 있으며, 향후에도 그 기능이 강화될 것으로 예상되는 싱가포르, 홍콩, 중국을 선택했으며, 기준으로는 크게 기업의 경영환경과 기업인·근로자의 생활환경,[6] 그리고 해당 지역의 지리적 여건 및 주변 여건의 경쟁성을 비교해 보았다.

(1) 기업의 경영환경

기업의 경영환경[7]을 비교해 보면, 전체적으로 법제도와 규제 면에서 경제활동의 자유도와 기업활동규제 면에서는 홍콩과 싱가포르가 가장 좋은 여건으로 평가된다. 한국은 거시적 환경을 제외한 모든 경영환경 부문에서 싱가포르에 비해 열위에 있고 거의 대부분에서 홍콩에도 크게 떨어진다. 상해와 비교해서는 경제활동의 자유도와 기업활동의 규제 면에서는 앞서나 임금과 노사관계 및 거시적 환경에서 뒤진다고 판단된다.

법제도와 규제 면에서 홍콩과 싱가포르가 가장 좋은 여건을 제공

---

6) 이창재, 『동북아 비즈니스 거점화 전략의 기본방향』, 대외경제정책연구원, 2002. 12.
7) 비교기준으로는 법제도와 규제, 세제 및 인센티브, 인적자원, 임금과 노사관계, 거시경제·정치적 환경을 대상으로 하였다.

하는 것으로 평가되며 한국은 불필요한 규제가 아직 많이 남아 있고 중국의 경우 법규가 모호하고 그 운영이 불투명하다는 점에서 가장 뒤져 있는 것으로 나타난다.

세제 및 인센티브 면에서는 홍콩, 싱가포르, 푸동신구 및 한국의 외국인투자지역을 비교할 때 어느 정도 균형 잡힌 세제와 인센티브가 제공되고 있는 것으로 보이나 중국이나 한국의 경우 특정 지역을 벗어나서는 높은 세율이 적용되고 있으며 개인소득세 면에서 홍콩이나 싱가포르에 비해 크게 열악한 상태이다.

인적자원 면에서는 정부 주도로 치밀하고 꾸준히 인적자원 양성 및 유치정책을 펴온 싱가포르가 가장 앞서 있는 것으로 평가된다. 반면 홍콩, 상해 및 한국은 각기 장점 및 문제점을 안고 있는데, 홍콩은 낮은 소득세를 바탕으로 비즈니스서비스 및 금융 부문의 고급인력을 보유하고 있지만, 북경어 구사 전문인력의 부족은 향후 홍콩이 중국 관련 비즈니스거점이 되는 데 커다란 걸림돌로 작용할 것으로 판단되고, 상해는 중국의 광대한 인력풀이 있어 양적으로는 가장 풍부한 인적자원을 보유하고 있으나 고급인력 면에서 아직까지 취약하며, 한국은 R & D 부문 인적자원에서는 앞서 있는 데 반해 영어 구사능력이 떨어져 국제화된 전문인력이 부족한 상태이다.

임금 및 노사관계 면에서는 싱가포르가 가장 안정된 여건을 조성하고 있고 홍콩 및 상해도 상당히 좋은 편이다. 반면 한국은 아직까지 원만한 노사관계를 정립하지 못한 상태로 노사관계는 한국 내 경영환경 중 가장 취약한 부문으로 지적되고 있다.

거시경제·정치적 환경 면에서는 거대한 시장을 보유하고 고성장이 전망되는 중국이 가장 좋은 여건하에 있으며, 그 다음으로 한국이고 최근 경제적 어려움을 겪고 있는 홍콩과 싱가포르의 입지가 상대적으로 나쁜 것으로 보인다.

표 15 기업의 경영환경 비교

구 분	홍콩	싱가포르	상해(푸동)	한국
경제활동의 자유도	◎	◎	×	△
기업활동의 규제	◎	○	×	△
세제 및 인센티브	◎	◎	(○)△	(○)△
인적자원	○	◎	○	○
임금과 노사관계	○	◎	○	×
거시경제·정치적 환경	△	△	◎	○

주: 괄호 안은 특구지역

(2) 기업인·근로자의 생활환경

기업인·근로자의 생활환경[8] 면에서 살펴보면, 주거·생활비 면에서는 홍콩이 가장 비싸고 한국이 근소한 차이로 싱가포르나 상해에 비해 나은 것으로 판단된다. 그러나 교육환경 및 의료서비스 면에서 홍콩과 싱가포르가 한국 및 상해에 비해 앞서 있으며 특히 상해가 의료서비스 부문에서는 낙후된 것으로 보인다. 위락시설 및 삶의 질 면에서는 홍콩과 싱가포르가 국제도시로서의 면모를 지니고 있고 그 다음으로 한국, 상해 순으로 평가된다.

전체적으로 볼 때 한국은 주거·생활비 면에서만 약간의 우위를 보일 뿐 교육환경, 의료서비스 및 위락시설과 삶의 질 면에서 홍콩이나 싱가포르에 뒤지며, 의료서비스 및 위락시설과 삶의 질 면에서 상해보다는 우위를 점하고 있는 것으로 나타난다.

---

8) 기준으로는 주거·생활비, 교육환경, 의료서비스, 위락시설 및 삶의 질을 선정하였다.

표 16 기업인·근로자의 생활환경 비교

구 분	홍콩	싱가포르	상해	한국
주거·생활비	×	△	△	△
교육환경	◎	◎	△	△
의료서비스	◎	◎	×	△
위락시설·삶의 질	◎	◎	×	△

(3) 해당 지역의 지리적 여건 및 주변 여건의 경쟁성

해당 지역의 지리적 여건 및 주변 여건의 경쟁성을 비교해 보면, 지리경제학적 측면은 지리적 위치와 배후 권역의 크기를 통해 살펴보고, 물류인프라 측면은 배후 수송체계와 환적화물처리 수준 등을 통해 비교해 보겠다.

가. 지경학적 측면

동북아 경쟁국들은 지경학적 이점을 최대한 살펴 물류거점화를 추진하고 있는데, 이는 국제물류거점은 단순히 지리적인 위치상의 이점뿐 아니라 산업적으로도 선진국과 개도국 간의 중간적인 경제적 이점도 있어야 한다. 지리적으로 싱가포르, 홍콩은 거점항으로서 동서기간항로는 물론 아시아 역내 항로상 수많은 선박이 경유하는 길목에 위치해 있으며, 배후 권역 또한 중화경제권의 관문 역할을 하기 때문에 지경학적 이점이 두드러진다고 할 수 있다.

우리나라의 지리적 위치는 공항은 미국, 유럽 주요 공항까지 평균 거리가 상해나 홍콩보다 가까우며, 베이징과 오사카, 도쿄와는 거의 비슷한 것으로 나타났다. 또한 동북아 주요 공항까지의 평균거리는 인천국제공항이 956㎞로 베이징(1477㎞), 상해(1238㎞)보다 가까운 것으로 나타나 공항에 있어서는 지리적 이점이 여타 경쟁지보다 뛰어나다는 것을 알 수 있다.

항만입지 평가는 화물의 중계성을 들 수 있는데, 중국 화물이 구주항로를 이용할 때에는 상해경유루트가 가장 짧아 부산보다 유리하지만, 러시아 화물이 구주항로를 이용할 경우와 중국·러시아 화물이 미주항로를 이용할 경우 모두 부산경유루트가 가장 짧아 경쟁력이 가장 높은 것으로 나타났다.

이러한 항로거리의 강점으로 인해 청도항발 LA행 화물의 경우 직기항에 의한 수송보다 부산·광양항 환적 수송 시 총 운송비용이 FEU당 152달러 정도 저렴한 것으로 조사되었다. 또한 상해 이북 항만에서 LA 항, 로테르담 항까지의 컨테이너 화물이 직기항에 의한 수송보다 부산·광양항에서 환적되어 운송되는 경우 FEU당 140~455달러에 달하는 비용절감효과가 발생하는 것으로 나타나 항만의 지리적 경쟁성이 우월함을 보여준다.[9]

지경학적 위치를 평가하는 두 번째 요소로서 항만의 중심성을 보여주는 배후지 규모는 중국, 싱가포르, 한국 모두 배후에 충분한 화물발생 잠재력을 갖는 인구 및 산업의 규모가 확보되어 있다.

나. 물류인프라 측면

배후 수송체계를 비교해 보면, 싱가포르와 홍콩은 물류거점이 공항과도 근접한 거리에 있도록 배치하여 화물의 특성과 고객의 서비스 욕구에 따라 해상수송서비스와 항공서비스를 동시에 활용할 수 있도록 인프라를 구축하여, 많은 다국적 기업은 아시아지역의 지역운영본부나 SCM상 핵심거점으로 활용하고 있으며, 거대 특송회사들도 이들 지역에 해상화물 또는 항공화물 물류센터를 운영하고 있다.

우리나라도 인천경제자유구역의 경우 항만은 물론 공항과도 인접

---

9) Ocean Shipping Consultants Ltd, "Kwangyang Phase Ⅲ Market Study", 2003.

하여 글로벌 기업들이 해상 및 항공서비스를 동시에 이용, 시장 접근성을 높이고 공급연쇄관리나 지연전략을 효율적으로 수행할 수 있는 지역이다. 다만 철도, 도로, 피더서비스나 연안수송서비스 등의 인프라가 여타 지역보다 다소 미흡하다는 단점이 있다.[10]

환적화물처리능력을 보면, 경제자유구역 물류중심지 전략에 성패는 물동량 확보에 달려 있기 때문에 대부분의 경제자유지역은 환적항으로서 환적화물 확보를 위해 다양한 특례조치를 취하고 있어, 우리나라도 편리한 입출항 및 통관절차, 외국인투자제도, 외환관리제도 등 법·제도와 절차를 갖추어야 할 것이다. 또한 환적화물 유치에 있어 결정적 요인이라 할 수 있는 물류비(항만이용비용)를 비교해 보면, 항만이용비용은 경쟁력이 있으나 항만이용총비용은 컨테이너세의 부과로 인해 상해나 카오슝 등에 비해 경쟁력이 떨어지는 것으로 나타난다.[11]

3. 경제자유구역 추진계획의 문제점

각 경제자유구역 모두 물류를 중요한 핵심기능으로 인식하여 물류산업활동을 기반으로 하는 동북아 물류거점으로 성장하고자 발전방향 및 계획을 제시하고 있다. 그러나 이러한 청사진은 실현 가능성에 확신을 갖기는 어려운 상황이다.

그 이유로는 먼저, 3개 지역의 차별성 부족 및 지역별 특성 반영

10) IMD의 국가경쟁력 연감에 따르면 항만 부분의 경쟁력은 중국을 제외한 주변 국가들에 비해 많이 뒤처져 있다.
11) 정봉민, 『컨테이너항만 물동량예측 재검토』, 한국해양수산개발원, 2004.

이 미흡한 점을 들 수 있다. 전술한 개별 경제자유구역청이 제시한 사업계획 등을 통해 살펴본 해당 지역별 산업 형성 전망에서와 같이 3개 경제자유구역 대부분 국제업무, 국제금융, 첨단산업, 레저 등으로 도입기능(산업)이 유사하여 큰 차별성이 없다.

다만 인천은 BT, IT산업, 부산은 첨단부품, 광양은 환경산업 등이 상이한 특성을 보이고 있으나, 이들 3개 지역 모두 도입예정인 물류기능은 항공물류, 국제해양물류, 부가가치물류 등 물류산업의 포괄적이고 개략적인 정의에 머무르고 있어, 앞서 제시된 지역별로 상이한 산업특성을 물류기능에 반영하지 못하고 있다.

다음으로 국제경제 및 세계적인 물류여건 변화를 반영하지 못하고 있다는 점이다. 즉 글로벌 기업의 동북아 물류거점 유치가 미흡하여 국제물류 및 가공·조립기능이 복합적으로 이루어지는 국제 스탠더드 물류거점으로 기능 전환이 어려운 실정이다. 또한 관련 산업과의 클러스터 형성을 위한 다양한 기능의 연계전략이 미흡하다.

물류산업은 서비스산업이며 그 성격상 유발산업적 성격이 강하기 때문에 물류클러스터의 성공은 물류수요가 존재할 때 가능할 것이다. 즉 물류클러스터는 기존의 물류수요 존재와 새로운 물류수요 창출을 도모할 수 있는 산업을 기반으로 하여야하며, 해당 산업들의 물류수요를 충족할 수 있는 최적의 물류기능을 보유해야 한다는 점에서 관련 산업과 물류산업은 상호 보완적 관계라 할 수 있다.

그러나 현재의 경제자유구역 발전계획에서는 물류기능 강화를 통한 물류거점화 방안은 단순히 물류시설의 확충과 물류기업의 유치를 통해 경제자유구역의 물류산업 공단화를 추진하는 모습이다. 이와 같은 단순한 물류산업 집단화 전략만으로는 세계적인 기업의 주된 물류전략인 글로벌SCM전략에 부응할 수 없으며, 또한 물류산업의 클러스터 구축을 통한 경쟁국 공항만과의 전략적인 우위와 차별성을 달성할 수 없을 것이다.

4. 경제자유구역의 경쟁력 확보방안

경제자유구역의 기능 강화를 위해서는 국제물류 추세를 감안하여 물류클러스터를 형성하고 지역의 특화된 서비스를 제공하는 것이 가장 중요하다.

전술한 바와 같이 지금과 같은 우리나라의 경제자유구역 내 물류거점화 전략은 물류산업과 그에 연관된 산업들의 집적(agglomeration)인 물류산업의 클러스터 구축전략이라고 하기보다는 무역과 연관된 물류산업만의 집적 형태인 수출입물류단지 내지는 전형적인 공항만 배후단지(hinterland) 조성전략이라 할 수 있다.

외국 경제자유구역의 경우들은 산업의 클러스터가 이루어져 네트워크 구축을 통하여 시너지효과를 창출하고 있다. 국제물류거점 기능을 수행함에 있어 필수적인 국제적인 금융, 정보, 통신 등 인프라가 잘 구축되어 있으며, 첨단산업이나 고부가가치산업 등 관련 산업이 좁은 지역 내에 집적되어 있어 산업 간 네트워크 구축과 시너지효과를 얻기에 용이하다. 싱가포르의 경우 주롱항 및 주롱산업단지에 아시아-태평양지역의 화학제품 종합물류센터를 구축하기 위한 전략을 정부 차원에서 추진하는 것은 곧 화학 산업의 집적화를 통하여 시너지효과를 극대화시키고, 세계 유수의 기업을 유치하기 위함이다.

이상에서 볼 때, 물류거점은 물류유통기능의 강화 없이는 관련 산업의 집적화가 곤란하고, 관련 산업의 집적화가 이루어지지 않는다면 국제물류거점으로서의 위치를 확보할 수 없게 된다는 점에서 물류기능만의 제고전략은 경제자유구역 내 물류산업과 경제자유구역의 차별성이 잘 드러나는 관련 산업군의 집적을 도모하는 전략으로 수정해야 할 것이다. 예를 들어 국내 경제자유구역 주변에 공항만 배후지에 전자, 통신, 첨단산업, 고부가가치산업 등 상호 관련성이 높은 산업을 적극 유치, 산업의 집적화를 도모하여 경제자유구역 입주기업들이 집적이익 내지 시너지효과를 얻을 수 있도록 해야 할 것이다.

2절 배후산업과 관련된 지역특화산업 육성정책

수도권에 물류클러스터 활성화를 위한 적합산업의 선정과 육성에 있어서 가장 중요한 변수는 중앙정부와 지자체의 정책의지라 할 수 있다. 따라서 중앙정부가 추진하는 산업집적활성화계획의 지역특화산업, 국가균형발전위원회가 추진 중인 국가균형발전 5개년계획의 지역별 전략사업, 차세대 성장동력 육성전략 등을 고려할 필요가 있다.

또한 지자체의 정책의지는 우리나라 여건상 지자체가 독자적으로 특정 산업의 육성계획을 수립하여 추진하는 것은 제약이 많으므로 국토 및 지역계획, 지역혁신발전계획 등을 통해 간접적으로 평가할 수 있다.

1. 제4차 국토종합계획의 지역특화계획

제4차 국토종합계획에서는 지방대도시를 특화육성하기 위한 방안으로 산업별 수위도시 개념을 도입하고 있다. 국토종합계획에서 산업별 수위도시 개념이 지향하는 것은 특정 산업 분야별로 우리나라를 대표하는 중추도시를 지방에 육성하여 지역발전을 선도하기 위한 것이다. 아울러 세계화 시대의 전개에 부응하여 세계 각국의 주요 산업거점들과 대등한 지위에서 경쟁할 수 있도록 기반을 조성하려는 의도까지 포함하고 있다.

내용으로는 먼저 특정 부문에서 한국을 대표하는 도시로 특화하여 서울에 집중된 수도기능을 적극 분담하는 것으로서 과학기술산업수도, 국제물류산업수도, 섬유패션산업수도, 영상산업수도, 자동차산업수도, 메카트로닉스산업수도, 첨단광산업수도, 문화컨텐츠산업수도, 스포츠산업수도 등으로 구분한다. 산업별 수도의 역할은 특정 산업군의 본사기능, 지원시설을 적극 유치하고 해당 분야 인재양성의 중심지로 육성한다.

또한 도시의 산업구조적 특성과 잠재력을 등을 감안하여 도시 스스로 특정 부문을 선택하고 중앙정부는 이를 적극 지원하는 방식으로 추진된다. 10대 광역권 개발전략과 연계하여 지방대도시가 광역권별로 특화된 발전거점으로서의 역할을 하도록 육성하며, 지역별로 수립·추진 중인 지역산업진흥계획과 연계하고 국가 전체의 산업발전전략과 조화되는 육성전략을 추진한다.

2. 산업집적활성화기본계획

'산업집적활성화기본계획'(이하 기본계획)은 산업의 지역별 특화와 연계 강화를 통해 산업집적을 활성화함으로써 산업경쟁력을 제고하고, 산업의 지역 간 균형발전을 도모하기 위한 것이다. 이를 위해 정부는 2002년 12월에 과거의 '공업배치 및 공장설립에 관한 법률'을 '산업집적활성화 및 공장설립에 관한 법률'로 개정하고, 동 법률에 의해 5년 단위의 기본계획을 수립한 바 있다.

기본계획은 산업의 특성과 지역여건을 고려하여 성장유망산업을 지역별로 특화하고, 상호 연계하는 방안을 제시하고 있다. 이를 위해 기본계획에서는 우리나라 성장유망산업의 발전 현황과 전망을 살펴보고, 지역별 성장유망산업의 산업집적 현황과 혁신역량 분석을 통해, 지역별 특화 및 연계방안을 제시하고 있다. 또한 이 계획에서는 성장유망산업의 산업집적 및 연계 촉진을 위해 지역전략산업 중심의 혁신클러스터를 구축하고, 산업단지를 혁신클러스터로 전환하며, 산학연 연계를 통한 혁신역량 강화 등의 방안을 제시하고 있다.

또한 기본계획은 산업집적과 관련한 정부의 최상위 계획으로, 중앙정부 및 지자체의 산업정책 수립 시 가이드라인을 제공하기 위한 것이다. 따라서 동 계획에서는 세부적인 기술혁신이나 산업집적을 위한 구체적인 수단을 갖고 있지 않지만, '지식기반산업집적지구(이하 집적지구)'를 지정, 운영할 수 있도록 하고 있다.[12]

---

12) 김정홍, 『지역산업의 혁신역량 강화방안』, 산업연구원, 2004. 12.

3. 국가균형발전위원회의 지역특화정책

참여정부 출범 이후의 12대 국정과제 중의 하나는 지역 간 균형발전이며, 이를 제도적으로 뒷받침하기 위하여 2003년 12월에 '국가균형발전특별법'(이하 특별법)이 제정되었다. 이 법의 골자는 국가균형발전위원회의 주도하에 국가균형발전 5개년계획을 수립하고, 국가균형발전 특별회계를 재원으로 하여 국가균형발전시책들을 추진하는 것이다. 이에 따라 국가균형발전위원회가 중심이 되고, 산업자원부 국가균형발전추진단, 산업연구원 국가균형발전연구센터 및 각 지자체가 협력하여 2004년 상반기까지 국가균형발전 5개년계획(이하 5개년계획)을 수립하였다.

5개년계획은 총괄별, 부문별 계획, 시도별 계획 등으로 구성되어 있으며, 특히 시도별 계획(지역혁신발전 5개년계획)은 산업자원부 국가균형발전추진단의 주도하에 16개 광역자치단체가 자체적으로 작성하여 기존의 정책들에 비해 지자체의 독자성이 강화되었다.

1) 국가균형발전 5개년계획

5개년계획에서는 전략산업과 지연산업으로 구분하여, 각 광역지자체별로 4개 내외의 전략산업과 10개 내외의 지연산업을 선정하고, 각 산업별로 세부 사업을 선정하여 육성하도록 하고 있다. 여기서 전략산업은 규모가 큰 제조업 위주의 선정인 데 비해, 지연산업은 전략산업보다는 규모가 작으면서, 각 지자체별로 갖고 있는 특화자원, 특화작물 등을 활용한 특성 있는 산업으로 정의하고 있다.

국가균형발전위원회가 추진 중인 정책으로는 크게 혁신클러스터 구축, 지역전략산업 육성과 수도권 발전정책을 들 수 있다. 먼저 혁신클러스터 구축에 관한 정책을 살펴보면, 추진 배경으로는 첫째, 요소투입형 양적성장전략은 한계에 직면하였기 때문에 지식의 창출과 확산, 활용의 선순환적 혁신경제로 전환하고 기업가 정신의 고양으로 신기술과 일자리 창출이 긴요하다.

둘째, 경쟁력의 원천인 지식창출과 기술혁신을 촉발하는 데 있어서 클러스터가 유효한 정책수단이며, 새로운 국가발전전략으로 글로벌 경쟁력을 갖춘 혁신클러스터의 육성 필요성이 대두되고 있다.

셋째, 경쟁의 단위가 국가 또는 개별 기업에서 클러스터 간 경쟁으로 전환하여 세계 각국은 이미 국제경쟁력 높이고, 신경제구조를 정착시키기 위해 혁신클러스터 육성을 토대로 한 경쟁력 강화를 추진하고 있다.

마지막으로 연구개발 중심의 대덕연구단지에 생산기능을 결합하고 생산 위주의 산업단지에 연구개발기능을 보완하여 혁신을 창출하여야 한다. 구체적으로 전국적으로 혁신클러스터를 정부지원 9개와 민간주도형 3개로 총 12개 주요 혁신클러스터를 지정하여 추진 중에 있다.

표 17 12대 주요 혁신클러스터 발전비전

	대 덕	연구개발혁신클러스터
	창 원	첨단기계클러스터
	구 미	디지털 전자산업 선도
	울 산	자동차부품 글로벌 공급기지
정부지원	반월시화	첨단부품소재 공급기지
	광 주	광산업클러스터
	원 주	첨단의료기기 산업거점
	군 산	자동차·기계부품 기지
	오 송	바이오 혁신클러스터

민간주도	수 원	삼성반도체·디지털밸리
	파 주	LG-Philips LCD 클러스터
	포 항	포항공대 첨단소재 공급기지

자료: 국가균형발전위원회(www.balance.go.kr)

2) 지역혁신발전 5개년계획

다음으로는 지역전략산업 육성에 관한 정책으로서 2004년 국가균형발전 5개년계획에 포함된 지역혁신발전 5개년계획을 수립하면서 각 권역별로 4개 전략산업을 선정하였으며, 선정기준 및 원칙은 다음과 같다. 첫째, 지역의 산업기반, 혁신여건, 지역의 육성의지를 반영하며, 둘째, 기존 주력산업의 고도화 및 차세대 성장동력 산업과의 적절한 조화와 셋째, 산업집적활성화 기본계획과 연계하여 선정하였다.

자료: 국가균형발전위원회(www.balance.go.kr)

그림 3 지역전략산업 현황

이상과 같은 지역별 전략산업을 주요 계획별로 정리를 하면 다음과 같다.

표 18 주요 계획의 지역별 전략산업 현황

지역	산업집적활성화계획		국가균형발전계획	지역산업진흥계획
	핵심전략산업	유망전략산업	지역전략산업	전략산업
서울	정보서비스, 비즈니스서비스, 문화, 섬유·의류	정밀기기, 전자정보기기, 신발	디지털컨텐츠, 정보통신, 금융 및 기업지원서비스, 바이오	
인천	환경, 생물, 메카트로닉스, 기계, 물류	정보서비스, 신소재, 전자정보기기, 자동차	물류, 자동차, 기계금속, 정보통신	
경기	생물, 정밀화학, 전자정보기기, 반도체	정보서비스, 문화, 환경, 정밀기기, 메카트로닉스, 자동차, 물류	정보통신, 생명산업, 문화콘텐츠, 국제물류	
대전	정보서비스, 생물, 정밀화학, 전자정보기기	비즈니스서비스, 문화	정보통신, 바이오, 첨단부품소재, 메카트로닉스	생물의학·화학 및 정보통신
충북	생물, 정밀화학, 전자정보기기, 반도체	문화	바이오, 반도체, 이동통신, 차세대전지	반도체장비, 전자정보부품, 보건의료
충남	정밀기기, 전자정보기기, 자동차, 석유화학	생물, 메카트로닉스	전자정보기기, 자동차부품, 첨단문화, 농축산바이오	전자정보기기, 디스플레이, 영상미디어, 생물(동물자원)
광주	문화, 전자정보기기, 자동차, 가전	정보서비스, 비즈니스서비스, 환경, 메카트로닉스, 기계	광산업, 정보가전, 자동차·첨단부품·소재, 디자인·문화	광, 전자부품
전북	환경, 생물, 자동차, 기계	정보서비스, 문화, 물류, 섬유·의류	자동차기계, 생물산업, 대체에너지, 문화관광	자동차부품 및 기계산업

지역	산업집적활성화계획		국가균형발전계획	지역산업진흥계획
	핵심전략산업	유망전략산업	지역전략산업	전략산업
전남	생물, 철강, 석유화학, 물류	신소재, 조선, 기계, 관광	생물산업, 신소재·조선, 물류, 문화관광	생물농업 및 소재산업, 석유화학, 철강
부산	비즈니스서비스, 자동차, 물류, 신발	정보서비스, 문화, 메카트로닉스, 조선, 섬유·의류	항만물류, 기계부품, 관광컨벤션, 영상·IT	신발, 부품·소재산업, 생물산업
울산	정밀화학, 조선, 자동차, 석유화학	환경, 물류	자동차, 조선해양, 정밀화학, 환경	자동차 및 정밀화학
경남	항공·우주, 메카트로닉스, 조선, 기계	환경, 생물, 전자정보기기, 자동차	지식기반기계, 로봇, 지능형 홈네트워크, 바이오	기계, 로봇산업, 지능형 홈 네트워크, 생물산업
대구	정보서비스, 메카트로닉스, 기계, 섬유·의류	비즈니스서비스, 생물, 전자정보기기, 자동차	메카트로닉스, 전자정보기기, 섬유, 생물	섬유, 메카트로닉스, 나노, 모바일IT, 생물산업
경북	신소재, 전자정보기기, 가전, 철강	문화, 생물, 섬유·의류	전자정보기기, 신소재·부품, 생물·한방, 문화관광	전자정보기기, 디지털가전, 생물, 건강식품, 환경
강원	문화, 생물, 정밀기기, 관광	정보서비스	바이오, 의료기기, 신소재·방재, 관광문화	생물, 의료기기, 수산자원
제주	정보서비스, 생물, 관광	–	관광, 건강·뷰티, 친환경농업생명, 디지털컨텐츠	생물, 자생식물, 해조류

자료: 이원섭 외, 『지역의 특성화 발전을 위한 산업별 수위도시 육성방안』, 국토연구원, 2004.

3) 수도권 발전정책

수도권 발전정책은 수도권과 지방의 상생발전이라는 큰 틀에서 수도권의 글로벌 경쟁력을 제고하고 삶의 질을 향상시킬 목적으로 추진되고 있다. 그 내용으로는 노동·자본 투입 위주의 양적 팽창에서 지식·기술 중심의 질적 발전으로 패러다임을 전환하며, 수도권 규제는 행정중심복합도시 건설, 공공기관 이전 등 지방화 추진과 연계하여 단계적으로 개선을 추진할 계획이다.

수도권 경쟁력 강화를 위한 방안으로는 지역특성을 반영한 산업클러스터 활성화를 위해 현재 수도권에 형성된 27개의 중소규모 산업클러스터가 활성화될 수 있도록 지원방안을 적극 강구하며, 수도권 규제와 경쟁력 강화방안을 상호 연계하여 산업클러스터의 활성화를 모색하는 방향으로 추진 중이다.

한편 경기도에서 발표한 수도권 성장관리 기본구상에서는 수도권을 5개의 전략산업 구상을 발표하였다. 이 계획에 따르면 수원, 용인, 이천지역을 중심으로 핵심기술 R & D 센터, 바이오, 나노, 전시 / 컨벤션 산업, 전자산업을 육성할 계획이며, 성남, 안양, 과천 지역은 정보통신서비스와 소프트웨어산업의 혁신거점으로 육성할 계획이며 반도체 설계, 산업디자인 등 생산지원서비스와 다국적기업 R & D센터를 함께 유치할 계획이다.[13]

표 19 서울시와 인천시의 추진내용

서울시의 세계도시화 프로젝트	
동 북 아 비즈니스 · 금융허브	국제비즈니스(도심, 용산, 강남, 여의도, 상암), 동북아금융허브(명동, 여의도, 강남)
5대 IT거점	종로 · 중구 도심(문화), 강남(소프트웨어형), 구로 · 금천(하드웨어형), 상암(미디어 · 엔터테인먼트), 공릉(나노+IT)
3대 BT거점	홍릉 바이오밸리, 강북 메디클러스터, 관악 생명공학클러스터
전통산업의고도화	도심인쇄, 의류패션, 종로귀금속, 재래시장 현대화

---

13) 경기도, 『수도권 성장관리 기본구상』, 2004.

인천시의 동북아 관문도시화 전략	
경제자유구역의 활 성 화	송도(국제업무, IT · BT산업, R & D센터), 영종(항공물류, 첨단산업, 해변종합관광), 청라(금융 · 관광 · 복합레저)
국제물류비즈니스 클러스터 조성	인천국제공항, 인천항, 인천항만공사제 도입 등
관광 · 여가 도시화	옹진(도서 해양관광), 강화(역사문화, 해양관광), 소래포구(문화관광, 레저, 수변문화지구)
구도심의 재생	도시재생 프로젝트, 구도심의 자동차부품, 기계 등 주력산업 구조고도화

안산, 광명, 시흥, 화성, 평택, 부천 등 수도권 남서부지역은 광역클러스터로서 메카트로닉스, 부품소재, 정밀화학, 바이오산업을 육성할 계획이며, 고양과 파주지역은 LCD / TFT, 전자부품, 컨벤션, 전자출판 · 인쇄업을 육성하며, 의정부, 양주, 포천, 동두천, 연천 등 수도권 북부지역은 지식기반서비스업과 관광 및 레저산업을 육성하는 계획이다. 한편 경기도 과학기술혁신 5개년계획에서는 경기도 전역을 8개의 전략클러스터로 육성하는 계획으로 구체적인 전략클러스터 육성계획은 아래 표 20와 같다.

표 20 경기도의 7개 권역별 발전방안

권 역	시 · 군	발 전 방 안
남 부	수원, 용인, 오산, 화성, 평택, 안성	지식기반 IT · BT, 국제항만클러스터 등
서 부	부천, 안산, 시흥, 광명	반월 · 시화 국가혁신클러스터, 생활로봇, 첨단부품소재, 창조산업(음악, 영상, 게임 등)클러스터 등
중 부	안양, 군포, 의왕, 과천	정보통신, 멀티미디어, 철도산업 R & D 등

권 역	시 · 군	발 전 방 안
동 부	성남, 하남, 광주, 이천, 여주	IT 벤처밸리, 휴양레저, 도자문화클러스터 등
북 부	의정부, 동두천, 양주 포천 연천	전통제조업(가구, 섬유) 구조고도화, 슬로우푸드, 평화 · 안보클러스터 등
북동부	구리, 남양주, 가평, 양평	영상산업, 휴양 · 레저, 친환경, 슬로우푸드 등
북서부	고양, 파주, 김포	LCD, 출판문화, 남북교류 등

자료: 국가균형발전위원회(www.balance.go.kr)

표 21 전략클러스터 육성(경기도 과학기술혁신 5개년계획)

구 분	해당 도시
소프트웨어 클러스터	성남, 안양, 과천 등
반도체 클러스터	수원, 이천 등
인쇄출판 클러스터	고양, 파주 등
정밀기계 클러스터	부천, 시흥, 안산, 김포 등
자동차부품 클러스터	안산, 평택 등
의약품 클러스터	화성, 안성 등
전통도예 클러스터	광주, 여주 등
친환경 · 디지털 클러스터	의정부, 고양 등

자료: 국가균형발전위원회(www.balance.go.kr)

한편 인천시의 발전전략을 살펴보면, 경제자유구역을 중심으로 국제적 물류 · 관광기반 확충을 기본전략으로 하여 구도심지역 재생을 통해 생산기지 혹은 베드타운 기능뿐만 아니라 경인전철 축의 중심기능을 더욱 강화하여 경제자유구역과 함께 동북아관문도시로 육성하며, 구도심 산업지역 전통제조업의 구조고도화를 위해 전통 부문 (자동차부품, 기계 등)과 신산업(신소재 등) 부문 간의 유기적 연계를 강화할 계획이다.

이상과 같이 중앙정부와 지자체의 지역산업 육성화 정책을 살펴보았다. 이를 지역적으로는 수도권만을 대상으로 하고, 산업은 제조업만을 대상으로 하여 정리를 해 보면 다음과 같다.

표 22 수도권 전략산업 추진 현황

지 역	추진 중인 지역별 전략산업
서 울	섬유·의류, 인쇄, 정밀기기, 전자정보기기, 신발
인 천	환경, 생물, 메카트로닉스, 기계, 신소재, 전자정보기기, 자동차, 기계금속
경 기	생물, 정밀화학, 전자정보기기, 반도체, 환경, 정밀기기, 메카트로닉스, 자동차, 인쇄출판, 전통도예

그러나 표에서 나타난 산업 분류는 본 연구에서 사용하는 산업연관표 중심의 산업 분류와 차이가 있기 때문에 이를 산업연관표의 산업 분류로 재분류[14]하여 사용하여야 한다. 재분류하면 다음과 같다.

표 23 수도권 전략산업 추진 현황(산업연관표 기준)

지 역	추진 중인 지역별 전략산업
서 울	섬유 및 가죽제품, 인쇄, 출판 및 복제, 정밀기기, 전기전자기기,
인 천	비금속광물, 화학, 금속, 일반기계, 전기전자기기, 수송장비,
경 기	인쇄출판, 화학, 비금속광물, 일반기계, 전기전자기기, 정밀기기, 수송장비,

---

14) 권영섭 외, 『지식기반산업의 입지특성과 지역경제 활성화 방안 연구』, 국토연구원, 2002.

배후입지 적합산업 분석 모형

1절 분석가정

1. 산업연관분석

산업의 경쟁력은 분화된 산업 간 긴밀한 관계 속에서 나온다고 보기 때문에 클러스터 접근방법은 기본적으로 산업 간 연관관계와 상호의존성에 초점을 두고 있다. 이러한 산업 간 상호의존성을 분석하는 가장 기본적인 방법은 레온티에프가 제시한 산업연관분석으로서, 이는 산업 각 부문이 서로 밀접하게 관련되는 현대 경제분석에 필수적인 분석수단이 되고 있다.

일반적으로 클러스터에서의 연계는 일정한 집적지 내 다양한 기업 간 상호의존관계를 말하는 것으로, 그 유형은 교역연계, 혁신연계, 지식흐름연계, 공동지식기반이나 공동요소 관련 연계, 노동연계 등이 있다. 이러한 연계관계를 분석하기 위한 기법에는 산업연관분석 외에도 그래프분석, 상관분석 등과 같은 정량적 분석과 사례분석과 같은 정성적 분석 등 다양하지만 가장 기본적이고 광범위하게 활용되는 방법은 산업연관분석이다.

클러스터 분석에서 산업연관분석은 크게 요인분석 등의 통계기법을 이용하여 국가 전체 산업을 몇 개의 클러스터로 구분하는 경우[1]와 특정 산업을 중심으로 산업연계의 일정한 패턴을 고찰하여 클러스터 내 정태적 거래연계를 규명하는 연구[2]가 있다.

산업은 생산요소의 구입, 생산품의 판매를 통하여 산업 간 상호 밀접한 관계를 가지고 있다. 따라서 한 산업이 성장할 경우 이와 연관된 산업이 동시에 성장하게 된다. 그러므로 물류산업과 타 산업 간의 관계를 파악하기 위해서는 물류산업과 전후방연관산업, 지원업종 등이 포함되는 산업군집체계에 대한 분석이 필요하다.

이를 위해 물류산업에 대한 분류를 선행하고, 분류된 물류산업을 포함한 산업별 전·후방연관효과와 생산·투입·부가가치·수입·취업 등에 관한 유발효과 등을 분석한다. 분석된 전·후방연관효과, 생산·투입·부가가치·수입·취업 등에 관한 유발효과가 높은 산업일수록 물류산업과의 연관성이 높기 때문에 배후산업클러스터에 적합한 산업이라 할 수 있다.

또한 산업연관표는 산업별로 여러 형태의 물류비 비중에 대한 추산을 가능하게 한다. 이러한 물류비 비중에 대한 분석을 하는 이유로는 기업은 경쟁력 확보라는 측면에서 물류비의 비중이 클수록 물류비를 절감할 수 있는 여러 방안을 모색하게 되는데, 이는 물류비

---

1) 유완 외, "요인분석을 이용한 산업군집의 설정", 『국토계획』, 24:2, 1989.
2) 강창덕, "산업연관표로 본 한국 ICT클러스터의 산업연계 특성과 그 정책적 함의", 『국토연구』, 34:3, 2002. 9.

비중이 클수록 연관산업과 집적지를 형성할 유인이 커지며, 아울러 물류클러스터와 연관된 지역에 기업의 입지를 유인할 수 있는 요인이 되기 때문이다.

2. 무역특화도 분석

경제자유구역 내 위치하는 물류클러스터는 기본적으로 무역을 위한 물류활동이라 할 수 있으며, 이러한 물류클러스터와 상호 연계될 배후산업 역시 무역을 위주로 하는 산업일수록, 세계시장에서 경쟁력이 높은 산업일수록 시너지효과가 더 클 것으로 예상된다. 또한 분석대상지역이 인천경제자유구역이기 때문에 지역의 특성상 對중국 무역에 대한 분석이 추가되어야 할 것이다. 특히 인천항의 경우 중국과의 교역의존도가 매우 높으며 인천국제공항과 연계한 對중국 화물의 Sea & Air 복합운송을 주된 전략으로 삼고 있기 때문이다.

무역 특히 수출이 경제성장 내지 지역경제성장에 미치는 영향에 관계된 선행연구들은 다음과 같다. 먼저 무역이 경제성장에 긍정적인 영향을 미치고 있음을 분석하는 실증연구들에 큰 영향을 준 Michaely는 1950~1973년 동안의 41개국 자료를 사용하여 수출증가율과 GDP 증가율 간의 상관관계를 분석한 결과, 두 변수 사이의 유의한 양의 상관관계를 발견하였다.

그 후 Feder는 수출 부문과 비수출 부문으로 구분된 두 상품 생산함수 모형을 제시하였는데, 이 모형에서 수출 부문은 효율적인 경영과 개선된 생산기술을 통해서 비수출 부문에 긍정적인 외부효과를 가져오기 때문에 수출확대는 경제의 총생산을 증가시킨다. Feder의

연구 이후 생산함수에 수출을 독립변수로 추가시키는 많은 연구들이
수행되었으며, 이와 같은 연구들은 모두 수출증가율의 계수를 양의
유의한 값으로 추정함으로써 수출의 높은 생산효과를 보여준다.

또한 수출이 경제성장에 미치는 경로를 밝히는 연구들이 수행되었
는데, 이 연구들은 수출이 경제성장을 촉진시키는 요인으로 규모의
경제, 기술진보의 증가 및 외부경쟁으로 인한 효율성 증가 등을 들고
있다. 이러한 요인으로 수출이 확대됨에 따라 산출량은 투입요소보
다 더욱 크게 증가하게 되므로 수출은 생산성의 증가를 가져온다.[3]

한편, 김상호·김태기[4]는 수출이 지역경제의 성장에 미치는 영향
을 분석하기 위해서 지역별 제조업의 총요소생산성을 추정하고, 추
정된 생산성과 수출 간의 관련성을 분석하였는데, 그 결과 생산성은
수출이 증가할수록 증가하기 때문에 무역 관련 변수(수출)가 지역
생산성을 변화시킴으로써 지역경제성장에 높은 영향을 미치고 있음
을 확인하였다.

이원섭[5]은 지역경제성장을 위해서는 수출산업의 육성이 중요하며
수출산업을 통해 고용, 생산성, 혁신을 주도하여야 한다고 주장하였
다. 미국의 경우를 예로 들어 수출산업은 전체 고용의 31.8%를 차지
하나, 임금수준은 평균의 137%에 달하며, 생산성 수준은 평균의
144.1%에 달하고 있는 것으로 조사되고 있으며, 특히 수출산업은 고
용 1만 명당 21.1건의 특허를 생산하여 혁신성이 매우 높으며, 비수
출산업은 고용의 67.4%를 차지하나 1만 명당 특허생산은 1.3건에 불

---

3) 김상호 외, "무역과 지역 제조업의 생산성", 『국제경제연구』, 국제경제학
   회, 4:1, 1998. 4.
4) Ibid.
5) 이원섭, 『지역의 특성화 발전을 위한 산업별 수위도시 육성방안 연구』, 국
   토연구원, 2004. 12.

과하다. 또한 클러스터는 경제발전을 주도하는 네 가지 구성요소를 보유하고 있는데, 그중 가장 중요한 클러스터의 핵으로서 고도로 전문화되고 서로 밀접하게 관련된 수출지향적인 특화산업군을 선정하여, 수출산업이 지역경제성장에 중요한 역할을 하고 있음을 보여주고 있다.

따라서 무역 특히 수출이 지역경제성장에 미치는 영향을 고려한 무역특화도의 분석은 배후입지산업 결정 시 중요한 요인이 될 것이다.

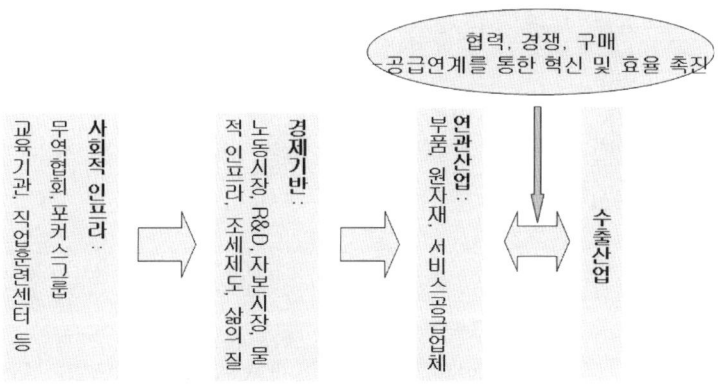

그림 4 클러스터 기반의 지역경제 발전요소

3. 지역특화도 분석

본 연구의 목적은 인천경제자유구역을 중심으로 하는 물류클러스터의 활성화를 위해 주변 배후지역에 입지할 적합산업을 선정하는 것이기 때문에 연구의 지역적 범위는 수도권으로 한정될 수밖에 없다. 따라서 지역적으로 수도권에 입지할 유인이 많은 산업을 선정하여야 하며, 또한 기존의 수도권에 집중 또는 특화 정도가 높은 산업일수록 유리하다.

이러한 지역특화도를 분석하기 위한 방법으로서 우선 對중국 무역규모와 산업의 항공운송비중, 산업 내 무역의 정도, 수도권에 산업의 집중·특화 정도에 대한 분석을 들 수 있다.

1) 산업별 對중국 무역비중

연구의 지역적 범위가 인천경제자유구역을 대상으로 하기 때문에 對중국과의 교역비중이 중요하다. 이는 인천경제자유구역의 경우 對중국 화물에 대한 인천국제공항과 인천항의 Sea & Air 복합운송이 활발하며, 인천항의 경우 대부분의 물동량 수요가 중국과의 교역에서 이루어지기 때문이다.

2) 운송수단별 산업의 수출입 규모

각 산업은 생산한 재화의 고유한 특성으로 인해 수출입 운송에 있어서 항공운송을 이용할 것인가, 해상운송을 이용할 것인가를 선택하게 된다. 즉 반도체, 전기전자부품, 의류 등 경박단소형, 고부가가치형, 짧은 제품수명주기를 가진 재화는 고가의 운송비를 감수하고서라도 항공운송을 선택하며, 반대로 기계류, 잡화, 원자재 같은 중후장대형 재화의 경우에는 해상운송을 활용한다.

이러한 운송수단 선택에 대한 산업 간의 상이성으로 인해 물류비 절감과 물류 효율 향상 등을 고려할 때, 해당 운송수단을 운용하는 공항, 항만 인접지역에 입지를 하는 것이 유리하다.

3) 해외직접투자(FDI) 유치 가능 산업 분석

경제자유구역의 활성화와 성공을 위해서는 세계적인 다국적 기업의 유치가 관건이라 할 수 있다. 최근 다국적 기업은 물류전략으로 자리잡힌 Hub & Spoke 전략에 의해 지역거점을 중심으로 한 글로벌 SCM을 추구하는 것이 일반적이다. 따라서 다국적 기업의 유치를 위해서는 SCM을 효율적으로 운용할 수 있는 물류적 기반과 해당 SCM의 한 축을 담당할 수 있는 배후산업의 존재, 그리고 지역거점의 충분한 배후시장이 존재해야 한다.

따라서 이러한 해외직접투자 유치 가능 산업을 분석하기 위한 방법으로 산업별 산업 내 무역의 정도를 파악하는 것으로 확인할 수 있다. 즉 산업 내 무역이 활발할수록 무역이 증가하기 때문에 다국적 기업의 입지에 긍정적인 요인의 작용할 수 있다.

특히 동아시아의 역내교역 증가의 원인으로서 국가 간 분업의 확대에 따른 산업 내 무역(Intra-industry Trade), 즉 동일한 산업에 속하는 유사재화의 수출입이 동시에 이루어지는 현상이 더욱 확대되고 있기 때문이라는 선행연구결과 등을 볼 때 산업 내 무역의 분석은 중요한 의미를 가진다.

이러한 산업 내 무역이 무역의 증가를 초래하고 있음을 밝힌 연구는 적지 않다. Zwbreg는 아시아지역이 세계 수출에서 차지하는 비중이 급격히 높아지고 있는 것은, 역내무역의 증가에 기인하며, 역내무역의 증가는 산업 내 무역의 급증을 반영한 것이라고 주장한 바 있다. OECD도 세계무역의 급격한 증대가 OECD 국가 간의 산업 내 무역 확대에 원인이 있음을 밝히고 있다. 또한 산업 내 무역에 관한 국내외 연구들은 동아시아지역 내에서의 산업 내 무역의 확대는 한국, 중국, 일본을 비롯하여 대만, 홍콩 및 ASEAN 국가 간의 무역에

서 매우 중요한 특징임을 보여준다.[6]

이러한 점을 고려하여 우리나라의 경제자유구역을 우선적으로 동북아 3국을 배후시장으로 하는 지역거점으로 가정할 때, 한중일 3국 간의 산업 내 분업이 활발한 산업일수록 다국적 기업의 지역거점을 유치하는 데 강점으로 부각될 수 있을 것이다.

4) 지역특화 분석

입지계수(location quotient: LQ)는 어떤 지역의 산업에 대해 전국의 동일 산업에 대한 상대적인 중요도를 측정하는 방법으로서 그 산업의 상대적인 특화 정도를 나타낸 지수로서 이 계수를 이용하면 한 지역의 특화산업을 쉽게 분석할 수 있다. 따라서 입지계수는 경제기반 모형과 투입산출 모형 등의 지역경제분석 모형에서 기반(특화)산업과 비기반산업을 나누는 분류기준으로 널리 사용되고 있다.

이러한 입지계수는 산업클러스터의 존재 여부를 확인하는 도구로서 사용되기도 한다. 영국 상무성의 경우 3단계를 거쳐 산업클러스터를 확인하고 있는데, 1단계에서 5단위 산업 분류에 입각하여 지역의 주요 산업을 확인하는 기준으로서 입지계수(location quotient: LQ)가 1.25 이상을 요구하고 있다.

또한 Braunerhjelm와 Carlsson은 산업클러스터 선별 지표로서 세 가지를 들고 있는데, 그중 하나가 각각의 핵심산업은 당해 지역의 경제활동에서 상당한 정도의 비중을 차지하고 있어야 하는데, 이와 관련된 지표로서 산업별 특화계수(LQ)가 1.3 이상인 산업을 클러스

---

6) 무역연구소,『우리나라의 산업 내 무역(Intra-Industry Trade)과 결정요인 에 관한 연구: 동아시아 주요국과의 국제분업 패턴 분석』, 한국무역협회, 2004. 7.

터의 판별조건으로 설정하였다.

　기존의 연구들에서 볼 때 산업집적지를 확인하는 방법은 접근방법 및 가용자료의 범위에 따라 다양하게 나타나고 있지만, 가장 기본적으로는 지리적 집중 정도와 특화 정도를 반영하고 있다는 점에서는 공통적이다.

　현재 지정된 3개의 경제자유구역은 각각 고유의 지역적 특성과 운송수단별, 주된 운송화물의 종류, 그리고 배후에 입지한 산업들이 상이하기 때문에, 경제자유구역 활성화를 위한 배후입지 적합산업의 도출에 대한 연구에 있어서 이러한 지역적 특성과 기존에 입지한 산업의 특성을 반영하는 적합산업을 도출하여야 할 것이다.

　따라서 해당 경제자유구역이 위치한 지역의 산업특화 정도를 분석하고, 특화 정도가 높은 산업일수록 해당 지역에서 경쟁력이 존재하기 때문에 배후산업입지에 적합산업일 것이다.

2절 분석방법

　클러스터를 구성하는 산업을 도출하는 연구방법은 크게 정량적인 방법과 정성적인 방법으로 구분된다. 가장 정량적인 방법으로 산업연관표를 활용한 산업연관분석이 있으며, 이 외에도 그래프분석, 요인분석(factor analysis)과 주요소구성분석(principal component analysis) 등을 활용하는 상응분석(correspondence analysis)이 있으며, 정성적인 방법으로는 사례연구(monographic case studies)방법이 주로 활용된다.

1. 산업연관분석(Input—Output Analysis)[7]

1) 산업연관표의 기본구조와 유형

산업연관표는 일정 기간(보통 1년) 동안 국민경제 내에서의 재화와 서비스의 생산 및 처분과정에서 발생하는 모든 거래를 일정한 원친과 형식에 따라 기록한 종합적인 통계표이다. 각 산업 부문은 서로 다른 산업 부문으로부터 원재료, 연료 등의 중간재를 구입하고 여기에 노동, 자본 등 본원적 생산요소를 결합함으로써 새로운 재화와 서비스를 생산하여 이를 다른 산업 부문에 중간재로 팔거나 최종소비자에게 소비재나 자본재 등으로 판매하게 된다.

산업연관표의 기본구조는 세로방향(列)은 각 산업 부문이 생산활동을 위하여 다른 산업 부문으로부터 구입한 중간재와 노동, 자본 등의 본원적 생산요소에 대하여 지급한 비용의 내역을 알 수 있는데 이를 투입(input)이라고 부르며, 가로방향(行)은 각 산업 부문에서 생산된 재화와 서비스가 다른 산업 부문의 중간재로 얼마만큼 판매되고 또한 최종재로는 얼마만큼 판매되었는가를 알 수 있는데 이를 생산물의 산출(output)이라고 한다. 또한 재화와 서비스의 산업 부문 상호간의 거래인 중간수요와 중간투입을 기록하는 부분을 내생부문이라 하고, 최종수요와 부가가치를 기록하는 부분을 외생부문이라 한다.

---

7) 한국은행, 『산업연관표』(2003. 12.)를 자료로 활용하였으며, 산업연관분석과 연관된 이론적인 내용은 한국은행, 『산업연관분석해설』(2003. 12.)에서 인용·정리하였다.

2) 산업의 생산유발효과 분석

산업연관표의 내생부문(중간수요, 중간투입)을 활용하여 작성된 투입계수표와 생산유발계수표는 물류산업을 포함한 각 산업의 전후방연관효과를 분석할 수 있다. 따라서 투입계수표를 물류산업의 투입에 대한 전후방연관효과와 생산유발계수표를 통해 물류산업을 포함한 각 산업의 생산에 대한 전후방연관효과를 분석할 수 있다.

(1) 투입계수표와 생산유발계수표 도출

일반적으로 산업의 전후방연관효과라고 하는 생산유발효과를 도출하기 위해서는 산업연관표의 투입계수를 활용하여 생산유발계수표를 작성하고 이를 통해 확인할 수 있다.

먼저 각 산업 부문이 해당 부문의 재화나 서비스 생산에 사용하기 위하여 다른 부문으로부터 구입한 원재료 및 연료 등의 중간투입액을 총투입액으로 나눈 것을 투입계수라고 한다. 또한 노동 등의 본원적 투입물에 대한 대가인 피용자보수, 영업잉여, 고정자본소모 등 부가가치액을 총투입액으로 나눈 것을 부가가치계수(부가가치율 또는 소득률)라고 한다.

이러한 투입계수를 매개로 하는 최종수요에 의한 직·간접적인 생산변동을 생산유발효과라고 하며, 생산유발계수를 도출하는 방법은 다음과 같다.

$$AX + Y - M = X$$

여기에서 A는 투입계수행렬, X는 총산출액 벡터(vector), Y는 최종수요 벡터, 그리고 M은 수입액 벡터를 나타낸다. 이 식을 전개하

여 X에 대해 풀면

$$X - AX = Y - M$$
$$(I - A)X = Y - M$$
$$X = (I - A)^{-1}(Y - M)$$

이 되는데 여기서 $(I-A)^{-1}$ 행렬을 생산유발계수라고 한다.[8]

이때 생산유발계수표의 열 합계는 특정 산업 부문 생산물에 대한 최종수요 한 단위 발생에 따라 전 산업 부문에서 유발되는 직·간접 생산파급효과를 나타내며, 행 합계는 각 산업 부문 생산물에 대한 최종수요가 각각 한 단위씩 발생할 경우 특정 산업 부문에서 유발되는 직·간접 생산파급효과를 나타낸다.

이상과 같이 투입계수표와 생산유발계수표를 도출하여 산업의 전후방연관효과를 분석할 수 있다. 본 연구에서는 비경쟁수입형 생산유발계수표인 $(I-A^d)^{-1}$형을 사용하도록 한다.[9] 이는 경쟁수입형 생산유발계수표들은 최종수요 증가에 따른 생산파급효과를 계측하는 경우에 순수한 국내생산파급효과와 수입으로 인하여 해외로 누출되는 부분을 구분할 수 없게 된다. 따라서 최종수요발생에 따른 국내생산파급효과만을 정확히 계측하기 위해서는 $(I-A^d)^{-1}$형 생산유발계수표가 적절하다.

---

8) I는 주대각요소(主對角要素)가 모두 1이고 그 밖의 요소는 모두 0인 單位行列을 가리킨다.
9) 생산유발계수표는 수입의 취급방법에 따라 크게 경쟁수입형 생산자가격 평가표의 투입계수를 활용하여 도출된 3가지 유형과 비경쟁수입형표의 투입계수로부터 도출된 생산유발계수표로 나누어진다.

(2) 산업의 전후방연관효과 분석

생산유발계수표를 이용하여 각 산업 간의 상호의존관계의 정도를
전 산업의 평균치를 기준으로 한 상대적 크기로 표시한 것이 영향력
계수와 감응도계수이다. 영향력계수란 어떤 산업 부문의 생산물에
대한 최종수요가 한 단위 증가하였을 때 전 산업 부문에 미치는 영
향, 즉 후방연관효과의 정도를 전 산업 평균에 대한 상대적 크기로
나타낸 계수로서 당해 산업의 생산유발계수의 합계를 전 산업의 평
균으로 나누어 구한다.

감응도계수는 모든 산업 부문의 생산물에 대한 최종수요가 각각
한 단위씩 증가하였을 때 어떤 산업이 받는 영향, 즉 전방연관효과
가 어느 정도인가를 전 산업 평균에 대한 상대적 크기로 나타내는
계수로서 그 산업의 생산유발계수의 行 합계를 전 산업의 평균으로
나누어 구한다.

산업의 전·후방연관효과를 도출하기 위한 방법으로는 생산유발계
수표를 활용하는 방법 이외에도 중간투입률과 중간수요율의 크기로
파악할 수 있다. 즉 다른 산업으로부터 중간재를 구매하는 정도를
나타내는 후방연관효과(backward linkage effects)는 중간투입률에 의
해서, 다른 산업에 중간재를 판매하는 정도, 즉 다른 부문의 생산에 중
간재로 사용되는 정도를 나타내는 전방연관효과(forward linkage effects)
는 중간수요율에 의해서 각각 측정할 수 있다.

3) 산업의 노동유발효과

노동유발계수에는 취업유발계수와 고용유발계수가 있는데, 본 연
구에서는 취업유발계수를 활용했다. 취업유발계수표를 통해 물류산업

을 포함한 전 산업의 취업에 대한 전후방연관효과를 도출할 수 있다.

각 산업 부문의 생산활동은 중간재에 노동이나 자본 등 본원적 생산요소를 결합함으로써 이루어진다. 따라서 생산활동에 따른 산업별 취업구조의 변동이나 노동의 산업 간 유발효과를 정확하게 파악하는 것은 본원적 생산요소인 노동에 대한 장래 수요를 예측하고 계획을 수립하는 데 중요한 의미를 지닌다.

먼저 산업별 노동계수를 작성하고, 이 노동계수와 산업연관표의 생산유발계수를 기초로 산출한 노동유발계수 등을 가지고 노동유발효과를 분석한다. 어떤 산업의 노동계수가 크면 클수록 산출량 단위당 필요한 노동량이 크므로 동 산업은 노동집약적 산업이라 하며, 생산을 위하여 설비자동화 등의 투자가 늘어나면 산출량 단위당 필요한 노동량이 작아지므로 어떤 산업의 노동계수가 작으면 작을수록 상대적으로 노동절약적 산업, 곧 자본집약적 산업이라 한다.

노동계수를 수식으로 나타내면,

$$\text{취업계수[10]}: \ l_w = Lw / X, \ \text{고용계수[11]}: \ le = Le / X$$

여기서 L_w는 취업자 수, L_e는 피용자 수, X는 산출액을 나타낸다.

노동유발계수 행렬의 i행, i열의 값은 i부문의 최종수요가 10억 원 발생할 때 i부문에서 직·간접적으로 유발되는 노동량을 의미하고, i열의 합계는 i부문의 최종수요가 10억 원 발생할 때 i부문을 포함한 전 산업 부문에서 직·간접적으로 유발되는 총 노동량을 의미한다.

---

10) 노동량에 피용자(임금근로자)와 자영업주 및 무급가족종사자를 모두 포함한 노동계수.
11) 노동량에 피용자(임금근로자)만 포함한 노동계수.

따라서 취업유발계수표를 통해 개별 산업의 직·간접 취업유발효과(인원)를 파악하고, 취업계수표를 통해 개별 산업의 직접 취업유발효과(인원)를 구할 수 있다.

4) 수입 및 부가가치유발계수

수입 및 부가가치유발계수표를 활용하여 분석할 수 있는 대상으로는 수입유발계수를 통해 산업별 수입유발에 대한 전후방연관효과를 구할 수 있으며, 부가가치유발계수 분석을 통해 특정 산업 부문의 국내 최종수요가 한 단위 증가할 경우 피용자보수(임금)에 대한 유발효과와 부가가치유발효과를 도출할 수 있다.

산업의 생산활동에 필요로 하는 중간재는 국산품 외에도 수입품에 의해서도 충당이 되기 때문에 최종수요 발생에 따른 생산유발은 국산품생산유발과 수입품유발로 나눌 수 있다. 따라서 최종수요와 수입을 관련시켜 최종수요 발생에 따른 수입유발계수도 계측할 수 있다.

한편 산업연관표의 구조에서 살펴보았듯이 총산출(X)은 중간수요(A)와 최종수요(F)의 합에서 수입(M)을 차감하고, 총투입(X)은 중간투입(A)과 부가가치(V)를 합산하면 구할 수 있다. 이때 총산출과 총투입, 중간수요와 중간투입은 같은 값을 가지기 때문에 정리해 보면, V＝F－M이 되므로 산업별 부가가치를 구할 수 있다. 또한 부가가치를 총투입액으로 나눈 비율을 부가가치율이라 하는데, 이 부가가치율은 총산출액 단위당 부가가치 창출액을 의미한다.

5) 최종수요유발효과 분석

최종수요유발효과 분석을 통해 산업별로 수출의 최종수요 증가에 따른 생산(수입, 부가가치, 취업)유발효과와 의존도를 도출할 수 있다. 일정 기간 중 한 나라에서 생산되는 재화와 서비스의 종류나 그 규모는 최종수요 구성이나 크기에 따라 결정되므로 각 산업 부문의 생산활동은 최종수요의 변동과 일정한 함수관계를 갖게 되는 것이다. 따라서 산업연관표를 이용하면 산업별 최종수요와 산출, 부가가치, 수입 등과의 기능적인 관계를 계량적으로 파악할 수 있게 된다.

최종수요유발효과의 의미는 최종수요 항목별로 한 단위의 최종수요가 전 산업에 직·간접적으로 유발하는 생산(수입, 부가가치, 취업)유발효과를 파악하며, 또한 최종수요 항목별로 한 단위의 최종수요가 각 산업 부문에 유발하는 생산(수입, 부가가치, 취업)유발효과도 파악할 수 있다.

최종수요 항목은 소비, 투자, 수출로 구성되어 있으나, 본 연구에서 필요한 수출 항목에 대해서만 분석하기로 하겠다. 먼저 수출 항목에 생산(수입, 부가가치, 취업)유발계수는 수출 항목의 생산유발액을 수출 항목의 최종수요액으로 나누어 계산할 수 있다. 수출 항목에 생산(수입, 부가가치, 취업)의존도는 수출 항목 생산(수입, 부가가치, 취업)유발계수를 최종수요생산(수입, 부가가치, 취업)유발계수로 나눈 값으로 최종수요에서 수출 항목의 비중을 나타낸다.

6) 산업별 물류비 추산

구매자가격평가표와 생산자가격평가표 그리고 화물운임표를 이용하여 각 산업별 물류비의 추산을 할 수 있는데, 화물운임표의 수출열은 각 산업별 수출활동에 따른 화물운임이며 구매자가격평가표의 운수 행은 각 산업별 생산원가적 성격을 띠는 운임이다. 또한 생산자가격평가표의 운수 행은 각 산업별 생산원가적 운임과 화물운임을 더한 수치로 각 산업별 국내활동에 소요되는 전체 물류비라고 할 수 있다. 따라서 각 산업별 수출까지 포함한 총 물류비를 구하기 위해선 국내에서 산업활동 시 발생하는 전체 물류비와 실제 수출 시 소요되는 화물운임을 합산하여 도출할 수 있을 것이다.

분석가능 대상으로 첫째, 각 산업별 국내 총 물류비 비중을 구할 수 있다. 이러한 순수 국내에서 생산 또는 수요를 하기 위해 투입되는 전체 물류비를 도출하기 위해서 총산출에서 수출 부문을 제외하고 대신 수입 부문을 합산하여 각 산업의 국내 총공급을 구하고, 물류비에 있어서도 수출 시 투입되는 물류비를 제외한 국내물류비만을 사용한다.

둘째, 각 산업별 수출액 대비 수출물류비 비중을 구할 수 있다. 이를 위해 실제 생산자가격평가표에서 수출액과 화물운임표에서 수출에 소요되는 운임을 사용하여, 각 산업별로 수출에 있어서 수출물류비가 어느 정도 소요되는가를 확인할 수 있다.

셋째, 산업별 국내 총 물류비와 수출물류비를 통해 각 산업별로 무역활동과 국내 산업활동이 모두 포함된 전체 산업활동에서 발생하는 총 물류비를 구할 수 있으며, 이를 통해 각 산업별 산업활동에서 발생하는 총 물류비 비중을 알 수 있다.

마지막으로 산업별 수출물류비 비중을 구할 수 있는데, 이는 전술한 무역활동포함 총 물류비에서 실제 수출물류비가 차지하는 비중으로서, 해당 산업의 무역의존도를 유추할 수도 있다.

각 산업별 국내 총 물류비 비중:
     (생산원가적 운임 + 화물운임) / (총공급계 - 수출)
각 산업별 수출액 대비 수출물류비 비중: 수출 운임 / 수출액
각 산업별 수출포함 총 물류비 비중:

(생산원가적 운임＋화물운임＋수출 운임) / 총공급계
수출물류비 비중: 수출화물운임 / 산업별 전체 물류비

2. 무역특화도 분석

무역특화도의 분석방법으로는 산업별 산출 대비 무역비중에 대한 분석과 전 산업의 무역총액 대비 산업별 비중에 대한 분석으로 나누어 볼 수 있다. 먼저 산업별 산출 대비 무역비중에 대한 분석은 산업별로 무역규모가 상이하기 때문에 무역량에 대한 분석보다는 국내 총생산에서 차지하는 수출비중과 국내 총공급에서 차지하는 수입비중을 분석해야 한다. 이를 위해 산업연관표상의 수출률과 수입계수를 활용하여 산업별 무역의존도와 수출입 구조를 도출할 수 있다.

그러나 전술한 산업별 산출 대비 무역비중에 대한 분석은 특정 산업의 실제 무역액이 높지 않더라도 해당 산업의 총산출이 적고 무역액이 상대적으로 많을 경우 무역특화도가 높게 나온다는 문제점이 있다. 따라서 이러한 문제를 해결하기 위해서 전 산업의 무역총액 대비 산업별 비중에 대한 분석을 함으로써 실제 개별 산업의 산출규모와 무역규모까지 고려하여 무역특화도를 분석하여야 할 것이다.

1) 산업별 산출 대비 무역비중에 대한 분석

(1) 산업별 무역의존도

생산자가격평가표의 최종수요 부분의 산업별 수출 행과 수입 행을 합산하면 산업별 전체 무역액을 구할 수 있다. 산업별 전체 무역액

을 산업별 총산출액으로 나눈다면 각 산업의 국내 총생산에 대한 무역의존도를 구할 수 있을 것이다.[12]

산업별 무역의존도
  =(산업별 수출+수입) / 각 산업별 총산출액(생산자가격평가표)

(2) 수출구조 분석

한 나라의 수출구조를 분석하는 방법에는 첫째, 국내에서 생산된 상품이 국내에서만 수요되는 것이 아니라 해외에 수출되므로 산업연관표를 행(수요)방향으로 보아 국내 총산출에서 수출이 차지하는 비중을 나타내는 수출률을 보는 방법과 둘째, 수출상품의 구성비를 보는 방법이 있다.

수출의존도(수출률)=(수출액 / 국내 총산출액)×100

(3) 수입구조 분석

산업별 수입구조를 분석하는 방법에는 첫째, 산업연관표의 생산자 가격평가표를 가로(배분)방향으로 보아 산업별 총산출액에서 수입액 (최종재 포함)이 차지하는 비중을 보는 방법과 둘째, 산업연관표의 수입거래표에서 세로(투입)방향으로 보아 특정 산업에서 국내 생산 활동을 위해 수입중간재에 얼마나 의존하고 있는가를 나타내는 수입 의존도를 분석하는 방법 그리고 셋째, 수입상품의 구성비를 보는 방법이 있다.

---

12) 또는 국산거래표의 수출과 총산출액, 수입거래표의 수입계를 이용하여 도 무방하다.

$$\text{수입의존도} = \text{수입액(수입중간재투입액)} / \text{총산출액}$$

2) 전 산업의 무역총액 대비 산업별 비중에 대한 분석

산업별 산출 대비 무역비중에 대한 분석은 특정 산업의 실제 무역액이 높지 않더라도 해당 산업의 총산출이 적고 무역액이 상대적으로 많을 경우 무역특화도가 높게 나온다는 문제점이 있기 때문에, 이러한 문제를 해결하기 위해서 전 산업의 무역총액 대비 산업별 비중에 대한 분석을 한다.

$$\text{산업별 무역비중} = \text{산업별 무역액} / \text{전 산업의 무역액}$$
$$\text{산업별 수출비중} = \text{산업별 수출액} / \text{전 산업의 수출액}$$
$$\text{산업별 수입비중} = \text{산업별 수입액} / \text{전 산업의 수입액}$$

3. 지역특화도 분석

1) 산업별 對중국 무역비중

산업별 對중국 무역비중
= 산업별 對중국 무역액(수출액, 수입액) /
산업별 무역액(수출액, 수입액)

2) 운송수단별 산업의 수출입 규모

운송수단별 산업의 수출입 규모는 공항, 항만을 통한 산업별 수출입 규모가 별도로 집계되고 있는 관세청의 수출입 통계를 활용하여 산업별 운송수단 이용도를 측정하여 운송수단별 입지에 대해 살펴볼 수 있다.

산업별 항공운송비중＝산업별 항공운송 활용 무역액 / 산업별 무역액

3) 해외직접투자 (FDI) 유치 가능 산업 분석

산업 내 무역의 측정에 가장 광범위하게 이용되고 있는 방법은 Grubel−Lloyd 지수(GL 지수)라고 할 수 있다. Grubel Lloyd는 산업 내 무역을 '개별 산업의 수입액과 정확하게 중복되는 동일 산업의 수출액'으로 정의하고 특정 i 산업의 산업 내 무역지수를 다음과 같이 산출하였다.

$$GL_i = \left(\frac{(X_i + M_i) - |X_i - M_i|}{(X_i + M_i)} \right) = 1 - \frac{|X_i - M_i|}{(X_i + M_i)}$$

X_i: i 산업의 수출액

M_i: i 산업의 수입액

이 GL 지수는 0과 1 사이의 값을 가지며, 지수 값이 0인 경우는 완전한 산업 간 무역을 나타내며, 수출 또는 수입 중 어느 하나가 전무하다는 것을 의미한다. 반대로 지수가 1에 가까울수록 전체 무역액 중에서 산업 내 무역의 비중이 큰 것을 의미하며, 이 지수가 1인 경우에는 수출과 수입이 정확히 중복됨을 의미한다.

한편 GL 지수는 양국 간의 무역이 불균형 상태에 있을 때는 하향 편의(bias)가 발생할 가능성을 내포하고 있어서, 이와 같은 단점을

보완하기 위해서 다양한 지수산출방법이 고안되었다. 그러나 이러한 보완지수들 또한 여러 한계점을 가지고 있는 것으로 밝혀져 여전히 GL 지수가 실증분석에 있어서 가장 널리 이용되고 있다.

김치호 외 1은 1991~1999년 중 한국의 제조업 부문을 대상으로 Grubel-Lloyd 방식을 통해 교역상대국별 산업 내 무역 추이를 측정하고 그 결정요인을 분석하였다.

4) 지역특화 분석

지역특화 정도를 분석할 수 있는 방법으로 입지계수(LQ)를 이용할 수 있다. 입지계수의 의미는 전국의 산업구조를 가장 이상적인 것이라고 가정하고 전국의 산업구조와 특정 지역의 산업구조비를 비교하여 전국의 당해 산업구성비보다 특정 지역에서 구성비가 더 큰 경우 특화된 것으로 정의한다. 즉 LQ 지수는 1을 기준으로 하여 지역의 특화수준을 분석하는데, 1보다 클 경우 j지역의 i산업은 전국대비 특화되어 있으며, 1일 경우 j지역의 i산업은 전국과 동일한 특화 정도이고, 1보다 작을 경우 상대적으로 특화가 이루어지지 않았다고 해석한다.

$$LQ_i = (E_{ij} / \sum_i E_{ij}) / (\sum_j E_{ij} / \sum_i \sum_j Eij)$$

E_{ij}: j지역 i산업 종사자 수, $\sum_i E_{ij}$: j지역 총 종사자 수

$\sum_j E_{ij}$: 전국 i산업 종사자 수, $\sum_i \sum_j Eij$: 전국 총 종사자 수

다만 입지계수는 산업제품의 수요패턴이 전국적으로 동일하다고

가정하여 지수를 계산하기 때문에 결과를 해석하는 데 신중을 기해야 한다. 예를 들어 한 지역의 전체 산업규모가 크지 않은 경우 어떤 특정 산업이 조금만 집중하여도 해당 산업이 특화산업으로 분석될 수 있다는 문제점이 있기 때문에 보완설명이 필요하도록 전체 산업규모를 나타내는 지표와 같이 고려되어야 한다.

3절 실증분석체계

재화와 서비스의 산업 부문 상호간의 거래인 중간수요와 중간투입을 기록하는 부분을 내생부문이라 하고 최종수요와 부가가치를 기록하는 부분을 외생부문이라고 한다. 내생부문이란 외생부문의 수치가 모형 밖에서 주어지면 이에 따라 수동적으로 모형 내에서 그 값이 결정되는 부분이란 의미이며, 외생부문이란 내생부문과 관계없이 모형 밖에서 값이 결정되는 부분이란 의미이다.

따라서 물류클러스터 활성화를 위한 배후적합산업 도출이라는 연구목적을 위해 산업연관분석을 실시할 경우, 선행연구와 같이 내생부문인 중간수요와 중간투입을 이용한 산업의 생산과 투입에 대한 전후방연관효과만을 고려의 대상으로 하는 연구방법은 적절치 못하다.

특히 물류클러스터가 경제자유구역 내에 위치가 되므로 물류의 기능도 국내물류보다는 국제물류기능이 강조가 될 것이며, 따라서 물류클러스터 배후에 입지할 산업에 대한 분석 시 당연히 이러한 부분이 고려되어야 할 것이다. 즉 산업연관표의 외생부문인 특정 산업과 무역 간의 연관효과뿐만 아니라 산업별 수출입 시 활용하는 운송수단의 비중과 산업별 주된 교역대상국 등도 고려가 되어야 할 것이다. 그리고 연구목적이 경제자유구역의 차별성과 특화를 통한 경쟁력 제고이므로 해당 권역에 대한 지역별 특화산업의 여부도 분석대상에 들어가야 할 것이다.

실증분석방법으로는 크게 정성적인 방법과 정량적인 방법으로 나눌 수 있는데, 아래 그림에서와 같이 본 연구에서는 두 가지 방법을 모두 사용하여, 우선 정성적인 방법으로서 각 변수에 대해 연도별로 정리를 하여 해당 변수의 해석과 산업의 연도별 추이, 지속적인 성장 여부 등을 분석하였다. 정량적인 방법으로는 각 변수에 대한 요인분석을 실시하여 배후지역에 입지할 산업을 선정하는 데 영향을 미치는 요인군과 요인점수를 도출하였으며, 도출된 요인점수를 변수로 하여 군집분석을 시도하여 각 연도별 산업들의 군집 유형과 각 군집의 특성을 살펴보고자 한다. 또한 이를 연도별 수도권의 산업집적 현황과 비교하여 해당 연도의 산업집적 특성을 고찰하고자 한다. 마지막으로 적합산업 선정을 위한 기준을 제시하고 이 기준을 바탕으로 한 적합산업 도출을 시도하고자 한다.

본 연구의 자료는 한국은행에서 발표하는 산업연관표 1990년, 1995년, 2000년과 통계청에서 발표하는 전국사업체기초통계조사와 산업총조사(광업·제조업 통계조사), 그리고 무역과 운송 관련 자료는 관세청 자료를 기초로 한국무역협회에서 제공하는 자료를 사용하였다. 또한 산업연관표와 통계청 자료, 관세청 자료가 산업 분류 기준이 서로 상이하기 때문에 별도의 자료 통합이 필요하였다. 본 연구에서는 산업연관표에서 제시하는 산업 분류 기준을 중심으로 하여 통계청 자료와 관세청 자료의 산업 분류를 변환시켰다.

표 24 제조업 연계표

산업연관표 28개 부문류		표준산업분류 중 분류		MTI2단위분류		MTI 세분류
3	음식료품	15	음식료품	1	농산물	013, 014, 015, 016
		16	담배	2	축산물	022, 023, 024
				3	수산물	045, 046, 047
4	섬유 및 가죽제품	17	섬유제품	33	가죽 및 모피제품	
		18	봉제의복 및 모피제품	41	섬유원료	
				42	섬유사	
		19	가죽 가방 및 신발	43	직물	
				44	섬유제품	
				51	신변잡화	
5	목제 및 종이제품	20	목재 및 나무제품	3	임산물	
		21	펄프 종이 및 종이제품	25	제지 원료 및 종이제품	
6	인쇄 출판 및 복제	22	출판 인쇄 및 기록매체 복제업	91	인쇄물	
7	석유 및 석탄제품	23	코크스 석유정제품 및 핵연료			133, 135
8	화학제품	24	화합물 및 화학제품	21	석유화학	
				22	정밀화학	
				23	비료	
		25	고무 및 플라스틱제품	29	기타화학공업	
				31	플라스틱	
				32	고무제품	
				95	의료위생용품	
9	비금속 광물	26	비금속 광물제품	24	요업제품	
				26	석면 및 운모제품	
				27	마찰 및 연마제품	
10	제1차 금속	27	제1차 금속 산업		611, 612, 613, 6141, 617, 6211~6281	

산업연관표 28개 부문류		표준산업분류 중 분류		MTI2단위분류		MTI 세분류
11	금속제품	28	조립금속제품	63	식탁용구	6142, 6143, 615, 616, 618, 61962, 641, 642
				69	기타 철강금속제품	
12	일반기계	29	기타 기계 및 장비	71	기초 산업기계	
				72	산업기계	
				75	기계요소공구 및 금형	
				76	기타기계류	
				97	무기류	
13	전기 및 전자기기	30	컴퓨터 및 사무용기기	81	산업용 전자제품	
				82	가정용 전자제품	
		31	기타 전기기계 및 전기변환장치	83	전자부품	
				84	중전기	
		32	전자부품 영상 음향 및 통신장비	85	전 선	
14	정밀기기	33	의료 정밀 광학기기 및 시계제조업	73	정밀기계	
				94	안경 및 콘택트렌즈	
15	수송장비	34	자동차 및 트레일러	643	컨테이너	
		35	기타 운송장비	74	수송기계	
16	가구 및 기타 제조업 제품	36	가구 및 기타 제품	52	가 구	
				53	악 기	
				54	운동 및 취미오락기구	
				55	문 구	
				56	완 구	
		37	재생용 가공원료 생산업	57	공예품	
				58	기타 생활용품	
				92	예술품	
				93	수집품	
				96	보석 및 귀금속	
				98	가발 및 가눈썹	
				99	기타 잡제품	

다음으로 본 연구의 실증분석에 사용되는 변수를 선정하는 과정은
아래 그림 5과 같다.

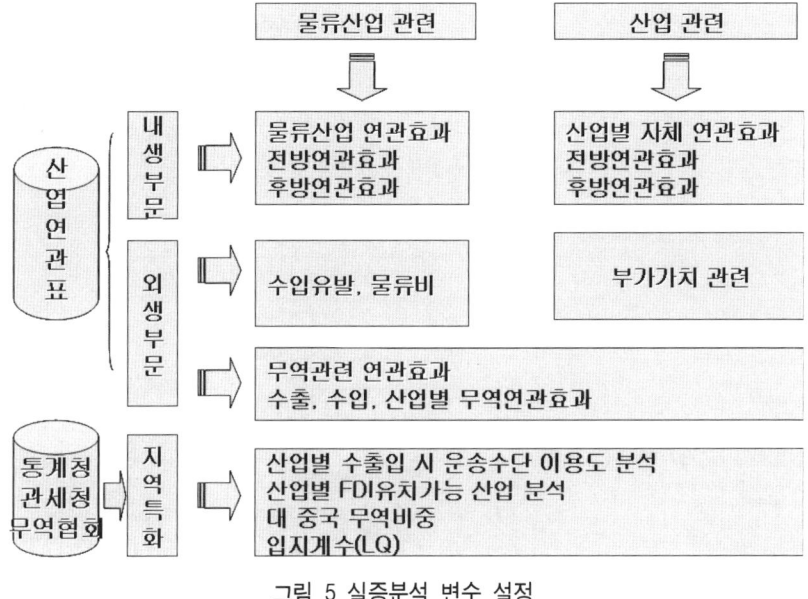

그림 5 실증분석 변수 설정

이상과 같은 산업 분류의 조정을 통해 제조업 총 14개 산업에 대
해 시기별로 1990년, 1995년, 2000년으로 구분을 하여 총 35개의 변
수를 이용하여 분석을 시도하였다.

표 25 추정변수와 입지와의 관계

분 류	변 수
전체 산업 연관관계	취업전방
	취업후방
	전방(감응도)
	후방(영향력)
	부가가치유발
	투입후방
	수입전방
	수입후방
	투입부가가치유발
물류산업 연관관계	물류산업취업전방
	물류산업취업후방
	물류전방
	물류후방
	물류투입전방
	물류투입후방
	물류수입전방
	물류수입후방
산업의 물류비	국내총운임비중
	수출액대비 수출운임비중
	수출포함 총운임비중
	총운임대비 수출운임비중
산업의 무역도	수출생산유발
	수출수입유발
	수출부가가치유발
	수출취업유발
	무역비중
	수출비중
	수입비중

분 류	변 수
지역특화도	대중수출비중
	대중수입비중
	항공수출비중
	항공수입비중
	한일 GL 지수
	한중 GL 지수
	지역특화지수

* 변수들과 배후입지와의 관계는 변수 값이 클수록 입지에 적합하다.

표 26 변수별 기초통계량

구 분	1990				1995			2000			통합			
	N	평균	표준편차	분산	평균	표준편차	분산	평균	표준편차	분산	N	평균	표준편차	분산
취업전방	14	54.633	22.216	493.56	27.397	11.445	130.98	16.642	8.3629	69.938	42	32.891	21.956	482.068
취업후방	14	41.197	16.019	256.61	19.680	7.5587	57.134	11.204	4.8423	23.448	42	24.027	16.437	270.186
전방	14	1.0503	0.4202	0.1765	1.0304	0.3765	0.1418	1.0301	0.3849	0.1482	42	1.0369	0.3847	0.1480
후방	14	1.0899	0.1332	0.0177	1.0735	0.1392	0.0194	1.0802	0.1575	0.0248	42	1.0812	0.1403	0.0197
부가가치유발	14	0.6662	0.1305	0.0170	0.6986	0.1018	0.0104	0.6629	0.1110	0.0123	42	0.6759	0.1134	0.0129
투입후방	14	0.7151	0.0634	0.0040	0.6751	0.0463	0.0021	0.7121	0.0423	0.0018	42	0.7008	0.0535	0.0029
투입부가가치유발	14	0.2849	0.0634	0.0040	0.3249	0.0463	0.0021	0.2879	0.0423	0.0018	42	0.2992	0.0535	0.0029
물류산업취업전방	14	1.2586	0.3349	0.1121	0.6363	0.2349	0.0552	0.3475	0.1108	0.0123	42	0.7475	0.4528	0.2050
물류산업취업후방	14	0.3042	0.2630	0.0692	0.1069	0.1028	0.0106	0.0472	0.0445	0.0020	42	0.1527	0.1956	0.0383
물류전방	14	0.0212	0.0282	0.0008	0.0166	0.0244	0.0006	0.0182	0.0357	0.0013	42	0.0187	0.0291	0.0008
물류후방	14	0.0297	0.0080	0.0001	0.0283	0.0104	0.0001	0.0227	0.0072	0.0001	42	0.0269	0.0090	0.0001
물류투입전방	14	0.0156	0.0074	0.0001	0.0149	0.0077	0.0001	0.0119	0.0046	0.0000	42	0.0141	0.0068	0.0000
물류투입후방	14	0.0164	0.0375	0.0014	0.0138	0.0324	0.0010	0.0171	0.0469	0.0022	42	0.0158	0.0385	0.0015
물류수입전방	14	0.0025	0.0007	0.0000	0.0031	0.0010	0.0000	0.0041	0.0013	0.0000	42	0.0032	0.0012	0.0000
물류수입후방	14	0.0069	0.0153	0.0002	0.0059	0.0131	0.0002	0.0068	0.0161	0.0003	42	0.0066	0.0145	0.0002
국내총운임비중	14	0.0152	0.0078	0.0001	0.0143	0.0078	0.0001	0.0119	0.0049	0.0000	42	0.0138	0.0069	0.0000

구 분	1990				1995			2000			통합			
	N	평균	표준편차	분산	평균	표준편차	분산	평균	표준편차	분산	N	평균	표준편차	분산
수출액대비 수출준임금비중	14	0.0183	0.0184	0.0003	0.0188	0.0166	0.0003	0.0155	0.0113	0.0001	42	0.0176	0.0154	0.0002
수출포함 총운임비중	14	0.0146	0.0072	0.0001	0.0144	0.0077	0.0001	0.0122	0.0046	0.0000	42	0.0137	0.0066	0.0000
총운임대비 수출준임금비중	14	0.1408	0.1545	0.0239	0.1636	0.1069	0.0114	0.2137	0.1509	0.0228	42	0.1727	0.1392	0.0194
수출생산유발	14	0.1026	0.1120	0.0125	0.0964	0.1007	0.0101	0.0979	0.1086	0.0118	42	0.0990	0.1046	0.0109
수출수입유발	14	0.0164	0.0185	0.0003	0.0163	0.0195	0.0004	0.0182	0.0285	0.0008	42	0.0170	0.0221	0.0005
수출부가가치유발	14	0.0265	0.0273	0.0007	0.0298	0.0322	0.0010	0.0264	0.0286	0.0008	42	0.0275	0.0288	0.0008
수출취업유발	14	2.4991	3.9249	15.405	1.0330	1.2909	1.6665	0.4696	0.4995	0.2495	42	1.3339	2.4983	6.2416
수입전방	14	0.2771	0.2589	0.0670	0.2614	0.2372	0.0563	0.2745	0.2467	0.0609	42	0.2710	0.2418	0.0584
수입후방	14	0.3338	0.1305	0.0170	0.3014	0.1018	0.0104	0.3371	0.1110	0.0123	42	0.3241	0.1134	0.0129
무역비중	14	0.0552	0.0514	0.0026	0.0556	0.0545	0.0030	0.0530	0.0658	0.0043	42	0.0546	0.0562	0.0032
수출비중	14	0.0568	0.0765	0.0058	0.0575	0.0763	0.0058	0.0581	0.0814	0.0066	42	0.0575	0.0762	0.0058
수입비중	14	0.0538	0.0474	0.0023	0.0538	0.0462	0.0021	0.0479	0.0545	0.0030	42	0.0519	0.0484	0.0023
대중수출비중	14	0.0154	0.0207	0.0004	0.0964	0.0797	0.0063	0.1227	0.0809	0.0065	42	0.0782	0.0798	0.0064
대중수입비중	14	0.0466	0.0662	0.0044	0.0718	0.0754	0.0057	0.1032	0.0989	0.0098	42	0.0738	0.0827	0.0068
항공수출비중	14	0.1300	0.1736	0.0301	0.1440	0.2107	0.0444	0.1869	0.2573	0.0662	42	0.1536	0.2127	0.0452

구 분	1990				1995			2000			통합			
	N	평균	표준편차	분산	평균	표준편차	분산	평균	표준편차	분산	N	평균	표준편차	분산
항공수입비중	14	0.2417	0.2615	0.0684	0.2737	0.2726	0.0743	0.2836	0.2874	0.0826	42	0.2664	0.2679	0.0718
한일GL 지수	14	0.5651	0.2776	0.0771	0.5141	0.2317	0.0537	0.5309	0.2283	0.0521	42	0.5367	0.2418	0.0585
한중GL 지수	14	0.4746	0.3061	0.0937	0.5479	0.2756	0.0760	0.6362	0.2571	0.0661	42	0.5529	0.2815	0.0792
지역특화지수	14	1.0837	0.2190	0.0479	1.0204	0.2832	0.0802	0.9928	0.2978	0.0887	42	1.0323	0.2650	0.0703

5장

배후입지 적합산업 도출

실증분석은 크게 정성적인 방법과 정량적인 방법으로 나눌 수 있는데, 본 연구에서는 두 가지 방법을 모두 사용하여, 우선 정성적인 방법으로서 각 변수에 대해 연도별로 정리를 하여 해당 변수의 해석과 산업의 연도별 추이, 지속적인 성장 여부 등을 분석하였다. 정량적인 방법으로는 각 변수에 대한 요인분석을 실시하여 요인군을 도출하였으며, 이를 변수로 하는 군집분석을 시도하여 최종적으로 물류클러스터 배후에 입지할 적합산업군을 도출하였다.[1]

이후 도출된 적합산업의 결과를 바탕으로 하여 인천경제자유구역에 입지할 물류클러스터의 활성화를 위한 방안으로서 적합산업의 전략적 육성과 인천국제공항의 활용도 증대를 제시하였다.

---

1) 변수별 기초통계량은 부록에 첨부하였다.

1절 실증분석에 활용된 변수 분석

1. 산업별 연관효과 분석

산업별 연관효과 분석에 있어 산업연관표의 내생부문과 외생부문으로 나누어 분석하도록 하겠다. 재화와 서비스의 산업 부문 상호간의 거래인 중간수요와 중간투입을 기록하는 부분을 내생부문이라 하고, 최종수요와 부가가치를 기록하는 부분을 외생부문이라고 한다. 따라서 산업별 생산과 투입에 대한 전후방연관효과를 통한 내생부문의 분석과 함께 외생부문인 산업별 부가가치에 대한 유발효과 분석도 추가되어야 할 것이다.[2]

1) 산업연관표 내생부문 분석

산업연관표의 중간수요와 중간투입을 통해 전체 산업별 전후방연관효과를 분석할 수 있다.

(1) 산업별 전방연관효과 분석

산업별 전방연관효과는 감응도계수를 통해 파악할 수 있다. 즉 감응도계수는 전방연관효과가 어느 정도인가를 전 산업 평균에 대한 상대적 크기로 나타내는 계수로서 그 산업의 생산유발계수의 행 합계를 전 산업의 평균으로 나눈 값이다. 예를 들어 모든 산업이 한 단위 최종수요가 증가하면 화학제품 산업에 미치는 영향은 1990년

---

2) 외생부문에서 최종수요에 대한 분석은 후술할 수출 항목에 따른 연관효과를 분석하도록 하겠다.

기준으로 1.746이며, 화학제품 산업의 생산유발계수의 합계는 3.227이다.

후술할 물류산업의 전방연관효과 분석은 단순히 물류산업에 연관된 산업들을 찾기 위한 방법임에 반해, 표 27은 특정 산업 전체에 대한 감응도계수를 계측한 것이다. 여기서 감응도계수가 크다는 의미는 그만큼 전방산업에 대한 효과가 크다는 것을 보여주며, 물류클러스터 배후산업입지에 긍정적인 효과를 보여줄 것이다.

산업별로 살펴보면, 제조업 부문에서는 화학제품, 제1차 금속, 목제 및 종이제품, 석유제품 산업이 전방효과가 높게 나오고 있다.

표 27 산업별 생산에 대한 전방연관효과

번 호	산업 분류	1990	1995	2000
8	**화학제품**	1.74567	1.74204	1.88194
9	제1차 금속	2.06363	1.88254	1.75667
5	목재 및 종이제품	1.26289	1.24570	1.22762
7	**석유 및 석탄제품**	1.03990	1.03908	1.21679
3	음식료품	1.29591	1.18081	1.08170
13	**전기, 전자기기**	0.96630	1.00052	1.03165
15	수송장비	0.90481	0.88754	0.88159
12	일반기계	0.87742	0.88415	0.88152
4	섬유 및 가죽제품	0.99623	0.83831	0.84703
11	**금속제품**	0.75040	0.82277	0.83813
9	비금속광물제품	0.85911	0.88620	0.82296
6	인쇄, 출판 및 복제	0.69719	0.76310	0.72266
14	**정밀기기**	0.61059	0.61864	0.62398
16	가구 및 기타 제조업제품	0.63383	0.63434	0.60673

*굵은체는 연도별 연관효과가 지속적으로 증가하는 산업을 표시함

(2) 산업별 후방연관효과 분석

산업별 생산에 대한 후방연관효과는 어떤 산업 부문의 생산물에 대한 최종수요가 한 단위 증가하였을 때 전 산업 부문에서 직·간접적으로 추가로 발생하는 생산유발효과를 의미하며, 이를 영향력계수로 확인할 수 있다. 즉 영향력계수란 어떤 산업 부문의 생산물에 대한 최종수요가 한 단위 증가할 경우 전체 산업 부문에 미치는 영향을 의미한다. 예를 들어 수송장비의 최종수요가 한 단위 증가할 경우 전체 산업에서 추가적으로 발생하는 생산유발효과는 1990년 기준으로 2.19 단위이며, 수송장비 산업이 전체 산업에 영향을 주는 정도인 영향력계수는 1.18이다.

산업의 영향력계수가 높은 산업은 해당 산업의 성장이 후방산업 (중간재를 투입하는 산업)에 대한 생산유발과 함께 동반 성장을 견인한다는 점에서 이와 같은 산업을 물류클러스터 배후산업으로 유치를 한다면 후방연관산업들의 추가적인 유입도 기대해 볼 수 있을 것이다.

산업별로 확인해 보면, 제조업 부문의 산업이 생산에 대한 후방연관효과가 높게 나타나고 있는데, 대표적으로 수송장비, 인쇄, 출판 및 복제, 제1차 금속 산업 순이다.

표 28 산업별 생산에 대한 후방연관효과

번 호	산업 분류	1990	1995	2000
15	**수송장비**	1.18247	1.18641	1.27108
6	인쇄, 출판 및 복제	1.13177	1.10641	1.20132
9	제1차 금속	1.23667	1.21627	1.18032
11	금속제품	1.19137	1.22841	1.15809
12	**일반기계**	1.12635	1.12456	1.15231

번 호	산업 분류	1990	1995	2000
3	음식료품	1.16485	1.13730	1.13289
4	섬유 및 가죽제품	1.19271	1.08423	1.11333
8	**화학제품**	**1.05408**	**1.05894**	**1.08924**
9	비금속광물제품	1.03747	1.09525	1.08868
14	정밀기기	1.08179	1.09101	1.08348
16	가구 및 기타 제조업제품	1.11321	1.05420	1.07121
5	**목재 및 종이제품**	**0.99582**	**1.00589**	**1.04730**
13	전기, 전자기기	1.05577	0.98297	0.92170
7	석유 및 석탄제품	0.69458	0.65777	0.61159

다음으로 특정 산업의 투입에 대한 후방연관효과는 특정 산업 부문의 최종수요가 한 단위 증가할 경우 전체 산업 부문에서 직간접적으로 발생하는 투입유발효과를 의미한다. 따라서 생산자가격평가표의 특정 산업 열을 분석함으로써 확인할 수 있으며, 전체 산업 부문에서 발생하는 총투입유발효과는 중간투입계를 통해 도출할 수 있다. 즉 제1차 금속 산업이 한 단위 증가할 경우 1990년 경우 전체 산업 부문에서 0.8의 추가적인 투입유발효과를 발생시킨다.

이러한 투입에 대한 후방연관효과가 높은 산업일수록 해당 산업의 성장은 후방연관산업의 투입량 확대로 인한 추가적인 고용창출 등의 효과를 유발시킨다. 따라서 물류클러스터의 배후적합산업으로서 투입에 대한 후방연관효과가 높은 산업을 입지시킨다면 해당 산업의 후방연관산업들의 입지도 동반할 것으로 예상된다.

산업별로 살펴보면, 제1차 금속, 수송장비, 화학제품, 정밀기기 등이 투입에 대한 후방연관효과가 높게 나타나고 있다. 수송장비와 비금속광물제품이 지속적인 증가 추이를 보이며, 화학제품, 정밀기기, 일반기계, 인쇄, 출판 및 복제는 1995년에 하락했으나 1990년에 비해서는 상승하였다.

표 29 산업별 투입에 대한 후방연관효과

번 호	산업 분류	1990	1995	2000
9	제1차 금속	0.79901	0.77905	0.78907
15	**수송장비**	**0.68570**	**0.70057**	**0.76042**
8	화학제품	0.72782	0.69970	0.75413
14	정밀기기	0.72113	0.67117	0.74333
5	목재 및 종이제품	0.74301	0.70577	0.73431
3	음식료품	0.75703	0.71375	0.72985
13	전기, 전자기기	0.73573	0.66357	0.72684
4	섬유 및 가죽제품	0.76075	0.69813	0.70288
12	일반기계	0.67068	0.65883	0.69286
6	인쇄, 출판 및 복제	0.62319	0.59104	0.68781
7	석유 및 석탄제품	0.83466	0.64263	0.67211
9	**비금속광물제품**	**0.61427**	**0.63040**	**0.66038**
16	가구 및 기타 제조업제품	0.66949	0.62744	0.65994
11	금속제품	0.66924	0.66880	0.65545

종합해 보면 산업별 생산과 투입에 대한 후방연관효과를 도출해 본 결과 특히 수송장비, 제1차 금속, 화학제품, 음식료품, 섬유 및 가죽제품, 일반기계산업 등이 생산과 투입에 대한 후방연관효과가 모두 높게 나타나고 있어 물류클러스터의 배후지에 입지할 경우 해당 산업의 후방연관산업들의 동반 입지로 인해 산업의 집적화 효과 도 기대할 수 있을 것으로 사료된다.

2) 산업연관표 외생부문 분석

산업연관표의 외생부문 분석을 위해 부가가치에 대한 분석을 실시하였다. 부가가치에 대한 효과 분석에 앞서 주의할 점은 부가가치가 높은 산업에 대한 정의에 대한 문제이다. 즉 부가가치유발계수표는 각 산업 부문의 최종수요와 연관된 부가가치유발효과를 알 수 있기 때문에 유발계수가 높은 산업은 고부가가치산업이라고 할 수 있을 것이다.

그러나 고부가가치산업이라고 해서 산업구조상 3차 산업인 서비스산업만 포함되는 것이 아닌 원시산업이라 할 수 있는 1차 산업과 광산품도 포함된다. 따라서 분석 시 피용자보수(임금)유발효과와 부가가치유발효과를 동시에 고려하여 두 가지 유발효과가 모두 높은 산업은 서비스산업이며, 피용자보수(임금)는 낮으나 상대적으로 부가가치유발효과가 높으면 원시산업에 가까운 산업이라 할 수 있을 것이다.

(1) 산업별 부가가치유발효과

산업별 부가가치유발효과는 각 산업별 최종수요가 한 단위 증가할 경우 피용자보수, 영업잉여, 고정자본소모 등을 포함한 전체 부가가치에 대한 유발효과를 보여주고 있다. 또한 부가가치유발계수는 수입 및 부가가치유발계수표에서 도출할 수 있는데, 수입유발계수와 부가가치유발계수를 더하면 1이 된다. 즉 음식료품의 최종수요가 한 단위 증가할 경우 부가가치유발효과는 2000년 기준으로 0.80이며 수입유발계수는 0.20이 된다.

따라서 산업의 부가가치유발효과는 수입유발효과가 낮을수록 높아지기 때문에 수입비중이 낮은 산업의 부가가치유발효과가 높게 나타나고 있다.

표 30 산업별 부가가치유발효과

번 호	산업 분류	1990	1995	2000
3	음식료품	0.82740	0.81042	0.80385
6	인쇄, 출판 및 복제	0.78420	0.80676	0.78419
9	비금속광물제품	0.79219	0.81922	0.78046
11	금속제품	0.71585	0.73939	0.72021
16	가구 및 기타 제조업제품	0.72345	0.73716	0.70866
12	일반기계	0.70358	0.71893	0.70393
15	수송장비	0.73491	0.72126	0.69267
4	섬유 및 가죽제품	0.65220	0.67319	0.68365
14	정밀기기	0.68221	0.77388	0.66111
8	화학제품	0.63663	0.66204	0.61997
5	목재 및 종이제품	0.57298	0.61809	0.61658
9	제1차 금속	0.58281	0.60877	0.58025
13	전기, 전자기기	0.61937	0.65251	0.54078
7	석유 및 석탄제품	0.29911	0.43873	0.38405

(2) 산업별 투입에 대한 부가가치유발효과 분석

산업별 투입에 대한 부가가치유발효과는 투입계수표를 사용하여
산업별 투입에 대한 부가가치유발효과를 나타내고 있는데, 산업별
부가가치계와 중간투입계를 더하면 1이 된다. 따라서 산업별 부가가
치가 높다는 것은 해당 산업의 국산품에 대한 중간투입이 적다는 뜻
이므로 산업별 투입에 대한 후방연관효과와는 반대의 결과를 나타내
게 된다. 표 31은 수입유발효과를 제외한 나머지를 부가가치유발효
과로 보았지만, 여기서는 순수 국산품에 대한 부가가치 항목(피용자
보수, 영업잉여, 고정자본형성)의 유발효과만을 나타낸다.

표 31 산업별 투입에 대한 부가가치유발효과

번 호	산업 분류	1990	1995	2000
11	금속제품	0.33076	0.33120	0.34456
16	가구 및 기타 제조업제품	0.33051	0.37257	0.34006
9	비금속광물제품	0.38573	0.36960	0.33962
7	석유 및 석탄제품	0.16534	0.35737	0.32789
6	인쇄, 출판 및 복제	0.37681	0.40896	0.31219
12	일반기계	0.32932	0.34117	0.30714
4	섬유 및 가죽제품	0.23925	0.30188	0.29712
13	전기, 전자기기	0.26427	0.33643	0.27317
3	음식료품	0.24297	0.28625	0.27015
5	목재 및 종이제품	0.25699	0.29423	0.26569
14	정밀기기	0.27888	0.32883	0.25667
8	화학제품	0.27218	0.30030	0.24587
15	수송장비	0.31430	0.29943	0.23958
9	제1차 금속	0.20099	0.22095	0.21093

2. 물류산업 연관효과 분석

1) 산업연관표 내생부문 분석

산업연관표의 내생부문(중간수요, 중간투입)을 활용하여 작성된 투입계수표와 생산유발계수표를 통해 물류산업의 전후방연관효과를 분석할 수 있다.

(1) 물류산업의 전방연관효과 분석

물류산업의 전방연관효과란 모든 산업 부문의 생산물에 대한 최종수요가 한 단위씩 증가하였을 경우 물류산업에 직간접적으로 추가로 발생하는 유발효과를 의미한다.

물류산업의 생산에 대한 전방연관효과는 전 산업 부문의 최종수요가 한 단위씩 증가하였을 경우 물류산업의 생산유발효과를 나타내는 표이다. 즉 석유 및 석탄제품이 한 단위 증가하였을 경우 2000년 물류산업의 생산은 0.13552 단위만큼 생산이 유발된다는 뜻이다. 따라서 특정 산업의 물류산업 생산에 대한 전방연관효과가 크다는 것은 추가적인 물류산업의 생산유발을 크게 하는 산업이기 때문에 물류클러스터 배후산업으로 적합할 것이다.

산업별로 살펴보면, 전반적으로 물류산업의 생산유발효과는 전반적으로 감소하는 경향을 보이고 있으나, 석유 및 석탄제품, 인쇄, 출판 및 복제는 1990년에 비해 증가하였다. 물류수요 창출효과는 석유 및 석탄제품이 가장 크게 나왔으며, 다음으로는 수송장비, 화학제품 순으로 크게 나오고 있다.

표 32 물류산업의 생산에 대한 전방연관효과

번 호	산업 분류	1990	1995	2000
7	석유 및 석탄제품	0.09771	0.08728	0.13552
15	수송장비	0.06470	0.04662	0.04350
8	화학제품	0.04127	0.03672	0.02451
13	전기, 전자기기	0.01151	0.00890	0.00926
9	제1차 금속	0.02157	0.01000	0.00908
12	일반기계	0.00860	0.00612	0.00564
6	인쇄, 출판 및 복제	0.00511	0.00725	0.00530
5	목재 및 종이제품	0.00887	0.00607	0.00503
3	음식료품	0.01811	0.01065	0.00490
11	금속제품	0.00690	0.00436	0.00444
4	섬유 및 가죽제품	0.00543	0.00340	0.00325
9	비금속광물제품	0.00400	0.00225	0.00167
16	가구 및 기타 제조업제품	0.00226	0.00164	0.00148
14	정밀기기	0.00140	0.00120	0.00112

다음으로 물류산업의 투입에 대한 전방연관효과는 전 산업 부문의 최종수요가 한 단위씩 증가하였을 경우 물류산업의 투입유발효과를 나타내는 표이다. 즉 비금속광물제품 최종수요가 한 단위 증가한다 면 2000년에 물류산업은 0.02183 단위만큼 중간재로서 추가적으로 투입을 해야 한다는 의미이다. 이러한 투입유발효과가 클수록 해당 산업의 성장에 따른 물류산업의 투입도 증가한다는 뜻이며, 또한 물 류산업에 대한 의존도도 높다는 뜻이기 때문에 물류클러스터 배후산 업으로 적합할 것이다.

산업별로 살펴보면, 전반적으로 감소 추세를 보이며, 1995년 대비 증가한 산업은 인쇄, 출판 및 복제, 섬유 및 가죽제품, 수송장비 산 업이다. 또한 생산에 대한 전방연관효과와는 다르게 인쇄, 출판 및 복제 산업, 목재 및 종이제품, 가구 및 기타 제조업제품 등 대부분 경공업 위주의 산업이 차지하고 있다.

표 33 물류산업의 투입에 대한 전방연관효과

번 호	산업 분류	1990	1995	2000
9	비금속광물제품	0.03488	0.03832	0.02183
6	인쇄, 출판 및 복제	0.02135	0.01589	0.01966
5	목재 및 종이제품	0.02088	0.01947	0.01433
16	가구 및 기타 제조업제품	0.01704	0.02137	0.01374
4	섬유 및 가죽제품	0.00891	0.01127	0.01312
14	정밀기기	0.01274	0.01235	0.01137
8	화학제품	0.01280	0.01401	0.01131
12	일반기계	0.01213	0.01332	0.01074
3	음식료품	0.01187	0.01287	0.01051
11	금속제품	0.01120	0.01313	0.01020
9	제1차 금속	0.01166	0.01083	0.00970
15	수송장비	0.00743	0.00733	0.00740
13	전기, 전자기기	0.01115	0.01056	0.00676
7	석유 및 석탄제품	0.02389	0.00834	0.00544

(2) 물류산업의 후방연관효과 분석

물류산업의 후방연관효과란 물류산업 부문의 생산물에 대한 최종
수요가 한 단위 증가하였을 때 전체 산업 부문에 미치는 영향을 분
석하는 방법이다.

물류산업의 생산에 대한 후방연관효과는 물류산업 부문의 최종수
요가 한 단위 증가하였을 때 여타 다른 산업에서 추가로 발생하는
생산유발효과를 나타낸다. 즉 물류산업의 최종수요가 한 단위 증가
하면 인쇄, 출판 및 복제 산업은 2000년 기준으로 0.0351 단위만큼
의 생산유발효과가 발생한다. 따라서 생산에 대한 후방연관효과가
클수록 물류산업의 성장이 해당 산업의 생산유발을 견인한다는 측면
에서 물류산업의 영향력을 많이 받는 산업이라고 할 수 있다. 따라
서 물류산업의 파급효과가 큰 산업일수록 물류클러스터 배후산업에
적합할 것이다.

산업별로 살펴보면, 경공업 위주의 제조업이 생산에 있어 물류산
업에 영향을 많이 받는 산업으로 판단된다. 즉 인쇄, 출판 및 복제
산업, 비금속광물제품, 목재 및 종이제품, 섬유 및 가죽제품 등이 대
표적인 산업이다.

표 34 물류산업의 생산에 대한 후방연관효과

번 호	산업 분류	1990	1995	2000
6	인쇄, 출판 및 복제	0.03775	0.03176	0.03510
9	비금속광물제품	0.05233	0.05799	0.03505
5	목재 및 종이제품	0.03555	0.03358	0.02598
4	**섬유 및 가죽제품**	**0.02330**	**0.02436**	**0.02579**
16	가구 및 기타 제조업제품	0.03202	0.03537	0.02509
12	일반기계	0.02621	0.02710	0.02256

번 호	산업 분류	1990	1995	2000
11	금속제품	0.02730	0.02905	0.02217
8	화학제품	0.02594	0.02703	0.02211
9	제1차 금속	0.02953	0.02593	0.02165
14	정밀기기	0.02585	0.02470	0.02126
15	수송장비	0.02191	0.02095	0.02061
3	음식료품	0.02468	0.02616	0.02039
13	전기, 전자기기	0.02411	0.02136	0.01349
7	석유 및 석탄제품	0.02903	0.01091	0.00684

물류산업의 투입에 대한 후방연관효과는 물류산업 부문의 최종수요가 한 단위 증가하였을 때 여타 다른 산업에서 추가로 발생하는 투입유발효과를 나타낸다. 즉 물류산업의 최종수요가 한 단위 증가하면 2000년의 경우 석유, 석탄제품의 투입이 0.17605만큼 유발된다는 의미이다. 따라서 연관효과가 큰 산업일수록 물류클러스터 배후에 입지할 유인이 크다고 할 수 있다.

산업별로 살펴보면, 전반적으로 감소 추세를 보이고 있으나, 운송수단에 직접적으로 많이 사용되는 석유, 석탄제품 산업과 수송장비산업 등의 파급효과가 크게 나오고 있다.

표 35 물류산업의 투입에 대한 후방연관효과

번 호	산업 분류	1990	1995	2000
7	석유 및 석탄제품	0.13750	0.11969	0.17605
15	수송장비	0.05221	0.03963	0.04048
8	화학제품	0.01969	0.0182	0.00908
13	전기, 전자기기	0.00568	0.00437	0.00472
6	인쇄, 출판 및 복제	0.00179	0.00397	0.00285

번 호	산업 분류	1990	1995	2000
11	금속제품	0.00338	0.00198	0.00187
12	일반기계	0.00349	0.00221	0.00184
4	섬유 및 가죽제품	0.00144	0.00118	0.00106
14	정밀기기	0.00083	0.00064	0.00063
5	목재 및 종이제품	0.00161	0.00062	0.00062
16	가구 및 기타 제조업제품	0.00038	0.00040	0.00033
9	제1차 금속	0.00095	0.00011	0.00026
9	비금속광물제품	0.00068	0.00009	0.00010
3	음식료품	0.00000	0.00000	0.00000

종합적으로 살펴보면, 물류산업을 중간재로 활용하는 비중이 높은 산업은 주로 경공업 부문인 인쇄, 출판 및 복제 산업, 목재 및 종이제품, 섬유 및 가죽제품 산업이라 할 수 있다. 또한 물류산업의 성장에 영향을 받는 주된 산업은 석유, 석탄제품 산업과 수송장비 산업, 화학제품 산업이라 할 수 있다.

또한 전반적으로 살펴보았을 때, 물류산업은 석유, 석탄제품과 수송장비 산업을 제외하고는 생산에 대한 연관효과가 투입에 대한 연관효과보다 크게 나타나고 있어서, 대표적인 유발산업임을 알 수 있다.

2) 산업연관표 외생부문 분석

산업연관분석의 주된 연구방법은 주로 중간수요와 중간투입을 바탕으로 한 전후방연관효과를 분석하는 것이지만, 산업연관표에서 외생부문인 수출입, 부가가치 등도 산업의 연관효과에 많은 영향을 미친다. 특히 국제물류(수출입물류)에 대한 분석의 경우 수출입이라는 외생부문의 분석은 꼭 필요할 것으로 생각된다.

(1) 물류산업의 전방연관효과

수입에 있어 물류산업의 전방연관효과란 전체 산업의 최종수요가 한 단위 증가할 경우 물류산업의 수입유발효과를 나타내는 것으로, 인쇄, 출판 및 복제 산업의 최종수요가 한 단위 증가할 때 물류산업의 수입은 1990년의 경우 0.0042만큼 유발된다는 뜻이다.

이러한 분석은 최종수요는 결국 국내 생산품과 수입품으로 구성되기 때문에 국내생산(투입)에 대한 연관효과는 앞에서 살펴보았고, 수입에 대한 물류산업의 유발효과는 연관효과가 높은 산업일수록 물류산업의 수입도 증가되며, 특히 수입이라는 측면에서 볼 때 경제자유구역 배후에 입지하는 것이 유리할 수도 있다.

산업별로 살펴보면, 비금속광물제품을 제외하고는 경공업의 비중이 높으며 최종수요 증가로 인한 물류산업의 수입유발효과가 상대적으로 높게 나오고 있다. 또한 석유 및 석탄제품을 제외하고는 모든 산업이 전반적이고 지속적으로 상승하는 추이를 보이고 있다.

표 36 물류산업의 수입에 대한 전방연관효과

번 호	산업 분류	1990	1995	2000
6	인쇄, 출판 및 복제	0.00421	0.00393	0.00656
9	비금속광물제품	0.00307	0.00537	0.00581
3	음식료품	0.00332	0.00418	0.00481
4	섬유 및 가죽제품	0.00208	0.00296	0.00465
16	가구 및 기타 제조업제품	0.00268	0.00364	0.00455
5	목재 및 종이제품	0.00227	0.00325	0.00441
12	일반기계	0.00233	0.00291	0.00406
11	금속제품	0.00211	0.00315	0.00400
14	정밀기기	0.00279	0.00283	0.00398
8	화학제품	0.00226	0.00299	0.00397

번 호	산업 분류	1990	1995	2000
15	**수송장비**	0.00182	0.00225	0.00364
10	**제1차 금속**	0.00186	0.00263	0.00360
13	**전기, 전자기기**	0.00225	0.00226	0.00266
7	석유 및 석탄제품	0.00152	0.00111	0.00111

　　물류산업의 취업에 대한 전방연관효과란 전 산업 부문의 최종수요 증가로 인한 물류산업의 취업에 있어서의 유발효과라 할 수 있다. 즉 인쇄, 출판 및 복제 산업이 한 단위(10억) 최종수요가 증가할 경우 1990년의 경우 물류산업은 1.47명 취업유발이 발생하며, 전체 산업 부문에 직간접으로 66.85명의 취업유발을 발생시킨다. 따라서 물류산업의 취업유발효과를 크게 하는 산업일수록 해당 산업의 성장은 물류산업의 취업규모를 확대시킬 수 있다.

　　산업별로 살펴보면, 물류산업의 생산에 대한 후방연관효과와 똑같은 순위를 보여주고 있는데 이는 생산에 대한 유발효과가 큰 산업일수록 취업에 대한 유발효과도 크다는 사실을 보여주고 있다. 또한 모든 산업이 전반적이고 지속적 감소 추이를 보이고 있는데 이는 물류산업뿐이 아닌 전체 산업에서 동일하게 나타나는 현상으로서 우리나라의 성장이 노동력에 의존하기보다는 자본집약적으로 바뀌고 있기 때문이다.

표 37 물류산업의 취업에 대한 전방연관효과

번 호	산업 분류	1990	1995	2000
6	인쇄, 출판 및 복제	1.47100	0.71400	0.53680
9	비금속광물제품	2.22900	1.30400	0.53600
5	목재 및 종이제품	1.52700	0.75500	0.39740
4	섬유 및 가죽제품	0.99000	0.54800	0.39440

번 호	산업 분류	1990	1995	2000
16	가구 및 기타 제조업제품	1.43400	0.79500	0.38380
12	일반기계	1.09700	0.60900	0.34500
11	금속제품	1.16300	0.65300	0.33910
8	화학제품	1.25300	0.60800	0.33820
9	제1차 금속	1.25700	0.58300	0.33120
14	정밀기기	1.09900	0.55500	0.32520
15	수송장비	0.92400	0.47100	0.31530
3	음식료품	1.04600	0.58800	0.31190
13	전기, 전자기기	1.02500	0.48000	0.20640
7	석유 및 석탄제품	1.10500	0.24500	0.10450

(2) 물류산업의 후방연관효과

물류산업의 수입에 대한 후방연관효과는 물류산업의 최종수요가 한 단위 증가했을 경우 전체 산업 부문의 수입유발효과를 나타내는 것이다. 즉 물류산업의 최종수요가 한 단위 증가하면 1990년 경우 광산품은 0.065만큼 수입이 유발된다는 뜻이다.

산업별로 살펴보면 물류산업에 영향을 받는 석유, 수송장비 등이 여전히 높은 연관관계를 보여주고 있으며, 전기, 전자기기 산업이 물류산업의 성장에 따른 수입유발효과가 높게 나왔다는 점이 흥미롭다. 또한 물류산업의 투입 후방연관효과와 관련하여 상위 4개 산업이 동일하게 나타나고 있어 수입의 후방연관효과는 투입의 후방연관효과가 관계가 깊다.

표 38 물류산업의 수입에 대한 후방연관효과

번 호	산업 분류	1990	1995	2000
7	**석유 및 석탄제품**	0.05922	0.05027	0.06156
15	**수송장비**	0.00756	0.00967	0.01320
8	화학제품	0.00992	0.00742	0.00544
13	**전기, 전자기기**	0.00411	0.00338	0.00469
9	제1차 금속	0.00541	0.00328	0.00283
12	일반기계	0.00361	0.00320	0.00245
11	**금속제품**	0.00077	0.00105	0.00102
5	목재 및 종이제품	0.00170	0.00144	0.00100
14	정밀기기	0.00091	0.00075	0.00097
3	음식료품	0.00217	0.00078	0.00084
4	섬유 및 가죽제품	0.00070	0.00078	0.00069
6	**인쇄, 출판 및 복제**	0.00022	0.00074	0.00068
9	비금속광물제품	0.00044	0.00025	0.00022
16	가구 및 기타 제조업제품	0.00024	0.00015	0.00017

물류산업의 취업에 대한 후방연관효과는 물류산업의 최종수요 증가가 전체 산업 부문에 파생시키는 취업유발효과를 보여주고 있다. 따라서 연관효과가 큰 산업일수록 물류산업의 영향을 많이 받는 산업이라고 할 수 있다.

산업별로 보면, 취업에 대한 전방연관효과와 유사하게 전반적이고 지속적으로 감소 추이를 보이고 있으며, 경공업 부문인 인쇄, 출판 및 복제 산업, 섬유 및 가죽제품 산업의 취업이 물류산업에 영향을 받고 있다.

표 39 물류산업의 취업에 대한 후방연관효과

번 호	산업 분류	1990	1995	2000
15	수송장비	1.06700	0.37200	0.18120
8	화학제품	0.68400	0.29500	0.08950
6	인쇄, 출판 및 복제	0.21400	0.14400	0.06990
11	금속제품	0.19600	0.06200	0.04750
7	석유 및 석탄제품	0.33100	0.11100	0.04640
12	일반기계	0.22000	0.07300	0.04060
13	전기, 전자기기	0.24500	0.08700	0.03640
4	섬유 및 가죽제품	0.23200	0.07700	0.03540
5	목재 및 종이제품	0.19500	0.06100	0.03170
3	음식료품	0.27100	0.09200	0.02350
16	가구 및 기타 제조업제품	0.27800	0.03700	0.01970
9	제1차 금속	0.17500	0.04100	0.01770
9	비금속광물제품	0.10700	0.02600	0.01060
14	정밀기기	0.04400	0.01800	0.01020

3) 산업별 물류비 분석

기업의 입장에서 볼 때 물류비 비중이 높을 경우 물류비 절감을 위해 효율적인 물류관리전략을 구사하게 된다. 따라서 물류비 비중이 클수록 거래비용 감소와 물류비 절감을 위해 연관산업과 집적지를 형성할 유인이 커지며, 물류클러스터 배후지에 입지할 가능성도 커진다.

산업별 국내 총 물류비 비중은 순수 국내에서 생산 또는 수요를 하기 위해 투입되는 전체 물류비를 도출하기 위해서 총산출에서 수출 부문을 제외하고 대신 수입 부문을 합산하여 각 산업의 국내 총 공급을 구하고, 물류비에 있어서도 수출 시 투입되는 물류비를 제외한 국내물류비만을 사용한다.

따라서 산업별 국내 총 물류비 비중을 이용하면 산업별로 실제 국내 산업활동에서 소요되는 물류비의 비중을 알 수 있기 때문에 물류비 비중이 클수록 물류클러스터 배후지 입지 유인이 발생할 수 있다.

산업별로는 비금속광물제품 산업의 비중이 높게 나왔으며, 그 외에는 주로 경공업의 비중이 높다. 섬유 및 가죽제품을 제외하고는 전체적으로 감소하는 추이를 보이고 있는데, 이는 기업들의 생산비 절감을 위한 국내물류비의 절감 노력의 일환으로 보인다.

표 40 산업별 국내 총공급에 대한 물류비 비중

번 호	산업 분류	1990	1995	2000
9	비금속광물제품	0.03394	0.03642	0.02094
4	**섬유 및 가죽제품**	**0.01435**	**0.01602**	**0.01933**
6	인쇄, 출판 및 복제	0.02053	0.01528	0.01896
16	가구 및 기타 제조업제품	0.02485	0.0229	0.0148
5	목재 및 종이제품	0.01877	0.01622	0.01281
7	석유 및 석탄제품	0.01989	0.01342	0.0114
11	금속제품	0.01283	0.01433	0.01091
15	수송장비	0.00972	0.00841	0.01064
3	음식료품	0.01124	0.01192	0.00957
10	제1차 금속	0.01068	0.00954	0.00892
12	일반기계	0.00749	0.00909	0.00877
13	전기, 전자기기	0.01381	0.01332	0.00792
14	정밀기기	0.0038	0.00597	0.00562
8	화학제품	0.01136	0.00717	0.00556

* 각 산업별 국내 총 물류비 비중: (생산원가적 운임＋화물운임) / (총공급계－수출)

각 산업별 수출액 대비 수출물류비 비중을 구하기 위해 실제 생산자가격평가표에서 수출액과 화물운임표에서 수출에 소요되는 운임을 사용하여, 각 산업별로 수출에 있어서 수출물류비가 어느 정도 소요되는가를 확인할 수 있다.

산업별로 살펴보면, 국내물류비 비중이 높았던 비금속광물제품 산업은 수출물류비 비중도 높게 나타나고 있는데 이는 제품의 특성상 항공운송을 활용하기 때문으로 유추할 수 있다. 그러나 전기, 전자기기, 정밀기기 등도 항공운송 활용 비중이 높을 것으로 예상되나, 단가 대비 운송비 비중이 작기 때문에 수출물류비 비중이 낮은 것을 보인다.

표 41 각 산업별 수출액 대비 수출물류비 비중

번 호	산업 분류	1990	1995	2000
9	비금속광물제품	0.02768	0.06793	0.04828
8	**화학제품**	0.00718	0.02912	0.03053
5	목재 및 종이제품	0.01843	0.02445	0.01958
4	**섬유 및 가죽제품**	0.00724	0.00930	0.01557
11	금속제품	0.03708	0.03699	0.01420
9	**제1차 금속**	0.00795	0.01305	0.01374
3	**음식료품**	0.00821	0.01095	0.01242
16	가구 및 기타 제조업제품	0.00000	0.01291	0.01194
13	**전기, 전자기기**	0.00035	0.01120	0.01139
7	석유 및 석탄제품	0.03993	0.01215	0.01053
6	**인쇄, 출판 및 복제**	0.00627	0.00787	0.01001
12	일반기계	0.06263	0.01056	0.00832
14	정밀기기	0.02762	0.01025	0.00563
15	수송장비	0.00560	0.00699	0.00543

* 각 산업별 수출액 대비 수출물류비 비중: 수출 운임 / 수출액

산업별 수출포함 국내 총 물류비 비중은 산업별 국내 총 물류비

와 수출물류비를 통해 각 산업별로 무역활동과 국내 산업활동이 모두 포함된 전체 산업활동에서 발생하는 총 물류비를 구할 수 있으며, 이를 통해 각 산업별 산업활동에서 발생하는 총 물류비 비중을 알 수 있다. 산업별로 보면 비금속광물제품 산업, 인쇄, 출판 및 복제 산업, 섬유 및 가죽 산업 등이 산업활동 시 물류비 비중이 높게 나타났다.

표 42 산업별 수출포함 국내 총 물류비 비중

번 호	산업 분류	1990	1995	2000
9	비금속광물제품	0.03363	0.03731	0.02244
6	인쇄, 출판 및 복제	0.02033	0.01515	0.01866
4	**섬유 및 가죽제품**	**0.01129**	**0.01333**	**0.01775**
16	가구 및 기타 제조업제품	0.01367	0.02085	0.01411
5	목재 및 종이제품	0.01875	0.01669	0.01349
11	금속제품	0.01792	0.01756	0.01135
7	석유 및 석탄제품	0.02138	0.01323	0.01124
8	화학제품	0.01092	0.00934	0.01025
3	음식료품	0.01113	0.01188	0.00970
9	제1차 금속	0.01038	0.00991	0.00958
13	**전기, 전자기기**	**0.00886**	**0.01253**	**0.00922**
15	수송장비	0.00916	0.00808	0.00870
12	일반기계	0.01069	0.00923	0.00870
14	정밀기기	0.00584	0.00645	0.00562

* 각 산업별 수출포함 총 물류비 비중: (생산원가적 운임+화물운임+수출 운임) / 총공급계

산업별 수출물류비 비중은 전술한 무역활동포함 총 물류비에서 실제 수출물류비가 차지하는 비중으로서, 수출물류비 비중이 높다는

의미는 국내물류비 비중이 상대적으로 낮다는 의미이다. 또한 해당 산업의 무역의존도를 유추할 수도 있다. 즉 산업별 전체 물류비에서 수출에 소요되는 물류비의 비중을 살펴보는 것으로, 우리나라 주력 수출산업이 상위 순위를 차지하고 있다는 점을 볼 때 이를 확대 해석하면 해당 산업의 수출의존도를 유추할 수 있다.

산업별로 살펴보면, 화학제품 산업, 전기 및 전자기기 산업 등의 수출물류비 비중이 높게 나타나고 있다.

표 43 산업별 총 물류비 대비 수출물류비 비중

번 호	산업 분류	1990	1995	2000
8	화학제품	0.06969	0.30846	0.56001
13	전기, 전자기기	0.01454	0.33496	0.46121
4	섬유 및 가죽제품	0.27648	0.27946	0.36860
15	수송장비	0.08319	0.19767	0.23200
16	가구 및 기타 제조업제품	0.00000	0.12730	0.20483
9	제1차 금속	0.08390	0.13539	0.19807
7	석유 및 석탄제품	0.13831	0.13980	0.17339
11	금속제품	0.43392	0.30020	0.16931
12	일반기계	0.34031	0.10747	0.14847
5	목재 및 종이제품	0.05383	0.08476	0.14575
14	정밀기기	0.40500	0.17889	0.13662
9	비금속광물제품	0.04089	0.05121	0.11816
3	음식료품	0.02706	0.03609	0.05762
6	인쇄, 출판 및 복제	0.00435	0.00901	0.01783

* 수출물류비 비중: 수출화물운임 / 산업별 전체 물류비

3. 무역 연관효과 분석

산업연관표의 외생부문인 최종수요 부문의 수출과 수입에 대한 연관효과를 분석하도록 하겠다. 특히 경제자유구역 내 위치할 물류클러스터는 국내물류기능보다는 오히려 수출입물류기능이 중요시되고 있다. 따라서 물류클러스터 배후적합산업을 도출하는 데 있어 산업의 무역 부문에 대한 연관효과 분석이 필요하다.

1) 산업별 무역 연관효과 분석

산업별 무역 연관효과는 산업별 산출 대비 무역비중에 대한 분석과 전 산업의 무역총액 대비 산업별 비중에 대한 분석으로 나누어 볼 수 있다. 산업별 산출 대비 무역비중에 대한 분석은 특정 산업의 실제 무역액이 높지 않더라도 해당 산업의 총산출이 적고 무역액이 상대적으로 많을 경우 무역특화도가 높게 나온다는 문제점이 있다.

따라서 이러한 문제를 해결하기 위해서 전 산업의 무역총액 대비 산업별 비중에 대한 분석을 함으로써 실제 개별 산업의 산출규모와 무역규모까지 고려한 무역 연관효과를 분석할 수 있다.

전술한 바와 같이 무역의존도를 도출하기 위해 산업별 산출 대비 무역비중만을 사용할 경우 문제점을 고려하여 산업별로 무역의존도와 무역비중 각각에 대해 살펴보았다.

산업별 무역의존도를 살펴보면 일반기계, 금속제품을 제외하고는 전반적으로 꾸준히 증가하는 추세를 보이고 있다. 또한 전 산업 무역액 대비 산업별 무역액을 나타내는 무역비중을 살펴보면 우리나라 무역구조를 쉽게 알 수 있다. 즉 우리나라 무역에서 비중이 가장 높

은 산업은 전기전자기기 산업이며, 전기전자기기, 수송장비, 석유 및
석탄제품은 반도체, 컴퓨터, 자동차산업의 지속적 증가로 인해 무역
이 증가하는 추세이다.

전반적으로 무역비중이 높은 산업이 높은 무역의존도를 보이고 있
으나, 정밀기기는 전체 무역규모는 낮지만 수입의존도가 높기 때문
에 산업에서 차지하는 무역의존도도 높다.

표 44 산업별 무역의존도

번 호	산업 분류	1990	1995	2000
14	정밀기기	1.40276	1.59464	1.66294
13	전기, 전자기기	0.70601	0.74216	0.86957
12	일반기계	0.71184	0.76815	0.67559
4	섬유 및 가죽제품	0.56550	0.64394	0.66275
16	가구 및 기타 제조업제품	0.41914	0.41577	0.52156
15	수송장비	0.27615	0.38744	0.51907
8	화학제품	0.40226	0.41905	0.44265
10	제1차 금속	0.36413	0.39390	0.43688
7	석유 및 석탄제품	0.40211	0.41848	0.43279
5	목재 및 종이제품	0.30471	0.34785	0.36789
11	금속제품	0.25819	0.22041	0.22816
3	음식료품	0.14357	0.16772	0.20204
9	비금속광물제품	0.14610	0.11297	0.16384
6	인쇄, 출판 및 복제	0.07019	0.07658	0.10831

*산업별 무역의존도＝(각 산업의 수출액＋각 산업의 수입액) / 각 산업의 총산출액

표 45 산업별 무역비중

번 호	산업 분류	1990	1995	2000
0013	**전기, 전자기기**	0.16860	0.20310	0.25978
0008	화학제품	0.09529	0.09326	0.08229
0015	**수송장비**	0.05513	0.07813	0.08124
0004	섬유 및 가죽제품	0.14270	0.09259	0.06516
0012	일반기계	0.08489	0.09502	0.06112
0010	제1차 금속	0.07127	0.06815	0.05286
0007	**석유 및 석탄제품**	0.03063	0.03224	0.04825
0003	음식료품	0.03787	0.02909	0.02504
0014	정밀기기	0.02224	0.02920	0.02374
0005	목재 및 종이제품	0.01827	0.01878	0.01301
0016	가구 및 기타 제조업제품	0.01969	0.01369	0.01094
0011	금속제품	0.01428	0.01496	0.01005
0009	비금속광물제품	0.01040	0.00743	0.00590
0006	인쇄, 출판 및 복제	0.00205	0.00242	0.00225

* 산업별 무역비중 = 산업별 무역액 / 전 산업 무역액

2) 산업별 수출 연관효과 분석

(1) 산업별 수출의존도 분석

특정 산업의 총생산(전 산업의 수출총액)에서 수출이 차지하는 비중을 알 수 있는 산업별 수출에 관한 비중을 수출의존도와 산업별 비중으로 각각 구하였다. 수출의존도(산업별 비중)가 높다는 것은 국내에서 생산된 상품이 해외에 중간재나 소비, 투자 등 최종재로 수출되는 비율이 높다는 것을 의미한다.

산업 내에서 수출의존도가 높은 산업은 전기전자기기, 섬유 및 가죽제품 산업 순이다. 우리나라의 수출구조를 보여주는 수출비중을

보면, 수출을 주도하는 산업별 비중이 높은 산업으로는 전기전자기기 산업으로서 전체 수출에서 30.5%를 차지하고 있다. 섬유 및 가죽제품을 제외하고는 전반적으로 수출의존도가 증가하는 산업은 수출비중 또한 증가하는 모습을 보여주고 있다.

표 46 산업별 수출의존도

번 호	산업 분류	1990	1995	2000
0013	**전기, 전자기기**	0.41642	0.47469	0.50804
0004	**섬유 및 가죽제품**	0.47281	0.47024	0.49196
0015	**수송장비**	0.17471	0.25804	0.41193
0014	정밀기기	0.32402	0.26247	0.31973
0016	가구 및 기타 제조업제품	0.32950	0.24141	0.29655
0007	**석유 및 석탄제품**	0.09898	0.12770	0.22679
0008	**화학제품**	0.13407	0.18750	0.22523
0012	**일반기계**	0.09939	0.15183	0.22506
0010	제1차 금속	0.13450	0.12991	0.17441
0011	금속제품	0.16954	0.15222	0.14641
0005	**목재 및 종이제품**	0.06735	0.07373	0.12481
0009	비금속광물제품	0.05270	0.03045	0.06059
0003	**음식료품**	0.04024	0.04400	0.05175
0006	인쇄, 출판 및 복제	0.02799	0.01834	0.03564

* 산업별 수출의존도 = 각 산업의 수출액 / 각 산업의 총산출액

표 47 산업별 수출비중

번 호	산업 분류	1990	1995	2000
0013	**전기, 전자기기**	0.20782	0.27566	0.30536
0015	**수송장비**	0.07289	0.11042	0.12971
0004	섬유 및 가죽제품	0.24934	0.14347	0.09731
0008	화학제품	0.06637	0.08855	0.08424

번 호	산업 분류	1990	1995	2000
0007	**석유 및 석탄제품**	0.01575	0.02087	0.05086
0010	제1차 금속	0.05501	0.04769	0.04246
0012	**일반기계**	0.02477	0.03985	0.04097
0011	금속제품	0.01960	0.02192	0.01298
0003	음식료품	0.02218	0.01620	0.01290
0016	가구 및 기타 제조업제품	0.03234	0.01686	0.01252
0014	정밀기기	0.01074	0.01020	0.00918
0005	목재 및 종이제품	0.00844	0.00845	0.00888
0009	비금속광물제품	0.00784	0.00425	0.00439
0006	인쇄, 출판 및 복제	0.00171	0.00123	0.00149

* 산업별 수출비중 = 산업별 수출액 / 전 산업 수출액

(2) 수출수요 항목별 생산유발효과 분석

최종수요 항목 중 하나인 수출에 대해서 생산유발효과를 나타내는 것으로, 최종수요인 수출 한 단위 증가 시 특정 산업의 생산유발효과를 의미한다. 즉 수출 한 단위 증가할 경우 2000년 기준으로 전기, 전자기기 산업의 생산은 0.395 단위 유발된다는 의미이다.

산업의 수출에 대한 생산유발효과가 클수록 국가 전체적으로 수출이 증가할수록 해당 산업의 생산이 증가하는 경향을 보여서 산업별 수출비중과 유사한 패턴이며, 이는 후술할 취업유발효과와도 연관이 깊다. 산업별로 살펴보면, 전반적으로 전기전자기기, 수송장비, 섬유 및 가죽제품 산업 등 수출의존도가 높은 산업일수록 수출에 대한 생산유발효과도 높게 나타나는 것을 알 수 있다.

표 48 수출수요 항목별 생산유발효과

번 호	산업 분류	1990	1995	2000
13	**전기, 전자기기**	0.26984	0.35486	0.39516
8	**화학제품**	0.19496	0.20249	0.20339
15	**수송장비**	0.10408	0.15290	0.18490
9	제1차 금속	0.17670	0.15259	0.14038
4	섬유 및 가죽제품	0.38051	0.18954	0.13596
7	**석유 및 석탄제품**	0.05204	0.05223	0.09647
12	**일반기계**	0.04580	0.06405	0.07005
11	금속제품	0.03280	0.03761	0.03118
3	음식료품	0.05560	0.04491	0.02879
5	목재 및 종이제품	0.03634	0.03119	0.02786
9	비금속광물제품	0.02654	0.02249	0.01806
16	가구 및 기타 제조업제품	0.03847	0.02116	0.01644
14	정밀기기	0.01462	0.01395	0.01462
6	인쇄, 출판 및 복제	0.00832	0.00947	0.00775

수출의 생산유발의존도는 전체 최종수요 생산유발효과에서 수출수요 항목이 차지하는 비중을 나타내는 것이며, 즉 해당 산업의 생산유발에 대한 수출의존도를 의미한다고 할 수 있다. 예를 들어 2000년 기준으로 섬유 및 가죽제품 산업의 최종수요가 한 단위 발생할 경우 수출로 인해 발생한 비중이 0.69 단위라는 의미이다.

산업별로 살펴보면 섬유 및 가죽제품의 수출에 대한 생산유발의존도가 가장 높게 나오며, 전기전자기기, 수송장비, 화학제품, 일반기계, 인쇄·출판 및 복제는 지속적인 증가 추이를 보이고 있다.

표 49 수출수요 항목 생산유발의존도

번 호	산업 분류	1990	1995	2000
0004	섬유 및 가죽제품	0.72153	0.62123	0.68738
0013	**전기, 전자기기**	0.54070	0.61108	0.65745
0015	**수송장비**	0.24947	0.35733	0.58723
0010	제1차 금속	0.43201	0.41566	0.57661
0008	**화학제품**	0.39383	0.42878	0.54380
0014	정밀기기	0.44125	0.35895	0.50897
0007	석유 및 석탄제품	0.32691	0.31954	0.43011
0005	목재 및 종이제품	0.29006	0.27229	0.39153
0016	가구 및 기타 제조업제품	0.39196	0.30293	0.38929
0012	**일반기계**	0.18379	0.24400	0.38485
0011	금속제품	0.28375	0.26119	0.35173
0009	비금속광물제품	0.17850	0.16125	0.24923
0006	**인쇄, 출판 및 복제**	0.13603	0.14108	0.18542
0003	음식료품	0.10087	0.12201	0.11547

* 의존도 = 수출수요에 대한 생산유발효과 / 전체 최종수요에 대한 생산유발효과

(3) 수출수요 항목 수입유발효과 분석

수출수요 항목 수입유발효과 분석은 수출수요가 한 단위 증가할 경우 특정 산업 부문에 있어 수입유발효과를 보여주는 것으로, 수입유발효과가 높은 산업일수록 원자재, 자본재의 국산화율이 낮아서 수출의 증가가 곧 수입의 증가를 유발한다는 의미로서, 산업 내 무역과도 연관 지어 유추해 볼 수 있다.

산업별로 보면, 전기, 전자기기, 화학제품, 석유 및 석탄제품 산업 등이 수출을 위한 수입유발효과가 높게 나왔으며, 전기전자기기, 석유 및 석탄제품, 정밀기기, 금속제품은 지속적인 증가 추세를 보이고 있다.

표 50 수출수요 항목 수입유발효과

번 호	산업 분류	1990	1995	2000
13	**전기, 전자기기**	0.05372	0.06541	0.10841
8	화학제품	0.05094	0.04366	0.03876
9	제1차 금속	0.03513	0.03781	0.03308
7	**석유 및 석탄제품**	0.01125	0.01309	0.01898
4	섬유 및 가죽제품	0.02975	0.02228	0.01398
12	일반기계	0.01061	0.01438	0.01128
15	수송장비	0.00381	0.00752	0.00744
5	목재 및 종이제품	0.00835	0.00741	0.00561
14	**정밀기기**	0.00359	0.00379	0.00542
3	음식료품	0.01658	0.00667	0.00534
9	비금속광물제품	0.00276	0.00303	0.00247
11	**금속제품**	0.00188	0.00226	0.00239
16	가구 및 기타 제조업제품	0.00088	0.00087	0.00073
6	인쇄, 출판 및 복제	0.00017	0.00053	0.00053

수출수요 항목 수입유발의존도는 전체 최종수요에 대한 수입유발 효과에서 수출수요 항목이 차지하는 비중을 나타내는 것이며, 즉 해당 산업의 수입유발에 대한 수출의존도를 의미한다고 할 수 있다.

표 51 수출수요 항목 수입유발의존도

번 호	산업 분류	1990	1995	2000
0010	**제1차 금속**	0.37398	0.39012	0.51764
0013	**전기, 전자기기**	0.37172	0.42111	0.49893
0008	**화학제품**	0.38368	0.39925	0.47668
0004	섬유 및 가죽제품	0.60855	0.42040	0.41385
0007	**석유 및 석탄제품**	0.23316	0.27545	0.41089
0009	**비금속광물제품**	0.19834	0.26350	0.33055

번 호	산업 분류	1990	1995	2000
0011	**금속제품**	0.18376	0.23050	0.32904
0005	목재 및 종이제품	0.28078	0.23599	0.32440
번 호	산업 분류	1990	1995	2000
0015	**수송장비**	0.09003	0.13576	0.22058
0006	**인쇄, 출판 및 복제**	0.06553	0.13430	0.17449
0003	음식료품	0.29105	0.14638	0.14241
0014	정밀기기	0.10033	0.07323	0.14046
0012	**일반기계**	0.06949	0.08888	0.13750
0016	가구 및 기타 제조업제품	0.09997	0.07177	0.07675

* 의존도＝수출수요에 대한 수입유발효과 / 전체 최종수요에 대한 수입유발효과

(4) 수출수요 항목 부가가치유발효과 분석

수출수요 항목 부가가치유발효과 분석은 수출수요 증가에 따른 부가가치유발효과를 보여주는 표로서, 전반적으로 수출의존도가 높은 전기전자기기, 화학제품 등이 유발효과가 높은 것으로 나타난다.

표 52 수출수요 항목 부가가치유발효과

번 호	산업 분류	1990	1995	2000
13	전기, 전자기기	0.07131	0.11939	0.10794
8	화학제품	0.05307	0.06081	0.05001
15	수송장비	0.03271	0.04578	0.04430
4	섬유 및 가죽제품	0.09104	0.05722	0.04040
7	**석유 및 석탄제품**	0.00860	0.01867	0.03163
9	제1차 금속	0.03552	0.03372	0.02961
12	일반기계	0.01508	0.02185	0.02152
11	금속제품	0.01085	0.01246	0.01074
3	음식료품	0.01351	0.01286	0.00778
5	목재 및 종이제품	0.00934	0.00918	0.00740

번 호	산업 분류	1990	1995	2000
9	비금속광물제품	0.01024	0.00831	0.00613
16	가구 및 기타 제조업제품	0.01272	0.00788	0.00559
14	정밀기기	0.00408	0.00459	0.00375
6	인쇄, 출판 및 복제	0.00314	0.00387	0.00242

수출수요 항목 부가가치유발의존도는 전체 최종수요에 대한 부가
가치유발효과에서 수출수요 항목이 차지하는 비중을 나타내는 것이
며, 즉 해당 산업의 부가가치유발에 대한 수출의존도를 의미한다고
할 수 있다.

표 53 수출수요 항목 부가가치유발의존도

번 호	산업 분류	1990	1995	2000
0004	섬유 및 가죽제품	0.72153	0.62123	0.68738
0013	전기, 전자기기	0.54070	0.61108	0.65745
0015	**수송장비**	**0.24947**	**0.35733**	**0.58723**
0010	제1차 금속	0.43201	0.41566	0.57661
0008	**화학제품**	**0.39383**	**0.42878**	**0.54380**
0014	정밀기기	0.44125	0.35895	0.50897
0007	석유 및 석탄제품	0.32691	0.31954	0.43011
0005	목재 및 종이제품	0.29006	0.27229	0.39153
0016	가구 및 기타 제조업제품	0.39196	0.30293	0.38929
0012	**일반기계**	**0.18379**	**0.24400**	**0.38485**
0011	금속제품	0.28375	0.26119	0.35173
0009	비금속광물제품	0.17850	0.16125	0.24923
0006	**인쇄, 출판 및 복제**	**0.13603**	**0.14108**	**0.18542**
0003	음식료품	0.10087	0.12201	0.11547

* 의존도 = 수출수요에 대한 부가가치유발효과 / 전체 최종수요에 대한 부가가치유발
효과

(5) 수출수요 항목 취업유발효과 분석

수출수요 항목 취업유발효과는 수출수요 증가에 대한 특정 산업 부문에 유발되는 취업인원에 대해 보여주고 있다. 전반적으로 수출 의존도가 높은 전기전자기기, 섬유 및 가죽제품, 수송장비, 화학제품 등에서 수출에 대한 취업유발효과가 높게 나타난다.

표 54 수출수요 항목 취업유발효과

번호	산업 분류	1990	1995	2000
13	전기, 전자기기	4.99500	3.48500	1.55220
4	섬유 및 가죽제품	15.40500	4.29200	1.48160
15	수송장비	1.45500	1.22000	0.77020
8	화학제품	0.17600	1.62800	0.74290
12	일반기계	1.89000	0.76900	0.50440
11	금속제품	1.27000	0.53700	0.33350
9	제1차 금속	1.59400	0.61900	0.27350
16	가구 및 기타 제조업제품	1.81400	0.48300	0.21920
5	목재 및 종이제품	0.94500	0.31200	0.17520
3	음식료품	0.85700	0.38900	0.13800
14	정밀기기	0.45200	0.21100	0.13360
9	비금속광물제품	0.68700	0.26400	0.11460
6	인쇄, 출판 및 복제	0.30500	0.18700	0.10220
7	석유 및 석탄제품	3.14300	0.06600	0.03300

수출수요 항목 취업유발의존도는 전체 최종수요 취업유발효과에서 수출수요 항목이 차지하는 비중을 나타내는 표이며, 즉 해당 산업의 취업유발에 대한 수출의존도를 의미한다고 할 수 있다.

특히 전술한 수출수요 항목 생산유발의존도와 거의 유사하게 나타나고 있다는 점에서 생산유발의존도와 취업유발의존도는 밀접한 관계가 있다.

표 55 수출수요 항목 취업유발의존도

번 호	산업 분류	1990	1995	2000
4	섬유 및 가죽제품	0.721613	0.621225	0.687377
13	**전기, 전자기기**	0.518175	0.611077	0.657453
15	**수송장비**	0.22315	0.357333	0.587232
10	제1차 금속	0.449675	0.415664	0.576614
8	**화학제품**	0.320222	0.428778	0.543802
14	정밀기기	0.442092	0.358954	0.508968
7	석유 및 석탄제품	0.388011	0.31954	0.430095
5	**목재 및 종이제품**	0.263308	0.272285	0.391536
16	가구 및 기타 제조업제품	0.366182	0.302927	0.389289
12	일반기계	0.277139	0.244004	0.384851
11	금속제품	0.328647	0.261193	0.351728
9	비금속광물제품	0.183142	0.161253	0.249236
6	인쇄, 출판 및 복제	0.153829	0.14108	0.185421
3	음식료품	0.103093	0.122007	0.115473

* 의존도 = 수출수요에 대한 취업유발효과 / 전체 최종수요에 대한 취업유발효과

3) 산업별 수입 연관효과 분석

(1) 산업별 수입의존도 분석

산업별 수입의존도는 특정 산업의 총생산(전 산업의 수입총액)에서 수입이 차지하는 비중을 알 수 있는 산업별 수입에 관한 비중을 수입의존도와 산업별 비중으로 각각 구할 수 있다. 수입의존도(산업별 비중)가 높다는 것은 국내에서 공급되는 상품이 해외에서 원자재 또는 중간재나 소비, 투자 등 최종재로 수입되는 비율이 높다는 것

을 의미한다.

또한 수출 주력 산업의 수입의존도가 높다는 것은 산업 내 무역이 활발하게 이루어지고 있다는 의미이며, 이는 수출수요 항목의 수입유발효과와도 연관이 있다. 산업 내에서 수입의존도가 높은 산업으로는 정밀기기, 일반기계, 전기전자기기 등 산업이 있다.

표 56 산업별 수입의존도

번 호	산업 분류	1990	1995	2000
0014	**정밀기기**	**1.07874**	**1.33217**	**1.34321**
0012	일반기계	0.61245	0.61632	0.45053
0013	전기, 전자기기	0.28959	0.26747	0.36152
0010	제1차 금속	0.22963	0.26399	0.26247
0005	목재 및 종이제품	0.23737	0.27411	0.24307
0016	가구 및 기타 제조업제품	0.08964	0.17436	0.22500
0008	화학제품	0.26819	0.23155	0.21742
0007	석유 및 석탄제품	0.30313	0.29079	0.20600
0004	섬유 및 가죽제품	0.09269	0.17370	0.17079
0003	음식료품	0.10333	0.12372	0.15029
0015	수송장비	0.10144	0.12940	0.10714
0009	비금속광물제품	0.09340	0.08252	0.10324
0011	금속제품	0.08865	0.06820	0.08175
0006	인쇄, 출판 및 복제	0.04220	0.05824	0.07266

* 산업별 수입의존도 = 각 산업의 수입액 / 각 산업의 총산출액

우리나라의 수입구조를 보여주는 산업별 수입비중을 보면, 수입을 주도하는 산업별 비중이 높은 산업으로는 산업별 수출비중이 가장 높았던 전기전자기기 산업이 수입비중도 가장 높게 나타났다.

표 57 산업별 수입비중

번 호	산업 분류	1990	1995	2000
0013	**전기, 전자기기**	0.13261	0.13843	0.21473
0012	일반기계	0.14005	0.14419	0.08104
0008	화학제품	0.12183	0.09746	0.08036
0010	제1차 금속	0.08618	0.08637	0.06315
0007	석유 및 석탄제품	0.04427	0.04237	0.04566
0014	정밀기기	0.03279	0.04614	0.03812
0003	음식료품	0.05227	0.04059	0.03703
0004	섬유 및 가죽제품	0.04485	0.04723	0.03338
0015	수송장비	0.03883	0.04935	0.03334
0005	목재 및 종이제품	0.02728	0.02799	0.01709
0016	가구 및 기타 제조업제품	0.00807	0.01086	0.00939
0009	비금속광물제품	0.01274	0.01026	0.00739
0011	금속제품	0.00940	0.00875	0.00716
0006	인쇄, 출판 및 복제	0.00237	0.00348	0.00300

(2) 산업별 수입에 대한 전방연관효과

산업별 수입에 대한 전방연관효과는 전 산업 부문이 최종수요가 한 단위씩 증가할 경우 특정 산업에서 유발되는 총수입 단위를 나타낸다. 예를 들어 2000년 전 산업 부문의 최종수요가 한 단위씩 증가할 경우 화학제품의 총수입유발은 0.671 단위이다.

산업별로 살펴보면, 기본적으로 수입의존도가 높은 산업들이 전방연관효과가 높게 나타나고 있으며, 제1차 금속, 화학제품 산업 순이다.

표 58 산업별 수입에 대한 전방연관효과

번 호	산업 분류	1990	1995	2000
9	제1차 금속	0.74809	0.72154	0.69723
8	화학제품	0.83364	0.67223	0.67129
13	전기, 전자기기	0.46136	0.43914	0.65205
5	목재 및 종이제품	0.41602	0.49703	0.42572
7	석유 및 석탄제품	0.31410	0.30332	0.37183
12	일반기계	0.28150	0.29818	0.22533
3	음식료품	0.22079	0.13872	0.20659
4	섬유 및 가죽제품	0.16725	0.20967	0.18556
14	정밀기기	0.17967	0.10730	0.13785
15	수송장비	0.09921	0.11252	0.09591
9	비금속광물제품	0.08013	0.06742	0.06817
11	금속제품	0.04793	0.04210	0.04744
16	가구 및 기타 제조업제품	0.02193	0.03457	0.03896
6	인쇄, 출판 및 복제	0.00783	0.01628	0.01938

(3) 산업별 수입유발에 대한 후방연관효과

각 산업별 수입유발에 대한 후방연관효과는 특정 산업의 국내 최종수요가 한 단위 증가 시 각 산업에 직·간접적으로 유발되는 총수입 단위를 나타낸 것으로 수입유발계수를 통해 알 수 있다. 따라서 특정 산업의 수입유발계수가 높다는 것은 해당 산업의 원자재 또는 부품의 수입의존도가 높다는 의미이다.

표 59 산업별 수입유발에 대한 후방연관효과

번 호	산업 분류	1990	1995	2000
7	석유 및 석탄제품	0.70089	0.56127	0.61595
13	전기, 전자기기	0.38063	0.34749	0.45922
9	제1차 금속	0.41719	0.39123	0.41975
5	목재 및 종이제품	0.42702	0.38191	0.38343
8	화학제품	0.36337	0.33796	0.38003
14	정밀기기	0.31779	0.22612	0.33889
4	섬유 및 가죽제품	0.34780	0.32681	0.31635
15	수송장비	0.26509	0.27874	0.30733
12	일반기계	0.29642	0.28107	0.29607
16	가구 및 기타 제조업제품	0.27656	0.26284	0.29134
11	금속제품	0.28415	0.26061	0.27979
9	비금속광물제품	0.20781	0.18078	0.21954
6	인쇄, 출판 및 복제	0.21580	0.19324	0.21581
3	음식료품	0.17260	0.18958	0.19615

4. 지역특화도 관련 분석

1) 산업별 對중국 무역비중

연구의 지역적 범위가 인천경제자유구역을 대상으로 하기 때문에 對중국과의 교역비중이 중요하다. 이는 인천경제자유구역의 경우 對중국 화물에 대한 인천국제공항과 인천항의 Sea & Air 복합운송이 활발하며, 인천항의 경우 대부분의 물동량 수요가 중국과의 교역에서 이루어지기 때문이다.

전반적으로 1990년에 비해 증가하였으며, 이는 1990년에는 중국과의 교역이 활발하지 못하였으나 이후 국교 수립 이후 교역은 꾸준히 증가하여 2000년의 경우 국가별 수출규모로 따지면 대중수출이 미국 다음으로 2위였으며, 2003년에는 미국을 제치고 1위가 되었다. 수입 부문에서도 이와 같은 증가세는 동일하여 2000년에 국가별 수입규모로 3위였다.

산업별로 살펴보면, 목재 및 종이제품, 인쇄·출판 및 복제, 수송장비를 제외하고는 전체적으로 꾸준한 수출증가세를 보이고 있으며, 수송장비의 경우 전체 수출규모는 크지만 중국으로의 수출은 높은 관세와 현지법인 설립 등으로 인해 규모가 작다.

표 60 대중수출비중

번 호	산업 분류	1990	1995	2000
8	화학제품	0.02647	0.20450	0.26352
5	목재 및 종이제품	0.07610	0.26736	0.22310
7	석유 및 석탄제품	0.00028	0.19315	0.19762
9	제1차 금속	0.01717	0.11053	0.18252
4	섬유 및 가죽제품	0.00940	0.11514	0.16893
12	일반기계	0.00944	0.14009	0.15207
11	금속제품	0.01933	0.08391	0.13355
9	비금속광물제품	0.03847	0.05278	0.13330
16	가구 및 기타 제조업제품	0.00173	0.06024	0.10177
13	전기, 전자기기	0.00552	0.02101	0.06190
3	음식료품	0.00299	0.02998	0.03335
14	정밀기기	0.00154	0.01234	0.03134
6	인쇄, 출판 및 복제	0.00550	0.03943	0.02744
15	수송장비	0.00111	0.01894	0.00789

* 산업별 對중국 수출비중 = 산업별 對중국 수출액 / 산업별 수출액

중국으로부터의 수입은 섬유 및 가죽제품, 가구 및 기타 제조업제품, 음식료품 등 주로 경공업 분야에서 높은 수입비중과 지속적인 상승 추세를 보이고 있다.

표 61 대중수입비중

번 호	산업 분류	1990	1995	2000
4	섬유 및 가죽제품	0.11040	0.26606	0.35603
16	가구 및 기타 제조업제품	0.04839	0.12209	0.24201
3	음식료품	0.10676	0.05566	0.17516
11	금속제품	0.03188	0.18363	0.14400
9	비금속광물제품	0.23836	0.09829	0.12130
9	제1차 금속	0.03826	0.07631	0.08565
13	전기, 전자기기	0.00186	0.02720	0.08155
8	화학제품	0.02736	0.04441	0.06042
5	목재 및 종이제품	0.00622	0.02520	0.05502
7	석유 및 석탄제품	0.03672	0.05847	0.05089
12	일반기계	0.00234	0.00480	0.02398
15	수송장비	0.00117	0.00285	0.02089
6	인쇄, 출판 및 복제	0.00060	0.00679	0.01658
14	정밀기기	0.00158	0.03306	0.01126

* 산업별 對중국 수입비중 = 산업별 對중국 수입액 / 산업별 수입액

2) 운송수단별 산업의 수출입 규모

각 산업은 생산한 재화의 고유의 특성으로 인해 수출입 운송에 있어서 항공운송을 이용할 것인가, 해상운송을 이용할 것인가를 선택하게 된다. 즉 반도체, 전기전자부품, 의류 등 경박단소형, 고부가가치형, 짧은 제품수명주기형 재화는 고가의 운송비를 감수하고서라도 항공운송을 선택하며, 반대로 기계류, 잡화, 원자재 같은 중후장대형 재화의 경우에는 해상운송을 활용한다. 따라서 이러한 운송수

단 선택에 대한 산업 간의 상이성으로 인해 물류비 절감과 물류 효율 향상 등을 고려할 때, 해당 운송수단을 운용하는 공항 또는 항만 인접지역에 입지를 하는 것이 유리하다.

본 연구에서는 공항, 항만을 통한 산업별 수출입 규모가 별도로 집계되고 있는 관세청의 수출입 통계를 활용하여 먼저 산업별 운송수단 이용도를 측정하여 운송수단별 입지에 대해 살펴보고, 인천항과 인천국제공항의 수출입 통계를 산업별로 분류를 하여 인천경제자유구역을 주된 국제물류의 거점으로 활용하기에 적합한 산업을 산업별 운송수단을 통해 고찰해 보고자 한다.

일반적으로 우리나라의 경우 육로를 통한 수출입운송이 불가능하므로 수출입물류의 방법은 항공운송과 해상운송 두 가지 경우밖에 없다. 따라서 해상운송의 비중은 (1-항공운송의 비중)으로 구할 수 있다. 즉 항공운송비중이 0.5 이상일 경우 해상운송보다 항공운송비중이 높다고 할 수 있다.

표 62 항공수출비중

번 호	산업 분류	1990	1995	2000
14	정밀기기	0.58767	0.65227	0.72298
13	전기, 전자기기	0.33812	0.57156	0.64276
6	인쇄, 출판 및 복제	0.31893	0.25568	0.55925
16	가구 및 기타 제조업제품	0.19359	0.14163	0.24993
4	섬유 및 가죽제품	0.10458	0.09909	0.11874
12	일반기계	0.08150	0.10590	0.10613
9	비금속광물제품	0.02609	0.06860	0.09945
8	화학제품	0.04201	0.03439	0.03767
15	수송장비	0.09526	0.05050	0.03017
11	금속제품	0.00546	0.00722	0.02181

번 호	산업 분류	1990	1995	2000
5	목재 및 종이제품	0.01639	0.01406	0.01217
3	음식료품	0.00852	0.01255	0.01148
9	**제1차 금속**	**0.00193**	**0.00240**	**0.00354**
7	석유 및 석탄제품	0.00002	0.00005	0.00001

* 항공수출비중 = 항공운송을 통한 수출금액 / 전체 수출금액

표 63 항공수입비중

번 호	산업 분류	1990	1995	2000
14	**정밀기기**	**0.76194**	**0.81433**	**0.85206**
13	**전기, 전자기기**	**0.67615**	**0.74337**	**0.82573**
6	**인쇄, 출판 및 복제**	**0.53937**	**0.56960**	**0.59949**
16	가구 및 기타 제조업제품	0.39688	0.39476	0.36609
12	**일반기계**	**0.14696**	**0.30498**	**0.31749**
15	수송장비	0.36694	0.31957	0.25380
9	**비금속광물제품**	**0.13233**	**0.20243**	**0.23965**
4	섬유 및 가죽제품	0.19313	0.25044	0.18794
8	**화학제품**	**0.08657**	**0.12694**	**0.17769**
11	**금속제품**	**0.03747**	**0.05041**	**0.08721**
3	**음식료품**	**0.02585**	**0.03184**	**0.03231**
9	**제1차 금속**	**0.01028**	**0.01424**	**0.01638**
5	**목재 및 종이제품**	**0.00727**	**0.00899**	**0.01368**
7	석유 및 석탄제품	0.00331	0.00052	0.00052

* 항공수입비중 = 항공운송을 통한 수입금액 / 전체 수입금액

3) 산업 내 무역 분석

경제자유구역을 우선적으로 동북아 3국을 배후시장으로 하는 물류의 지역거점으로 가정할 때, 한중일 3국 간의 산업 내 무역이 활발

한 산업일수록 다국적 기업의 지역거점을 유치하는 데 강점으로 부각될 수 있을 것이다. 이를 분석하기 위해 산업별 3국 간의 산업 내 무역은 Grubel-Lloyd의 산업 내 무역지수를 사용하며, GL 지수는 양국 간 특정 산업의 총 교역액 중에서 산업 내 무역이 차지하는 비중을 나타낸 것으로 0과 1 사이의 값을 가지며, 1에 가까울수록 산업 내 무역이 활발하고 양국의 산업이 상호 긴밀한 보완관계에 있음을 의미한다.

표 64 한일 GL 지수

번 호	산업 분류	1990	1995	2000
5	목재 및 종이제품	0.74491	0.54373	0.84078
16	가구 및 기타 제조업제품	0.43941	0.63314	0.77155
13	전기, 전자기기	0.60421	0.66914	0.76344
11	금속제품	0.92500	0.83597	0.71997
9	비금속광물제품	0.64556	0.27669	0.64617
9	제1차 금속	0.98322	0.85342	0.63751
6	인쇄, 출판 및 복제	0.67604	0.62923	0.56932
15	수송장비	0.25512	0.21848	0.56653
4	섬유 및 가죽제품	0.39588	0.41609	0.48266
3	음식료품	0.21230	0.47082	0.46865
8	화학제품	0.39196	0.38867	0.45301
12	일반기계	0.12124	0.12370	0.23199
14	정밀기기	0.56033	0.34842	0.15202
7	석유 및 석탄제품	0.95631	0.78995	0.12904

표 65 한중 GL 지수

번 호	산업 분류	1990	1995	2000
13	전기, 전자기기	0.37186	0.88385	0.94263
9	비금속광물제품	0.13795	0.33786	0.92891
16	가구 및 기타 제조업제품	0.25499	0.83812	0.83496
11	금속제품	0.52868	0.49178	0.80267
4	섬유 및 가죽제품	0.56146	0.89081	0.78235
6	인쇄, 출판 및 복제	0.26891	0.50924	0.77947
14	정밀기기	0.93355	0.36139	0.76601
5	목재 및 종이제품	0.65815	0.59162	0.68083
9	제1차 금속	0.54772	0.96950	0.66173
15	수송장비	0.79681	0.13659	0.60421
12	일반기계	0.90348	0.19649	0.37988
8	화학제품	0.65193	0.42529	0.33812
7	석유 및 석탄제품	0.00355	0.74308	0.30140
3	음식료품	0.02485	0.29533	0.10361

4) 지역특화도 분석

입지계수(location quotient: LQ)는 어떤 지역의 산업에 대해 전국의 동일 산업에 대한 상대적인 중요도를 측정하는 방법으로서 그 산업의 상대적인 특화 정도를 나타낸 지수로서 이 계수를 이용하면 한 지역의 특화산업을 쉽게 분석할 수 있다. 따라서 입지계수는 경제기반 모형과 투입산출 모형 등의 지역경제분석 모형에서 기반(특화)산업과 비기반산업을 나누는 분류기준으로 널리 사용되고 있다.

입지계수의 의미는 전국의 산업구조를 가장 이상적인 것이라고 가정하고 전국의 산업구조와 특정 지역의 산업구조비를 비교하여 전국의 당해 산업구성비보다 특정 지역에서 구성비가 더 큰 경우 특화된

것으로 정의한다. 즉 LQ 지수는 1을 기준으로 하여 지역의 특화수
준을 분석하는데, 1보다 클 경우 J지역의 I산업은 전국 대비 특화되
어 있으며, 1일 경우 J지역의 I산업은 전국과 동일한 특화 정도이고,
1보다 작을 경우 상대적으로 특화가 이루어지지 않았다고 해석한다.

표 66 지역특화도

번 호	산업 분류	1990	1995	2000
6	인쇄, 출판 및 복제	1.53158	1.52456	1.54188
16	가구 및 기타 제조업제품	1.36276	1.42557	1.34242
13	**전기, 전자기기**	**1.27691**	**1.28935**	**1.30144**
14	정밀기기	1.20597	1.19280	1.21249
5	목재 및 종이제품	1.08628	1.09794	1.08215
4	섬유 및 가죽제품	1.05482	0.98921	1.06511
12	일반기계	1.21060	1.12846	1.03447
8	화학제품	1.14904	1.09241	1.01131
11	금속제품	1.02057	0.99619	0.98634
7	석유 및 석탄제품	0.87712	0.62643	0.74005
3	음식료품	0.83009	0.77115	0.73169
9	비금속광물제품	0.81566	0.76548	0.70829
9	제1차 금속	0.84771	0.71911	0.59496
15	수송장비	0.90249	0.66683	0.54634

* LQ_i = (수도권지역 i산업 종사자 수 / 수도권지역 총 종사자 수) / (전국 i산업 종사자 수 / 전국 총 종사자 수)

2절 적합산업 도출을 위한 실증분석

　물류클러스터 활성화를 위한 배후입지 적합산업 도출을 위한 분석 도구로서 요인분석과 군집분석을 사용하는데, 먼저 요인분석을 통해 물류클러스터 활성화를 위해 배후에 입지할 산업에 영향을 줄 수 있는 변수들을 요인군으로 정리를 하고, 각 요인군과 산업 간의 요인득점을 산출하여 이를 분석함으로써 요인군과 산업 간의 중요도를 확인한다. 이후 요인득점 데이터를 이용하여 1990년, 1995년, 2000년, 1990~2000년의 산업에 대한 군집분석을 실시하여 각 연도별 산업들의 군집 유형을 살펴보고 아울러 각 군집의 특성을 설명하고자 한다.

　또한 연도별로 산업의 전국 대비 수도권의 비중과 입지계수(LQ)를 통해 수도권에서의 산업집적 현황을 살펴보고, 이후 해당 연도의 군집 유형과 특성을 이용하여 산업집적의 특성을 살펴보고자 한다.

　마지막으로 본 연구의 궁극적 목적이라 할 수 있는 물류클러스터 배후입지 적합산업을 도출하기 위하여 적합산업 선정에 있어 몇 가지 기준을 제시하였으며, 해당 기준에 대한 분석을 통해 최종적으로 적합산업을 선정하였다. 적합산업 선정기준으로는 요인분석을 통해 확보한 요인점수 기준과 지역의 경쟁력, 사업체 수 기준과 종사자 수 기준을 이용한 입지계수, 중앙정부와 지자체의 정책의지를 사용하였다.

1. 요인분석 내용과 결과

1) 요인분석 내용

요인분석(factor analysis)이란 여러 개의 변수들이 서로 어떻게 연결되어 있는가를 분석하여 이들 변수 간의 관계를 공통요인을 이용하여 설명하는 분석기법으로서, 변수를 종속변수와 독립변수를 분리하지 않고 변수 전체를 대상으로 어떤 변수들끼리 서로 같은 분산의 구조를 가지고 있느냐를 살펴보아 이를 요인으로 분류하는 분석기법이다.

요인분석은 다음과 같은 목적을 위해 사용될 수 있는데, 첫째, 변수들 간의 관계가 서로 복잡하게 연결되어 있을 때 이를 변수들의 관계를 더욱 밀접한 상관관계를 보이는 몇 개의 요인으로 분류하여 변수들 간의 관계를 보다 간결하고 명확하게 해 준다. 둘째, 변수의 수가 너무 많아서 변수 간의 상호 관계를 분석하는 것이 불가능하거나, 해석상에 문제가 있을 때 요인분석을 통해 원래의 많은 변수 간의 관계 대신에 그보다 적은 몇 개의 요인으로 줄여 전체를 보다 효율적으로 분석할 수 있다. 셋째, 연구자의 목적이 변수들이 이루고 있는 원천적인 구조를 알고자 하는 데 있는 경우 연구대상 영역의 근본적 구조를 파악할 수 있게 해 준다. 넷째, 요인점수(factor score)를 이용하여 각 요인별로 변수들의 가중치를 구할 수 있기 때문에 적절한 가중치를 가진 새로운 표준화된 척도를 만들 수 있다. 다섯째, 요인분석에서 직각회전을 통해 얻은 요인점수들은 서로 독립적인 요인들이기에 다른 분석에 사용할 경우 다중공선성의 우려가 없어 자료를 변환시켜 다른 다변량 기법의 적용을 좀더 용이하게 하기

위해 사용될 수 있다.[3]

본 연구를 수행하기 위해 실시한 요인분석방법은 다음과 같다.

먼저 요인분석을 실시하기 전에 분석에 사용되는 자료가 적합한 것인가를 점검하는 요인분석의 적용 가능성 점검을 위해 여러 가지 방법 중 KMO와 Bartlett의 단위행렬 점검(Bartlett's test of sphericity) 방법[4]을 사용하였다. Bartlett의 단위행렬 점검방법은 요인분석에 이용될 변수들의 상관행렬이 단위행렬인지 아닌지, 즉 변수들이 서로 독립적인가를 점검하는 가장 손쉬운 방법으로서, 본 연구에서는 검정결과 유의수준이 .000으로서 유의수준 $\alpha \leq .01$에서도 단위행렬이 아니라는 충분한 증거를 보여주기에 요인분석을 적용하는 데 무리가 없다고 해석할 수 있다.

다음으로 KMO의 값을 살펴보면, KMO 값이 1에 가까울수록 요인분석에 적합한 변수들로 구성되어 있으며 최소 기준으로 0.5 이상을 요구하고 있는데 본 연구의 KMO 값인 0.475는 상대적으로 낮게 나와 분석의 적합성에 다소 손상이 예상된다.

표 67 요인분석의 적합성 검토

KMO와 Bartlett의 검정		
표준형성 적절성의Kaiser−Meyer−Olkin 측도		0.475
Bartlett의 구형성 검정	근사 카이제곱	2260.964
	자유도	406.000
	유의확률	0.000

---

3) 이영준, 『요인분석의 이해』, 도서출판 석정, 2002, pp.3−6 정리하였으며, 요인분석의 목적은 본 연구에 부합되는 목적만 별도로 정리하였다.
4) 자세한 결과는 부록의 표 4. 요인분석의 적합성 검토를 참조.

그러나 연구방법이 설문지를 통한 분석이 아니기 때문에 변수의 설정에 있어서 분석에 들어가기 전에 요인군에 대한 예측이 불가능하였다. 또한 연구의 목적이 물류클러스터 배후지역에 입지할 적합산업을 도출하는 것으로서 여기에 영향을 주는 입지요인을 기존 이론을 통해 선정하였기 때문에 요인분석의 적합성을 높이기 위한 변수의 제거 또는 통제는 결과를 해석하는 데 있어 부정적 영향을 줄 수가 있으므로 적합성에 다소 손상이 있더라도 그대로 진행하였다.

모든 변수를 대상으로 변수와 요인의 상관관계를 나타내 주는 최초요인행렬(initial unrotated factor matrix)을 추출하는 방법으로는 주대각성분 요인추출법(principal component extraction method)을 사용하였다. 이 방법은 각 변수의 분산을 요인공통분산, 변수고유분산, 잔차분산으로 세분화하지 않고 체계적 분산(요인공통분산과 변수고유분산)과 비체계적 분산(잔차분산)으로만 구분하고 체계적 분산 전부를 대상으로 하는 방법으로서, 변수의 수가 많고 연구목적이 변수의 체계적인 분산 전부를 대상으로 해야 하는 경우 가장 적절한 방법이다.

요인 수의 결정기준으로는 최소 고유값[5] 기준과 스크리 검정, 요인공통분산의 총분산에 대한 비율을 모두 고려하여 결정하였다. 즉 요인분석을 위하여 사용될 요인의 고유값은 적어도 1.0 이상은 되어야 하며, 스크리 도표상에서 지수함수분포의 형태에서 크게 벗어나는 지점에서 요인의 개수를 정하며, 마지막으로 각 변수의 고유값을 변수의 개수로 나누면 각 요인이 설명할 수 있는 요인공통분산의 총

---

5) 각각의 요인으로 설명할 수 있는 변수들의 분산의 총합으로 각 요인별로 모든 변수의 요인부하량을 제곱하여 더한 값이다. 먼저 추출된 요인의 고유값은 항상 다음 고유값보다 크다.

분산에 대한 비율을 나타내는데 이러한 비율이 최소한 전체의 75% 이상일 경우 요인의 개수를 선택하였다.

변수를 요인으로 분류하는 과정에서 요인으로 분류하는 데 장애가 되는 변수들이 있다면 분석에서 이를 제외해야 하는데, 제외시키는 첫 번째 기준은 요인공통분산이다. 즉 요인공통분산이 낮은 변수들이 포함되는 경우 고유값이 낮아지고, 요인분석의 신뢰도에도 영향을 주기 때문이다. 요인공통분산은 분석결과의 공통성(공통요인분산: communality)[6])에서 확인이 가능하며, 본 연구에서는 투입부가가치유발효과와 물류산업의 취업후방효과, 대중수출비중, 한중 GL 지수가 상대적으로 낮게 나오고 있으나 공통요인분산을 통한 요인분석 적합성 검정의 기준이 적어도 0.40 이상으로 사용되고 있기 때문에 제외하지 않기로 했다. 그러나 연구목적에 부합하는 변수의 선택을 위해 일부 변수는 연구자의 재량으로 제외하였다.

표 68 공통성(communality)

구 분	초 기	추 출
취업전방	1	0.8029
취업후방	1	0.8354
전방(감응도)	1	0.9213
후방(영향력)	1	0.8599
부가가치유발	1	0.9302
투입부가가치유발	1	0.6073
물류산업취업전방	1	0.9372
물류산업취업후방	1	0.5646
물류전방	1	0.9419
물류후방	1	0.9597

6) 자세한 결과는 부록의 표 5, 공통성을 참조.

구 분	초 기	추 출
물류투입전방	1	0.9579
물류투입후방	1	0.9789
물류수입전방	1	0.7973
물류수입후방	1	0.9702
국내총운임비중	1	0.9575
수출액대비 수출운임비중	1	0.8977
수출포함 총운임비중	1	0.9664
총운임대비 수출운임비중	1	0.8576
수출생산유발	1	0.9745
수출수입유발	1	0.9481
수출부가가치유발	1	0.9636
수출취업유발	1	0.7639
수입전방	1	0.9603
무역비중	1	0.9739
수출비중	1	0.9698
수입비중	1	0.8657
대중수출비중	1	**0.6332**
대중수입비중	1	0.7095
항공수출비중	1	0.8847
항공수입비중	1	0.9269
한일 GL 지수	1	0.7645
한중 GL 지수	1	**0.5659**
지역특화지수	1	0.6964

최초요인을 추출하고 요인의 수를 결정하여 확정된 수만큼의 요인을 추출한 다음 이를 보다 쉽게 해석하기 위해 성분행렬을 회전시키는데, 이를 위한 방법으로 직각회전방법 중에서 베리멕스회전(varimax rotation)을 사용하였다. 직각회전을 할 경우 요인 간의 상관계수가 0

이 되어 요인들이 서로 독립적이 되므로 요인분석의 결과를 다른 통계분석에 사용할 경우 다중공선성을 피할 수 있게 된다. 또한 베리멕스회전은 각 열마다 요인부하량7)이 높은 변수의 수를 최소화시키는 효과가 있으므로 요인분석의 목적이 각 요인들의 특성을 알고자 할 경우이거나 그 목적이 단순구조를 만들고자 할 경우에 유용한 방법이다.

실제 요인분석에 활용한 변수는 앞에서 설명한 변수 35개 중에서 6개를 제외한 29개의 변수를 사용하였다. 제외된 변수는 투입후방효과, 수입후방효과, 수출액대비 수출운임비중, 총운임대비 수출운임비중, 대중수출비중, 대중수입비중이다.

제외 이유는 투입후방효과와 수입후방효과는 각각 (1 - 부가가치유발효과)와 (1 - 투입부가가치유발효과)로 구할 수 있기 때문에 변수의 중복 우려가 있어 제외하였으며, 수출운임비중과 관련된 2개의 변수와 대중무역과 관련된 2개의 변수는 연구목적과 부합되지 않아 제외하였다. 수출운임비중의 경우 국내 산업의 집적 또는 클러스터입지 결정에 있어 중요한 거래비용(물류비) 절감과 별 관계가 없다. 또한 대중무역의 경우에는 해상운송은 인천항보다는 부산항을 통한 운송이 거의 대부분이며, 항공운송은 인천국제공항에서만 이루어지기 때문에 다른 국가와의 교역과 차별성이 없으므로 대중무역규모가 수도권입지 결정에는 그다지 중요한 변수가 될 수 없다.

각 변수마다 자료의 수는 산업연관표상의 제조업 분류인 14개만을 가지고 연도별로 분석을 해야겠지만, 그럴 경우 제대로 된 결과

---

7) 요인부하량이란 회전되지 않은 성분행렬의 변수와 요인간의 단순상관관계를 보여주기 때문에 어떤 요인들이 어떤 변수들과 가장 많은 관계를 갖고 있는가를 알 수 있는 계수로서, 이 값을 제곱하여 백분율로 나타내면 해당 요인에 의해 설명되는 변수의 분산의 비율을 나타낸다.

를 얻기가 힘들다. 일반적으로 요인분석을 적용하기 위해서는 적어도 각 변수마다 자료의 수가 50개 이상이 되어야 하며, 자료의 수가 많으면 많을수록 좋지만 적어도 변수의 개수의 두 배는 되어야 하기 때문이다. 따라서 요인분석 자체가 변수별 상관관계를 통해 분석을 하기 때문에 최대한 자료의 수를 늘리기 위해 3개 연도를 통합하여 총 42개의 케이스를 가지고 분석을 하였다. 이러한 시도에도 불구하고 여전히 기준에 못 미치는 것은 사실이지만 보다 많은 케이스를 확보하기 위해서는 제조업을 세분하여야 하는데, 이 경우 자료 획득의 어려움 등 현실적인 한계가 있다.

2) 요인 개수와 특성 분석

요인의 수를 결정하기 위해 설명된 총분산표를 이용하여 요인의 고유값이 1 이상이고, 설명된 분산비율이 75% 이상이며, 스크리 도표상에서 기울기의 변화가 심하게 나타난 곳을 기준으로 보았을 때, 요인의 수는 5개, 7개, 8개가 우선적으로 선정이 되지만, 요인의 수가 5개인 경우 설명된 분산비율이 75%를 겨우 넘기며, 8개인 경우 비록 고유값은 1보다 작지만 그 차이가 별로 없으며 설명된 분산비율도 90.5%로서 선정에는 문제가 없지만 요인의 해석상 다소 어려움이 존재하기 때문에 본 연구에서는 이러한 점을 감안하여 가장 적정한 요인 수로 7개를 선정하였으며, 이때 설명된 분산비율은 약 87%이다.

표 69 설명된 총분산

성분	초기 고유값			추출 제곱합 적재값			회전 제곱합 적재값		
구분	전체	% 분산	% 누적	전체	% 분산	% 누적	전체	% 분산	% 누적
1	8.49256	29.28469	29.28469	8.49256	29.28469	29.28469	5.789974	19.96543	19.96543
2	5.29696	18.26537	47.55006	5.296958	18.26537	47.55006	4.852702	16.73345	36.69888
3	3.61256	12.45712	60.00718	3.612564	12.45712	60.00718	4.32808	14.92442	51.6233
4	2.74188	9.454769	69.46194	2.741883	9.454769	69.46194	3.095136	10.67288	62.29618
5	2.42943	8.37733	77.83927	2.429426	8.37733	77.83927	3.079241	10.61807	72.91425
6	1.42427	4.911273	82.75055	1.424269	4.911273	82.75055	2.632236	9.076675	81.99092
7	1.29735	4.473635	87.2242	1.297354	4.473635	87.22418	1.517645	5.233259	87.22418
8	0.966967	3.334368	90.55855						
9	0.675271	2.32852	92.88707						
10	0.555867	1.916783	94.80385						

각 요인을 구성하는 변수들을 도출하기 위해서 성분행렬(요인형태
행렬: unrotated factor pattern matrix)의 요인부하량(factor loadings)을
살펴보면 되지만, 해석상의 간편함을 위해 회전된 성분행렬을 통해
각 요인의 구성변수들을 도출하였다.

표 70 회전된 성분행렬

구 분	1	2	3	4	5	6	7
수출비중	0.96948	−0.02500	−0.15291	0.11076	0.02803	−0.03873	0.03709
수출부가가치유발	0.96217	−0.05321	−0.14444	0.03261	0.00568	0.12298	−0.00325
수출생산유발	0.95526	−0.02665	−0.17650	−0.04626	0.05170	0.16335	0.05968
무역비중	0.92237	−0.04808	−0.20333	0.16327	−0.01241	0.22062	−0.06603
수출수입유발	0.80192	−0.08279	−0.10773	0.14285	−0.10091	0.50484	0.07540
수출취업유발	0.65784	0.01315	−0.05856	−0.13719	0.49202	−0.33216	0.17641
수입비중	0.64952	−0.06993	−0.23164	0.20352	−0.06506	0.54667	−0.20130
물류수입후방	−0.02252	−0.95951	−0.06137	−0.18505	−0.09865	−0.00442	−0.02133
물류투입후방	−0.03748	−0.95268	−0.09239	−0.18290	−0.08266	−0.09169	−0.10724
물류전방	0.00980	−0.89612	−0.15892	−0.26010	−0.02225	0.03976	−0.20139
후방(영향력)	−0.04060	0.88442	−0.16584	−0.14546	0.16955	−0.05983	−0.06259
부가가치유발	−0.21426	0.78977	0.15797	0.11255	0.06591	−0.29252	−0.36025

구 분	1	2	3	4	5	6	7
물류수입전방	−0.27729	0.60858	0.26778	0.06217	−0.46935	−0.19899	−0.00856
수출포함 총운임비중	−0.16052	−0.01785	0.94363	−0.12189	−0.00843	−0.16865	0.08798
물류투입전방	−0.28494	0.09336	0.92187	0.04203	0.07067	0.01286	0.00202
국내총운임비중	−0.08016	−0.01620	0.91878	−0.07551	0.10058	−0.26041	0.06614
물류후방	−0.26530	0.36644	0.83963	0.01189	0.19945	0.01981	−0.01226
항공수출비중	0.15281	0.11119	−0.12462	0.88794	−0.09844	−0.08721	0.04441
항공수입비중	0.20752	0.14896	−0.09879	0.87988	−0.05051	−0.16984	−0.09408
지역특화지수	−0.01116	0.18757	0.07763	0.80962	0.23455	−0.01248	0.12901
취업후방	0.11259	0.26469	0.18837	0.10337	0.87237	−0.04041	0.04560
취업전방	−0.06125	0.21212	0.09438	0.03252	0.82520	−0.25998	−0.06967
물류산업취업전방	−0.14117	0.07029	0.57217	0.02821	0.74939	0.15628	−0.01786
물류산업취업후방	0.07166	−0.19828	−0.14199	−0.09098	0.57877	0.13759	−0.34806
수입전방	0.37307	−0.13340	−0.16605	−0.17397	−0.07931	0.85173	0.13620
전방(감응도)	0.18826	−0.03033	−0.12007	−0.51397	−0.02210	0.76667	0.07945
투입부가가치유발	−0.21166	0.05894	0.39141	0.38470	−0.12689	−0.40278	−0.27090
한일 GL 지수	−0.04804	−0.06379	0.18689	−0.07608	−0.01410	0.12649	0.83879
한중 GL 지수	0.15276	0.16679	−0.19528	0.29951	−0.25457	0.00104	0.52418

* 요인추출방법: 주성분 분석. 회전방법: Kaiser 정규화가 있는 베리멕스.
** 8 반복계산에서 요인회전이 수렴되었습니다.

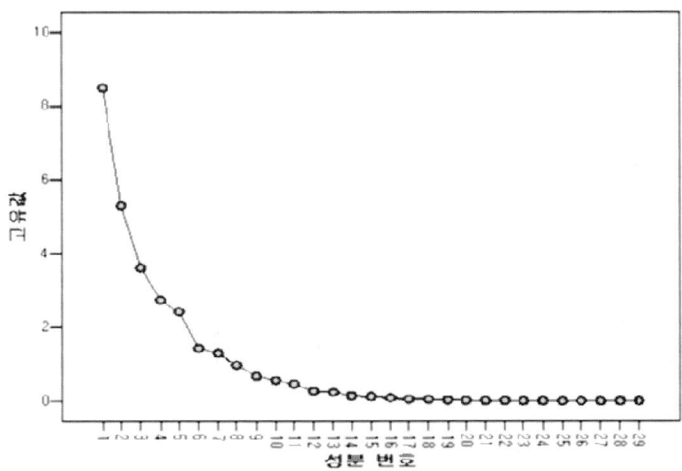

그림 6 스크리 도표

각 요인의 구성변수들을 검토해 본 결과 요인 1은 무역 관련 변수들(특히 수출 관련 변수)이 대부분이기 때문에 무역특화도를 나타낸다고 볼 수 있다. 요인 2는 산업연관표에서 행(行)을 나타내는 변수들로서 산업 전체를 놓고 볼 때는 개별 산업의 성장이 다른 산업들에 미치는 파급효과를 보여주며, 개별 산업(물류)의 입장에서 보면 물류산업에 영향을 주는 정도를 나타낸다. 즉 각 산업들의 영향력과 물류산업으로의 파급효과 정도로 보면 될 것이다.

요인 3은 산업별 국내운임에 대한 비중과 물류산업이 다른 산업에 미치는 영향을 나타내고 있기 때문에 물류영향력(물류영향력)을 나타낸다고 할 수 있다. 요인 4는 항공운송을 이용한 수출입비중과 종사자 수 기준의 지역입지계수로 구성되어 있는데, 우리나라에서의 수출입에 대한 항공운송은 거의 대부분 인천국제공항에서 담당하고 있기 때문에 항공운송 활용비중이 높은 산업의 경우 국내운송비 절감을 위해서는 수도권에 입지할 유인이 발생하며, 또한 지역입지계수는 수도권을 대상으로 하였기 때문에 요인 4는 지역특성화를 나타낸다고 할 수 있다.

요인 5는 취업에 대한 변수들로 구성되어 있는데, 이러한 변수들은 취업유발효과를 보여준다고 할 수 있다. 요인 6을 구성하는 변수 중에 투입부가가치유발효과는 투입의 후방효과와 깊은 연관이 있기 때문에 개별 산업이 영향을 받는 정도를 나타낸다고 할 수 있다. 마지막으로 요인 7은 산업 내 무역을 나타내는 변수들이다.

표 71 요인의 성격 및 명칭

요인	요인의 명칭	요인의 성격
1	무역특화도	산업별 무역과의 관련성, 특히 수출 부문과의 관련성
2	영향력	개별 산업의 영향력(후방효과)과 물류산업에 미치는 영향력
3	물류영향력	산업의 국내물류비 비중과 물류산업이 타 산업에 미치는 영향력
4	지역특성화	산업의 항공수출입비중과 지역입지계수
5	취업유발도	산업의 취업유발효과
6	감응도	타 산업들에 의해 개별 산업이 받는 생산·투입의 영향
7	산업 내 무역	한중일 산업 내 무역의 정도

3) 요인점수 산출과 해석

마지막으로 요인분석을 통한 요인도출결과를 가지고 군집분석에 변수로 적용을 하기 위해서 요인점수(factor score)를 산출하였다. 요인점수란 각 케이스(산업)의 변수별 자료를 요인들의 선형조합으로 나타낸 값으로 케이스별 요인점수는 각 변수들의 선형식으로 표현된다. 요인점수를 계산하기 위해서는 요인점수계수가 필요한데 요인점수계수는 추정방법에 따라 상이하게 나온다. 본 연구에서는 군집분석 적용에 있어서 다중공선성을 없애기 위해 요인 간에 상호 독립성이 유지될 수 있는 방법인 Anderson-Rubin 방법[8]을 선택하여 요인점수를 구했다. 이후 군집분석에서는 도출한 요인점수를 연도별로 분리해서 적용하였다.

---

8) 최소제곱법에 의한 부분회귀가중치를 이용하여 각 변수별로 서로 다른 가중치를 주는 방법으로, 요인점수의 평균은 0, 분산은 1로 하며, 요인 간에 가장 독립적이라고 볼 수 있는 요인점수을 계산해 주지만, 내부신뢰성이 다른 방법에 비해 약해진다.

(1) 1990년 요인별 산업 분석

1990년에 대한 요인별 분석을 한다면, 먼저 무역특화도요인의 경우 1990년의 경우 섬유 및 가죽제품, 전기전자기기와 화학제품이 2.87, 1.78, 0.32로 요인점수가 높게 나왔다. 제1차 금속은 평균점수에 가까운 0.03 정도였고, 나머지 산업은 요인점수보다 낮은 점수를 보이고 있는데, 특히 정밀기기와 인쇄·출판 및 복제는 −1.11과 −0.90으로 낮은 요인점수를 가지고 있다. 전반적으로 볼 때 수출비중이 높은 산업은 비교적 높게 나오는 양상을 보이고 있다.

물류산업을 포함한 타 산업에 미치는 영향을 파악할 수 있는 영향력 요인을 보면 음식료품과 섬유 및 가죽제품이 0.67, 0.53으로 다른 산업에 미치는 후방효과가 큰 산업으로 나타나고 있다. 이 외에도 제1차 금속과 일반기계, 인쇄·출판 및 복제, 금속제품, 정밀기기가 비교적 높은 점수를 보이고 있으며, 가구 및 기타 제조업과 비금속광물제품 또한 미비하지만 타 산업에 대한 영향력을 가지고 있다. 반면에 석유 및 석탄제품과 수송장비는 −3.44, −0.56으로 상당히 낮은 점수를 가지고 있는 것을 보아서 다른 산업에 대한 후방효과가 미미했다는 것을 알 수 있다.

물류영향력 요인에서는 비금속광물제품이 3.32로 다른 산업들에 비해 물류에 영향을 받는 정도가 상당히 높다. 그리고 인쇄·출판 및 복제, 석유 및 석탄제품, 목재 및 종이제품, 가구 및 기타 제조업 등 경공업 분야가 평균보다 높은 요인점수를 가지고 있으며, 화학제품과 전기·전자기기는 평균보다 약간 낮은 점수를 가지고 있다. 이외에 정밀기기, 수송장비, 음식료품, 일반기계, 섬유 및 가죽제품, 제1차 금속이 낮은 요인점수를 가지고 있다.

지역특성화 요인의 경우 정밀기기, 인쇄·출판 및 복제, 전기·전자기기, 가구 및 기타 제조업, 일반기계 등의 산업이 평균보다 요인 점수가 높게 나왔고, 화학제품의 경우 0.11로 거의 평균과 비슷한 정도이다. 반면에 섬유 및 가죽제품, 제1차 금속, 음식료품, 석유 및 석탄제품, 비금속광물제품, 목재 및 종이제품 순으로 평균보다 낮은 요인점수를 나타내고 있다.

취업유발도 분야에서는 섬유 및 가죽제품, 가구 및 기타 제조업이 2.54, 1.87로 취업유발효과가 큰 것으로 나타나고 있으며, 수송장비, 음식료품, 인쇄·출판 및 복제, 목재 및 종이제품은 평균보다 조금 높은 취업유발효과를 보인다. 취업유발도가 낮은 산업들은 금속제품, 화학제품, 전기전자기기, 정밀기기, 제1차 금속, 석유 및 석탄제품, 일반기계, 비금속광물이 있다.

감응도 요인에서는 화학제품, 제1차 금속이 2.64, 2.18로 다른 산업에 대한 제품공급에 많은 영향을 주고 있으며, 목재 및 종이제품, 일반기계, 전기·전자기기, 석유 및 석탄제품, 음식료품도 감응도가 비교적 높게 나타났다. 비금속광물제품, 정밀기기, 인쇄·출판 및 복제, 수송장비, 가구 및 기타 제조업, 금속 산업이 요인점수가 낮으며, 섬유 및 가죽제품은 −2.42로 상당히 낮은 요인점수를 가지고 있다.

산업 내 무역요인에서는 제1차 금속, 목재 및 종이제품, 석유 및 석탄제품, 금속제품, 섬유 및 가죽제품, 정밀기기의 요인점수가 높게 나왔다. 그 외 산업들은 산업 내 무역이 잘 이루어지지 않는 것으로 보인다. 또한 산업 내 무역의 경우 산업별로 격차가 심한데 이는 아래 표에서 보듯이 산업 내 무역에서 산업별로 최솟값과 최댓값이 가장 많이 나타나고 있다.

표 72 산업별 요인점수(1990년)

구 분	무역특화도	영향력	물류경쟁력	지역특성화	취업유발도	감응도	산업 내 무역	평균
음식료품	-0.46	0.67	-0.61	-1.02	1.46	0.22	-1.57	-0.19
섬유 및 가죽제품	2.87	0.53	-0.50	-1.29	2.54	-2.42	1.03	0.07
목재 및 종이제품	-0.73	-0.19	0.72	-0.18	1.34	1.05	1.31	-0.37
인쇄, 출판 및 복제	-0.90	0.22	0.99	1.34	1.44	-0.25	-0.06	0.40
석유 및 석탄제품	-0.48	-3.44	0.96	-0.65	0.85	0.24	1.11	0.47
화학제품	0.32	-0.31	0.05	0.11	1.06	2.64	-0.95	0.42
비금속광물제품	-0.16	0.04	3.32	-0.35	0.77	0.04	-0.64	0.50
제1차 금속	0.03	0.35	-0.29	-1.05	0.89	2.18	1.40	0.40
금속제품	-0.66	0.22	-0.23	-0.45	1.09	-0.68	1.10	0.06
일반기계	-0.25	0.24	-0.54	0.55	0.83	0.53	-0.89	0.23
전기, 전자기기	1.78	-0.13	0.02	0.98	0.95	0.36	-0.04	0.24
정밀기기	-1.11	0.11	-1.17	1.87	0.93	0.03	0.97	-0.20
수송장비	-0.21	-0.56	-1.17	-0.08	1.48	-0.44	-1.64	0.43
가구 및 기타 제조업	-0.50	0.07	0.43	0.69	1.87	-0.61	-0.30	0.56
평 균	-0.03	-0.16	0.14	0.03	1.25	0.21	0.06	0.21

* 취업유발도는 모든 산업에서 요인점수가 크게 나왔기 때문에 분류표시를 하지 않는다.
** 굵은체는 요인점수가 +0.3 이상을 표시, 이탤릭체는 -0.3 미만을 표시, 짙은 음영은 각 산업의 최댓값, 엷은 음영은 최솟값을 표시.
*** 산업별 요인특성은 밑줄 친 요인점수를 통해 쉽게 파악할 수 있음.

(2) 1995년 요인별 산업 분석

1995년도 요인별 분석을 하는 데 있어 요인별 1990년과 비교하였을 때 무역특화도, 영향력, 물류영향력은 요인점수가 올랐고, 그 외 취업유발도, 산업 내 무역, 감응도, 지역특성화가 1990년에 비해 낮아진 것을 볼 수 있다.

무역특화도 요인에 있어서는 1990년과 평균요인점수를 비교하면 -0.03에서 0.06으로 약간 요인점수가 올라갔다. 전기전자기기와 섬유 및 가죽제품은 2.73, 1.14로 높은 요인점수를 가지고 있으며, 화학제품, 수송장비, 비금속광물이 약간 높은 요인점수에 분포가 이루어졌다. 제 1차 금속, 일반기계는 요인평균점수대를 이루고 있다. 반면에 인쇄·출판 및 복제, 정밀기기, 목재 및 종이제품, 금속제품, 가구 및 기타 제 조업, 음식료품, 석유 및 석탄제품이 낮은 요인점수를 가지고 있다.

영향력 요인에서는 1990년에 비해 −0.03에서 0.04로 요인점수가 올라간 것을 확인할 수 있는데, 이는 1990년에 비해 다른 산업에 영 향을 더 주고 있는 것을 알 수 있다. 1995년 영향력 요인에서 보면 음식료품, 제1차 금속, 비금속광물, 금속제품, 섬유 및 가죽제품, 일 반기계, 인쇄·출판 및 복제, 정밀기기, 가구 및 기타 제조업이 요인 점수가 평균보다 높으며, 목재 및 종이제품과 화학제품이 요인평균 점수대에 분포되어 있다. 전기전자기기, 수송장비가 평균보다 낮으 며, 석유 및 석탄제품이 −2.92로 상당히 낮은 것을 볼 수 있다.

물류경쟁력 요인은 1990년에 비해서 요인평균점수가 0.14에서 0.17로 약간 상승만 하였다. 비금속광물은 3.70으로 국내물류비 및 물류산업의 후방효과가 상당히 높게 나오고 있으며, 가구 및 기타 제조업제품 산업, 목재 및 종이제품, 전기전자기기, 인쇄·출판 및 복 제도 비교적 높게 나왔다. 그 외 화학제품과 수송장비 산업은 −0.07 과 −0.88로 물류산업과의 관계가 약하다고 할 수 있다.

지역특성화의 경우 1990년에 비해 0.03에서 0.02로 요인점수가 낮 아졌다. 산업별로 보면, 정밀기기, 전기전자기기, 인쇄·출판 및 복 제, 가구 및 석탄제품, 일반기계가 지역특성화가 잘되어 있는 것으로 보이며, 제1차 금속, 음식료품, 수송장비, 금속제품, 비금속광물, 석 유 및 석탄제품 산업, 섬유 및 가죽제품, 화학제품, 목재 및 종이제 품은 비교적 지역특성화가 이루어지지 않은 산업이라 할 수 있다.

취업유발도 요인은 1990년에 비해 평균점수가 1.25에서 −0.33으로 낮아졌으며, 대부분의 산업에서 음의 값을 보이고 있다. 취업유발효과가 높은 산업은 섬유 및 가죽제품, 인쇄·출판 및 복제 산업이며, 반면에 비금속광물제품 산업의 경우 −1.10의 가장 낮은 취업유발효과를 보인다.

감응도 요인을 1990년과 비교해 보면 0.21에서 −0.06으로 요인점수가 눈에 띄게 내려갔다. 이는 산업별로 전방효과가 많이 떨어진 것을 예상할 수 있다. 1995년 감응도는 제1차 금속, 화학제품, 목재 및 종이제품, 일반기계가 요인점수가 잘 나왔으며, 전기전자기기는 평균과 비슷한 수준을 유지하고 있다. 반면에 나머지 산업은 평균보다 낮은 요인점수에 분포되어 있다.

산업 내 무역의 경우 1990년 0.08에서 1995년 −0.21로 낮아졌다. 1995년 제1차 금속, 석유 및 석탄제품, 금속제품, 가구 및 기타 제조업, 섬유 및 가죽제품, 목재 및 종이제품, 전기전자기기가 요인점수가 평균점수보다 높게 나왔고, 인쇄·출판 및 복제가 −0.11로 평균 요인점수대에 있으며, 일반기계, 수송장비는 각각 −1.99, −1.95처럼 요인점수가 낮게 분포되어 있다.

표 73 산업별 요인점수(1995년)

구 분	무역 특화도	영향력	물류 경쟁력	지역 특성화	취업 유발도	감응도	산업 내 무역	평균
음식료품	−0.45	0.75	−0.35	−1.03	−0.20	−0.25	−0.68	−0.32
섬유 및 가죽제품	1.14	0.35	−0.11	−0.33	0.07	−1.13	0.50	0.07
목재 및 종이제품	−0.65	0.09	0.54	−0.29	−0.22	0.83	0.50	0.12
인쇄, 출판 및 복제	−0.89	0.24	0.23	1.26	0.03	−0.56	−0.11	−0.13
석유 및 석탄제품	−0.44	−2.92	−0.37	−0.37	−0.93	−0.58	0.82	0.03
화학제품	0.64	0.00	−0.07	−0.32	−0.04	1.53	−0.96	−0.13

구 분	무역특화도	영향력	물류경쟁력	지역특성화	취업유발도	감응도	산업 내 무역	평균
비금속광물제품	0.11	0.56	3.70	−0.60	−1.10	−0.29	−1.45	0.18
제1차 금속	0.08	0.62	−0.53	−1.08	−0.49	1.68	1.49	−0.68
금속제품	−0.51	0.51	−0.02	−0.66	−0.18	−0.77	0.73	0.11
일반기계	0.03	0.32	−0.19	0.39	−0.34	0.54	−1.99	−0.18
전기, 전자기기	2.73	−0.16	0.39	1.55	−0.71	−0.08	0.32	−0.63
정밀기기	−0.86	0.19	−0.90	1.79	−0.17	−0.22	−0.77	0.13
수송장비	0.45	−0.16	−0.88	−0.85	−0.14	−0.86	−1.95	0.25
가구 및 기타 제조업	−0.51	0.13	0.99	0.86	−0.16	−0.70	0.67	0.58
평 균	0.06	0.04	0.17	0.02	−0.33	−0.06	−0.21	−0.04

(3) 2000년 요인별 산업 분석

2000년 무역특화도 요인은 일반기계, 제1차 금속, 석유 및 석탄제품 산업이 평균요인점수대에 분포되어 있으며, 전기·전자기기, 수송장비, 섬유 및 가죽제품, 화학제품이 비교적 높은 요인점수를 가지고 있다. 정밀기기, 목재 및 종이제품, 인쇄·출판 및 복제, 가구 및 기타 제조업제품, 금속제품, 음식료품, 비금속광물은 낮은 점수를 가지고 있다.

영향력 요인은 1990년, 1995년, 2000년을 비교하면 점점 요인평균점수가 높아지는 요인이다. 2000년 영향력 요인은 정밀기기, 수송장비가 평균요인점수에 분포되어 있으며, 음식료품, 비금속광물제품, 인쇄·출판 및 복제, 제1차 금속, 일반기계, 금속제품, 화학제품, 목재 및 종이제품, 가구 및 기타 제조업이 평균요인점수보다 높은 점수대를 가지고 있다. 석유 및 석탄제품, 전기전자기기는 −3.73, −0.34로 낮은 요인점수를 가지고 있다.

물류경쟁력 요인은 1990년보다 1995년에 약간 요인평균점수가 올라갔지만 2000년에는 요인평균점수가 많이 낮아졌다. 2000년 분석을 한다면 가구 및 기타 제조업제품, 목재 및 종이제품, 화학제품이 물류경쟁력 요인평균점수대에 분포되어 있으며, 비금속광물제품, 인쇄·출판 및 복제, 섬유 및 가죽제품, 전기전자기기는 요인평균점수보다 높은 점수를 가지고 있다. 반면에 정밀기기, 수송장비, 음식료품, 제1차 금속, 금속제품, 일반기계, 석유 및 석탄제품 산업이 요인평균점수보다 낮은 점수를 가지고 있다.

지역특성화 요인의 경우 1990년, 1995년, 2000년 계속적으로 요인평균점수가 낮아지고 있다. 2000년 요인점수를 살펴보면 일반기계는 요인평균점수와 비슷한 수준인 −0.02이다. 전기·전자기기, 정밀기기, 인쇄·출판 및 복제, 가구 및 기타 제조업은 평균요인점수보다 높은 요인점수를 가지고 있다. 제1차 금속, 수송장비, 음식료품, 화학제품, 목재 및 종이제품, 비금속광물제품, 석유 및 석탄제품, 금속제품, 섬유 및 가죽제품은 평균요인점수보다 낮은 점수에 분포되어 있다.

취업유발도 요인에 있어서 1990년과 1995년에 비해서 2000년도는 상당히 낮은 요인점수를 가지고 있다. 각 산업에서 요인평균점수대에 있는 산업은 일반기계, 수송장비, 섬유 및 가죽제품, 인쇄·출판 및 복제, 화학제품은 요인평균점수대에 분포하고 있으며, 목재 및 종이제품, 금속제품, 가구 및 기타 제조업, 음식료품은 요인평균점수보다 약간 높은 점수대에 분포하고 있으며, 비금속광물제품, 석유 및 석탄제품 산업, 제1차 금속, 전기전자기기가 낮은 요인점수에 분포되어 있다. 감응도의 경우 1990년, 1995년, 2000년 평균요인점수가 낮아진다. 2000년 감응도 요인에 대한 분석은 일반기계, 정밀기계산업이 −0.10, −0.17로 요인평균점수와 근접되어 있다. 화학제품, 제1차 금속, 전기·전자기기, 목재 및 종이제품 산업은 요인평균점수로 보아 다른 산업에 대한 제품공급이 잘 이루어지는 것을 알 수 있다.

수송장비, 금속제품, 가구 및 기타 제조업제품, 섬유 및 가죽제품, 비금속광물제품, 인쇄·출판 및 복제, 석유 및 석탄제품, 음료식품산업은 여타 산업에 대한 부가가치유발이 적은 점수를 보이고 있다.

표 74 산업별 요인점수(2000년)

구 분	무역특화도	영향력	물류경쟁력	지역특성화	취업유발도	감응도	산업 내무역	평균
음식료품	−0.56	0.84	−0.72	−1.18	−0.76	−0.33	−0.79	−0.50
섬유 및 가죽제품	0.56	0.51	0.31	−0.35	−0.95	−0.86	0.38	−0.33
목재 및 종이제품	−0.79	0.32	−0.21	−0.52	−0.70	0.42	1.45	−0.53
인쇄, 출판 및 복제	−0.79	0.68	0.52	1.39	−0.84	−0.54	0.41	−0.06
석유 및 석탄제품	−0.10	−3.73	−0.56	−0.49	−1.08	−0.53	−1.25	−0.15
화학제품	0.46	0.34	−0.39	−0.68	−0.82	1.48	−0.42	0.00
비금속광물제품	−0.34	0.69	1.05	−0.51	−1.55	−0.85	0.45	0.12
제1차 금속	0.00	0.63	−0.69	−1.38	−1.03	1.31	0.75	−0.29
금속제품	−0.65	0.53	−0.68	−0.45	−0.71	−0.92	0.84	−0.05
일반기계	−0.13	0.53	−0.61	−0.02	−0.87	−0.10	−1.11	−1.11
전기, 전자기기	3.00	−0.34	−0.05	2.10	−1.36	1.15	0.58	0.00
정밀기기	−0.90	0.22	−1.27	1.88	−0.70	−0.17	−0.23	−0.06
수송장비	0.59	0.16	−0.92	−1.33	−0.85	−1.21	−0.16	0.73
가구 및 기타 제조업	−0.75	0.27	−0.20	0.76	−0.72	−0.86	1.15	−0.17
평 균	−0.03	0.12	−0.32	−0.06	−0.92	−0.14	0.15	−0.17

산업 내 무역의 경우 1990년에서 1995년에 와서는 요인평균이 낮아졌지만, 2000년에 와서는 평균요인점수가 높아진 것을 볼 수 있다. 2000년 산업 내 무역 분석을 하면, 목재 및 종이제품, 가구 및 기타 제조업제품, 금속제품, 제1차 금속, 전기·전자기기, 비금속광물제품, 인쇄·출판 및 복제, 섬유 및 가죽제품은 요인평균점수보다 높다. 일반기계, 석유 및 석탄제품, 음식료품, 화학제품, 정밀기기, 수

송장비는 요인평균점수보다 낮게 나타난다.

(4) 전체 기간 요인별 산업 분석

전체 기간을 대상으로 하여 각 산업에 대해 요인별로 요인점수를 정리해 보면 아래 표와 같다. 먼저 요인별로 해당 요인에 대한 각 산업의 중요도를 살펴보면 무역특화도 요인의 경우 우리나라의 주력 수출상품인 전기전자기기와 섬유 및 가죽제품이 각각 2.5와 1.52로 상당히 높게 나왔으며, 화학제품, 수송장비도 타 산업에 비해 상대적으로 높게 나타나고 있다. 그러나 정밀기기, 인쇄·출판 및 복제, 목재 및 종이제품 등은 수출비중이 크지 않은 산업이기 때문에 요인점수는 낮게 나오고 있다.

산업에 대한 영향력 요인은 음식료품을 비롯한 경공업 부문과 제1차 금속 등의 조립가공산업 부문에서 높게 나오고 있으나, 수송장비에서는 비교적 낮게 나오고 있다. 이는 당해 요인을 구성하는 변수의 성격에 기인한 바가 있는데, 즉 당해 요인은 타 산업에 대한 영향력과 아울러 물류산업에 영향을 줄 수 있는 변수까지 모두 하나의 요인의 분류가 되어 실제 수송장비는 생산의 후방효과라 할 수 있는 영향력 계수와 물류산업에 영향을 주는 파급력은 상당히 높으나 물류산업의 수입에 대한 효과와 부가가치유발효과 등은 약하기 때문이다. 반대로 경공업 부문의 경우에는 타 산업에 대한 영향력 계수는 비교적 낮으나 물류산업에 영향을 주는 파급력과 부가가치유발효과가 높기 때문에 전반적으로 요인점수가 높게 나왔다고 할 수 있다.

물류영향력 요인은 비금속광물이 2.69로 가장 높으며 다음으로는 인쇄·출판 및 복제, 가구 및 기타 제조업, 목재 및 종이제품 순이며, 반대로 정밀기기, 수송장비 등은 상당히 낮게 나오고 있다. 이는 물류산업이 타 산업에 영향을 주는 정도와 운송비에 대한 비중을 변수로 하였기 때문에 높은 요인점수가 나올수록 물류산업에 영향을 많이 받는 한편 국내물류비 비중이 상대적으로 높은 산업임을 뜻한다. 따라서 낮은 단가에 따른 상대적 물류비 비중이 높은 경공업 부문이 높게 나오고 중화학공업은 상대적으로 낮게 나온다.

지역특성화 요인은 항공운송을 이용한 수출입비중과 종사자 수 기준의 LQ 지수를 변수로 사용하였기 때문에 무역 시 비교적 항공운송의 활용도가 높은 산업과 수도권에 산업의 집적도가 높은 산업인 인쇄·출판 및 복제, 일반기계, 전기전자기기, 정밀기기, 가구 및 기타 제조업의 요인점수가 높게 나왔다. 반면에 제1차 금속, 수송장비 등은 항공운송보다는 해상운송을 활용하는 산업이며 수도권에서의 산업집적도도 많이 떨어지기 때문에 낮게 나왔다.

취업유발도 요인은 주로 경공업 부문에서 높게 나오고 장치산업의 경우 낮게 나오는 경향을 보이고 있는데 이는 상대적으로 경공업 부문이 노동집약적인 성격을 가지고 있으며 반면에 장치산업은 자본집약적인 성격이 있기 때문이다. 또한 우리나라의 요소집약도가 노동 풍부국에서 이제는 자본이 풍부한 국가로의 변환이 이루어지고 있기 때문에 산업의 발전이 고용의 증가로 연결되지는 않는다.

감응도 요인은 다른 산업의 성장에 영향을 받는 정도를 나타내는 감응도계수와 수입유발효과가 변수로 구성되어 있다. 따라서 원자재나 부품의 해외의존도가 높거나 타 산업의 중간재로 투입되는 중간재 산업일수록 높게 나오는데 화학제품, 제1차 금속, 목재 및 종이제품, 전기전자기기 등이 요인점수가 비교적 높게 나오고 있다. 반면에 섬유 및 가죽제품, 수송장비 등 완제품 산업의 경우에는 낮게 나타나고 있다.

산업 내 무역요인은 한중, 한일 GL 지수를 변수로 사용하였는데 GL 지수가 높을수록 산업 내 무역이 활발하다는 의미가 된다. 3국 간의 산업 내 무역이 활발한 산업으로는 목재 및 종이제품, 제1차 금속, 금속제품 등 산업이며, 반면에 전기전자기기, 비금속광물 등 산업은 요인점수가 비교적 낮게 나오고 있다. 이는 1990년부터 2000 년까지의 전 기간을 대상으로 하였기 때문에 나타나는 현상으로서 90년대 초반에는 산업 내 무역이 낮았지만 후반으로 넘어갈수록 전 기전자기기, 비금속광물 등의 산업 내 무역이 활발해지고 있다.

표 75 산업별 요인점수(1990~2000년)

1990~2000	무역 특화도	영향력 (후방)	물류 영향력	지역 특성화	취업 유발도	감응도 (전방)	산업 내 무역	전체
음식료품	-0.49	0.75	-0.56	-1.08	0.17	-0.12	-1.01	-0.34
섬유 및 가죽제품	1.52	0.46	-0.10	-0.65	0.56	-1.47	0.64	0.14
목재 및 종이제품	-0.72	0.07	0.35	-0.33	0.14	0.77	1.09	0.20
인쇄·출판 및 복제	-0.86	0.38	0.58	1.33	0.21	-0.45	0.08	0.18
석유 및 석탄제품	-0.34	-3.36	0.01	-0.50	-0.39	-0.29	0.23	-0.66
화학제품	0.47	0.01	-0.13	-0.30	0.07	1.88	-0.77	0.18
비금속광물제품	-0.13	0.43	2.69	-0.49	-0.63	-0.37	-0.55	0.14
제1차 금속	0.04	0.53	-0.50	-1.17	-0.21	1.72	1.21	0.23
금속제품	-0.61	0.42	-0.31	-0.52	0.07	-0.79	0.89	-0.12
일반기계	-0.12	0.36	-0.45	0.31	-0.13	0.33	-1.33	-0.15
전기, 전자기기	2.50	-0.21	0.12	1.54	-0.37	0.48	0.28	0.62
정밀기기	-0.96	0.17	-1.11	1.85	0.02	-0.12	-0.01	-0.02
수송장비	0.28	-0.18	-0.99	-0.75	0.16	-0.84	-1.25	-0.51
가구 및 기타 제조업	-0.58	0.16	0.41	0.77	0.33	-0.72	0.51	0.12
전 체	0.00	0.00	0.00	0.00	0.00	0.00	0.00	0.00

(5) 요인별 산업 추이 분석

지금까지 살펴본 시기별 요인에 대한 산업의 분석은 정태적 분석으로서 적합산업 선정 시 요인점수에 의해 각 산업의 절대적인 값으로 사용할 수 있기 때문에 유용한 기준이 될 수 있다. 여기에 추가적으로 적합산업의 선정기준으로서 산업의 성장 가능성 또는 전 기간에 걸쳐 지속적으로 성장하는 산업도 중요한 분석방법이 될 수 있다. 그러나 전술한 분석은 해당 기간 또는 전체 기간에서 각 산업의 요인에 대한 영향을 측정한 것이기 때문에 산업의 지속적 성장이라든지 적합산업으로서의 성장 가능성 등은 설명하기가 힘들다.

따라서 요인별로 산업에 대한 추이를 지속적 성장 여부는 지속적 증가 추세로, 성장 가능성은 1990년 대비 2000년 증가산업과 1995년 대비 2000년 증가산업을 살펴봄으로써 비록 요인점수가 다른 산업에 비해 상대적으로 낮더라도 지속적으로 요인에 대한 영향도를 증가하는 산업과 향후 성장 가능성이 있는 산업을 도출할 수 있다.

먼저 무역특화도를 살펴보면 지속적인 증가 추세를 보이는 산업은 인쇄·출판 및 복제, 석유 및 석탄제품, 전기전자기기, 수송장비 산업이며, 1990년에 비해 2000년에 증가한 산업은 화학제품, 일반기계, 정밀기기 산업이다. 또한 1995년 대비 2000년 증가산업은 지속적 성장산업 이외에는 나타나지 않았다.

다른 산업과 특히 물류산업에 미치는 파급(후방)효과를 나타내는 영향력은 지속적 증가 추세를 보이고 있는 산업이 대부분인데, 섬유 및 가죽제품, 석유 및 석탄제품, 전기전자기기를 제외하고는 모두 지속적으로 증가하고 있다. 한편 섬유 및 가죽제품도 1995년 대비 2000년에는 요인점수가 증가하였으며, 석유 및 석탄제품은 1990년 대비 1995년에 증가를 하였다. 그러나 유일하게 전기전자기기는 지속적으로 하락 추세를 보이고 있다.

물류산업(물류비)이 다른 산업에 미치는 영향을 알 수 있는 물류 영향력 부문에서는 섬유 및 가죽제품만이 유일하게 지속적으로 증가를 하고 있으며, 수송장비는 1990년 대비 2000년 값이 증가를 하였으며, 인쇄·출판 및 복제는 1995년 대비 2000년에 증가를 한 산업이다.

지역특성화 요인에서는 전기전자기기만이 유일하게 지속적 증가 추세를 보이고 있다. 한편 1990년 대비 2000년 증가한 산업으로는 섬유 및 가죽제품, 인쇄·출판 및 복제, 석유 및 석탄제품, 정밀기기, 가구 및 기타 제조업 등 산업이 있으며, 1995년 대비 2000년 증가한 산업으로는 인쇄·출판 및 복제, 비금속광물, 정밀기기 등 산업이 있다.

취업유발도는 모든 산업에 있어서 감소 추세를 보이고 있는데 이는 우리나라의 요소집약도가 자본집약적으로 바뀐 요인도 있지만 최근의 산업의 성장이 자동화·지식화로 인해 반드시 고용의 증가를 동반하지 않는다는 사실을 보여주고 있다.

다른 산업의 성장에 영향을 받는 정도를 측정한 감응도는 전반적으로 대부분의 산업에서 감소 추세를 보이고 있다. 지속적으로 증가하고 있는 산업은 유일하게 섬유 및 가죽제품 산업밖에 없으며 1990년 대비 2000년 증가산업은 전기전자기기 산업이며 이는 1995년 대비 2000년 증가 때문이다. 한편 일반기기 산업은 1990년 대비 1995년 증가한 유일한 산업이다.

산업 내 무역은 지속적으로 증가한 산업으로는 전기전자기기 산업과 가구 및 기타 제조업 산업이 있다. 1990년 대비 2000년에 증가한 산업은 음식료품, 목재 및 종이제품, 인쇄·출판 및 종이제품, 화학제품, 비금속광물제품, 수송장비 산업이며, 1995년 대비 2000년 증가

산업은 목재 및 종이제품, 인쇄·출판 및 복제, 화학제품, 비금속광물제품, 금속제품, 일반기계, 정밀기기, 수송장비 산업으로 나타났다.

개별 산업의 요인점수 평균을 살펴보면 지속적으로 증가한 산업은 전기전자기기 산업 하나밖에 없으며, 1990년 대비 2000년 증가한 산업은 없으며, 대신 1995년 대비 2000년 증가산업으로는 인쇄·출판 및 복제와 수송장비 산업이 있다.

표 76 요인별 산업 추이

구 분	지속적 증가산업	1990년 대비 2000년 증가산업	1995년 대비 2000년 증가산업	1990년 대비 1995년 증가산업
무역특화도	4, 5, 11, 13	6, 10, 12	—	1, 3, 6~10, 12
영향력	1, 3, 4, 6~10, 12~14	—	2	5
물류영향력	2,	13	4	7, 9~14
지역특성화	11	2, 4, 5, 12, 14	4, 7, 9, 12	2, 5, 14
취업유발도	—	—	—	—
감응도	2	11	11	10
산업 내 무역	11, 14	1, 3, 4, 6, 7, 13	3, 4, 6, 7, 9, 10, 12, 13	1, 8
산업 평균	11	—	4, 13	—

* 1: 음식료품, 2: 섬유 및 가죽제품, 3: 목재 및 종이제품, 4: 인쇄·출판 및 복제, 5: 석유 및 석탄제품, 6: 화학제품, 7: 비금속광물, 8: 제1차 금속, 9: 금속제품, 10: 일반기계, 11: 전기전자기기, 12: 정밀기기, 13: 수송장비, 14: 가구 및 기타 제조업.

2. 군집분석의 내용과 결과

1) 군집분석 내용

군집분석(cluster analysis)이란 어떤 특성들에 대해 유사성을 가진 케이스나 변수들을 집단별로 분류하는 통계기법으로서 판별분석과 요인분석과 비슷하다. 그러나 판별분석과는 달리 군집분석은 각 케이스가 속한 집단을 알지 못할 뿐만 아니라 분류할 집단의 수도 모르는 상태에서 각 케이스들을 변수 값의 유사성에 따라 군집으로 묶는 기법이다. 또한 요인분석이 주로 상관관계(변수 값의 패턴)를 이용하여 변수들을 압축하는 반면에 군집분석은 변수 값의 크기(거리를 이용한 근접 정도)를 이용하여 케이스를 압축한다. 따라서 주로 요인분석은 비슷한 성향을 가지고 있는 변수를 그룹화하는 데 사용하며, 군집분석은 비슷한 성향을 가지고 있는 케이스를 그룹으로 묶는 데 사용된다.

군집분석을 하는 목적은 군집분석을 통하여 케이스의 분류기준을 도출할 수 있으며, 형성된 군집의 구조를 파악하여 케이스 간의 관계를 파악할 수 있다. 또한 같은 군집의 케이스들을 고유한 특성을 가진 것을 보지 않고 보편적인 특성을 가진 군집의 구성원으로 보고 군집을 분석에 이용함으로써 자료를 압축하는 효과를 얻을 수 있다.[9]

본 연구를 수행하기 위해 실시한 군집분석방법은 다음과 같다.

어떤 특성에 대한 유사성을 파악하여 그룹화하는 군집분석에서 가장 중요한 것은 변수의 선정이라 할 수 있다. 군집분석에서 변수가 미치는 영향은 상당히 커서 한두 개의 부적절한 변수가 포함되어도 결과가 다르게 나오기 때문에 조사의 목적과 직접 관련이 있어야 하며, 기존 이론 등에 부합하는 변수를 선택하여야 한다. 또한 변수의 선정에 고려되어야 할 또 다른 하나는 변수 간의 다중공선성이 있을 경우 그 변수들에 묵시적으로 많은 가중 값을 부여하게 되기 때문에

---

9) 최태성 외, 『사회과학을 위한 통계자료분석』, 다산출판사, 2004, pp.401 - 402.

변수 간의 다중공선성이 없어야 한다. 본 연구에서는 이러한 조건을 충족시키기 위해 전술한 요인분석을 통해 확보한 변수들의 요인군과 각 요인군에 대한 요인점수를 군집분석에 사용할 변수로 선정하였다.

군집화 진행방법 및 군집연결방식의 선택은 먼저 군집화 진행방법으로는 계층적 방법(hierarchical method)을 선택하였다. 계층적 방법이란 각 케이스가 1개의 군집으로 시작하여 순차적으로 가장 근접한 케이스나 군집을 하나씩 같은 군집으로 묶어 나가며 최종적으로는 모든 케이스가 한 군집이 되는 방법으로서 군집의 수를 전혀 모를 때 유용한 방법이다. 군집연결방식은 군집 간 각 케이스 간의 거리를 평균하여 이 평균거리가 가장 가까운 집단을 연결하는 집단 간 평균연결방식(average linkage between groups method)을 사용하였다.

군집분석에서는 케이스 간의 유사성을 측정하기 위해 케이스 간의 거리를 측정하는데, 그 방법으로는 두 케이스 간의 각 변수 값 차이의 제곱합을 사용하여 비유사성을 측정하는 유클리드 거리제곱(squared Euclidean distance)을 사용하였다.

군집분석에서 군집 수의 결정은 정확한 객관적인 기준이 마련되지 않았지만, 계층적 방법에서 계량적인 기준이 될 수 있는 것은 군집화 각 단계별 군집 간의 연결거리이다. 따라서 연결거리가 어느 단계에서 갑자기 증가한다는 것은 이 단계에서 유사성이 작은 두 군집이 연결되고 있다는 것을 의미하므로 그 전 단계의 군집을 최종군집의 수로 결정하면 된다. 또 다른 방법으로는 형성된 군집의 설명 용이성, 케이스 간의 이론적인 관련성 등을 고려하여 연구자가 주관적으로 결정하는 방법이 있다. 본 연구에서는 기본적으로 군집 간의 연결거리를 고려한 후 연구자의 주관적인 판단으로 군집의 수를 결정하겠다. 단, 연도별 분석을 시도하기 때문에 분석결과의 통일성을 위해 상술한 기준을 참고로 하여 3개 연도에서 동일한 군집 수를 선정하였다.

군집분석에 사용된 케이스는 각 연도별 산업연관표상 제조업 14개이며, 이에 대응하는 변수는 앞서 요인분석에서 확보한 7개 요인군으로 하여 연도별 분석을 하였다.[10]

2) 군집 수의 결정

산업별로 각 요인에 대한 중요성을 파악하기 위해서 요인점수를 이용한 군집분석을 통해 산업들의 유형화(군집화)를 해 보았다. 14개의 산업을 7개의 군집으로 분류하였으며, 각 군집의 해당 산업과 포함된 산업들이 공통으로 가지고 있는 군집특성을 분석하였다.

우선 군집의 수를 결정하기 위해 군집화 일정표와 이를 시각적으로 보여주는 수직고드름표[11]를 연도별로 정리를 하였다. 군집화 일정표에서 결합군집 열은 각 단계별 군집으로 형성된 케이스를, 계수 열은 연결되는 케이스나 군집 간의 집단 간 평균거리를 나타낸다. 군집 수를 결정하는 체계적인 방법은 존재하지 않지만 일반적으로 군집화 일정표의 계수 열을 보고 결정하는 것이 보통이다. 즉 케이스나 군집 간의 집단 간 평균거리를 나타내는 계수 열의 값이 갑자기 크게 증가하는 경우 바로 그 앞 단계에서 군집의 수를 결정한다.

이러한 과정을 통해 군집 수를 결정할 경우 6개의 군집으로 결정하는 것이 적당하나 이럴 경우 한 개의 군집에 산업이 너무 집중된

---

10) 연도별 군집화 일정표는 부록에 첨부하였음.
11) 수직고드름표는 군집화 과정을 시각적으로 파악하기 쉽도록 하기 위해 작성된 것으로 첫째 열은 군집의 수를 나타내기 때문에 군집화 일정표와는 다르게 아래쪽에서부터 해석해야 한다.

경향12)을 보여서 분석이 쉽지가 않기 때문에 본 연구에서는 7개의 군집으로 분류를 하였다. 이러한 과정을 통해 산업들을 군집으로 정리를 해 보면 다음과 같다.

표 77 군집화 일정표(1990)

단 계	결합군집		계 수	처음 나타나는 군집의 단계		다음 단계
	군집 1	군집 2		군집 1	군집 2	
1	4	14	1.305646	0	0	5
2	1	13	3.242466	0	0	3
3	1	10	3.520785	2	0	8
4	3	8	4.149601	0	0	7
5	4	9	5.366199	1	0	6
6	4	12	6.88783	5	0	8
7	3	6	8.535504	4	0	10
8	1	4	8.594848	3	6	9
9	1	11	9.563449	8	0	10
10	1	3	11.75151	9	7	11
11	1	7	17.43579	10	0	12
12	1	5	20.23501	11	0	13
13	1	2	29.44407	12	0	0

---

12) 군집 수를 6개로 하여 분석할 경우 한 개의 군집에 6개에서 7개의 산업이 집중된다.

표 78 군집화 일정표(1995)

단 계	결합군집		계 수	처음 나타나는 군집의 단계		다음 단계
	군집 1	군집 2		군집 1	군집 2	
1	4	14	1.566442	0	0	5
2	1	9	2.549983	0	0	4
3	6	10	3.138156	0	0	7
4	1	3	3.814835	2	0	6
5	4	12	4.511789	1	0	8
6	1	2	5.3984	4	0	8
7	6	13	6.064025	3	0	9
8	1	4	6.957696	6	5	9
9	1	6	8.949963	8	7	10
10	1	8	12.07929	9	0	11
11	1	11	15.44511	10	0	12
12	1	5	16.74351	11	0	13
13	1	7	22.55398	12	0	0

표 79 군집화 일정표(2000)

단 계	결합군집		계 수	처음 나타나는 군집의 단계		다음 단계
	군집 1	군집 2		군집 1	군집 2	
1	4	14	1.744767	0	0	7
2	2	7	1.808583	0	0	8
3	1	10	1.810599	0	0	6
4	6	8	2.306095	0	0	9
5	3	9	2.446128	0	0	7
6	1	13	3.82597	3	0	9
7	3	4	4.194154	5	1	8
8	2	3	4.417881	2	7	10

단 계	결합군집		계 수	처음 나타나는 군집의 단계		다음 단계
9	1	6	6.261262	6	4	10
10	1	2	7.415031	9	8	11
11	1	12	9.778619	10	0	12
12	1	11	22.05558	11	0	13
13	1	5	24.08263	12	0	0

표 80 연도별 산업의 군집

1990년		1995년		2000년	
1. 음식료품	1	1. 음식료품	1	1. 음식료품	1
10. 일반기계	1	2. 섬유 및 가죽제품	1	10. 일반기계	1
13. 수송장비	1	3. 목재 및 종이제품	1	13. 수송장비	1
2. 섬유 및 가죽제품	2	9. 금속제품	1	2. 섬유 및 가죽제품	2
3. 목재 및 종이제품	3	4. 인쇄, 출판 및 복제	2	7. 비금속광물	2
6. 화학제품	3	12. 정밀기기	2	3. 목재 및 종이제품	3
8. 제1차 금속	3	14. 가구 및 기타 제조업	2	4. 인쇄, 출판 및 복제	3
4. 인쇄, 출판 및 복제	4	5. 석유 및 석탄제품	3	9. 금속제품	3
9. 금속제품	4	6. 화학제품	4	14. 가구 및 기타 제조업	3
12. 정밀기기	4	10. 일반기계	4	5. 석유 및 석탄제품	4
14. 가구 및 기타 제조업	4	13. 수송장비	4	6. 화학제품	5
5. 석유 및 석탄제품	5	7. 비금속광물	5	8. 제1차 금속	5
7. 비금속광물	6	8. 제1차 금속	6	11. 전기, 전자기기	6
11. 전기, 전자기기	7	11. 전기, 전자기기	7	12. 정밀기기	7

3) 군집특성 분석

지금까지는 산업별로 각 요인에 대한 중요성을 파악하기 위해서 요인점수를 이용한 군집분석을 통한 산업들의 유형화(군집화)를 해

보았다. 다음으로는 14개의 산업을 7개의 군집으로 분류하였으며, 각 군집의 소속 산업과 포함된 산업들이 공통으로 가지고 있는 군집 특성을 분석하고자 한다.

분석방법은 각 군집에 대한 특성을 살펴보기 위해 군집별 평균비교를 실시하였다. 즉 소속 군집을 새 변수로 지정한 후 이를 평균분석에서 독립변수로, 군집분석에 사용한 변수를 종속변수로 사용하여 산출하였다. 해석방법은 각 케이스(산업)의 변수별 자료를 요인들의 선형조합으로 나타낸 값인 요인점수를 이용하여 산출을 하기 때문에 요인점수가 높을수록 데이터의 해당 요인에 대한 중요성이 높아짐을 의미한다.

한편 물류클러스터 활성화를 위해 배후지역에 입지하는 데 영향을 주는 모든 요인들을 고려하여 적합군집을 도출하기 위해서는 각 군집의 요인점수 평균을 비교하여 기준으로 삼을 수 있다. 즉 평균이 높은 군집일수록 적합군집일 가능성이 높다고 해석할 수 있다.

(1) 1990년 군집특성 분석

1990년도 산업의 군집화와 해당 군집의 특성을 살펴보면 다음과 같다. 먼저 군집 1은 음식료품, 일반기계, 수송장비가 속해 있으며 이 군집의 산업들이 가지고 있는 공통적인 특성은 다른 요인들에 비해 취업유발도에서 높은 영향을 받고 있으나 전체 군집에서 볼 때 중간 정도 수준이다. 반면에 물류영향력과 산업 내 무역에서는 전체 군집 중에서 가장 낮은 요인점수를 보이고 있다. 따라서 낮은 물류영향력과 낮은 산업 내 무역이 군집 1의 특성이라 할 수 있다.

군집 2에 속한 산업은 섬유 및 가죽제품으로서 전체 군집 중에서 가장 높은 무역특화도와 취업유발도를 보이고 있으나 다른 산업들에게 영향을 받는 정도인 감응도 부분에서는 낮은 요인점수를 보이고 있다.

군집 3은 목재 및 종이제품, 화학제품, 제1차 금속이 속해 있으며, 이 군집은 상대적으로 높은 감응도를 보이고 있다는 면에서 다른 군집과 확연한 차이를 보이고 있다. 그 외의 요인에서는 공통적인 모습을 찾기 어려우나 산업 내 무역에서는 화학제품은 음의 값을 갖지만 목재 및 종이제품과 제1차 금속은 상당히 높은 수준의 산업 내 무역을 보여주고 있다.

군집 4는 포함된 산업이 가장 많은 군집으로서 인쇄·출판 및 복제, 금속제품, 정밀기기, 가구 및 기타 제조업이 소속되어 있다. 군집의 특성으로는 군집 2인 섬유 및 가죽제품을 제외하고는 가장 높은 취업유발도를 나타내고 있다. 그러나 무역특화도 면에서는 소속산업들이 전체적으로 낮은 영향을 보이고 있다.

군집 5는 석유 및 석탄제품으로서 영향력 요인에서 상당히 낮은 요인점수를 보이고 있어서 다른 산업에의 영향을 주는 정도나 물류산업에 영향을 주는 정도가 상당히 약한 군집이라 할 수 있다. 그러나 산업 내 무역에 있어서는 전체 군집 중에서 가장 높다.

군집 6은 비금속광물제품으로서 물류산업에 의존하는 정도인 물류영향력 요인이 타 군집보다 월등히 높게 나오고 있어서 물류산업에 영향을 많이 받는 군집이라 할 수 있다. 그러나 산업 내 무역은 활발하지 않은 군집이다.

군집 7은 전기전자기기이며 특성은 섬유 및 가죽제품인 군집 2 다음으로 무역특화 정도가 높으며 지역특성화 부분에서도 가장 높은 것으로 나타났다.

한편 적합군집의 가능성이 높은 군집을 살펴보면 평균이 군집 1

과 군집 5를 제외하고는 모든 군집이 전체 평균보다 높게 나타나고 있으며, 특히 군집 7과 군집 3, 군집 6, 군집 2는 모두 0.4 이상의 평균을 보이고 있어서 적합군집이라 할 수 있을 것이다.

다음으로 적합군집들의 요인 특성을 살펴보면, 강점이 있는 요인으로는 무역특화도, 지역특성화, 감응도, 물류영향력으로, 약점이 있는 요인으로는 감응도, 산업 내 무역, 지역특성화로 나타나고 있다. 정리를 해 보면 1990년에는 특히 무역특화도 면에서 상대적으로 높은 군집들이 적합군집을 이루고 있으며, 그 외에도 지역특성화와 물류에 영향을 많이 받는 군집특성을 보인다. 감응도는 강약이 같이 나오므로 상쇄효과가 있을 것으로 추정되나, 반면에 산업 내 무역은 잘 이루어지지 않고 있다.

표 81 군집 간 평균비교(1990년)

군집		무역 특화도	영향력	물류 영향력	지역 특성화	취업 유발도	감응도	산업 내 무역	평균
1	평균	−0.31	0.12	−0.77	−0.18	1.26	0.10	−1.37	−0.16
	N	3	3	3	3	3	3	3	3
2	평균	2.87	0.53	−0.50	−1.29	2.54	−2.42	1.03	0.40
	N	1	1	1	1	1	1	1	1
3	평균	−0.13	−0.05	0.16	−0.37	1.10	1.96	0.59	0.46
	N	3	3	3	3	3	3	3	3
4	평균	−0.79	0.15	0.01	0.86	1.33	−0.38	0.43	0.23
	N	4	4	4	4	4	4	4	4
5	평균	−0.48	−3.44	0.96	−0.65	0.85	0.24	1.11	−0.20
	N	1	1	1	1	1	1	1	1
6	평균	−0.16	0.04	3.32	−0.35	0.77	0.04	−0.64	0.43
	N	1	1	1	1	1	1	1	1

군집		무역 특화도	영향력	물류 영향력	지역 특성화	취업 유발도	감응도	산업 내 무역	평균
7	평균	1.78	−0.13	0.02	0.98	0.95	0.36	−0.04	**0.56**
	N	1	1	1	1	1	1	1	1
합계	평균	−0.03	−0.16	0.14	0.03	1.25	0.21	0.06	0.21
	N	14	14	14	14	14	14	14	14

표 82 산업의 군집화와 군집특성(1990)

구 분	해당 산업	군집특성
군집 1	음식료품, 일반기계, 수송장비	L 물류영향력−L 산업 내 무역
군집 2	섬유 및 가죽제품	H 무역특화도−L 감응도
군집 3	목재 및 종이제품, 제1차 금속, 화학제품	H 감응도
군집 4	인쇄·출판 및 복제, 금속제품, 정밀기기, 가구 및 기타 제조업	H 취업유발도−L 무역특화도
군집 5	석유 및 석탄제품	H 산업 내 무역−L 영향력
군집 6	비금속광물제품	H 물류영향력−L 산업 내 무역
군집 7	전기전자기기	H 무역특화도−H 지역특성화

(2) 1995년 군집특성 분석

1995년의 군집특성은 1990년과 비교하였을 때 군집들의 특성이 약간 모호한 경우가 많다. 이는 군집특성을 비교할 때는 군집에 속한 산업 간의 공통적으로 가지고 있는 특성을 발견해야 하는데 1995년의 군집들은 소속 산업별로 상당히 다른 성향을 보이고 있기 때문이다.

군집 1은 음식료품, 섬유 및 가죽제품, 목재 및 종이제품, 금속제품으로 구성된 집단으로서 뚜렷한 특성을 보이고 있는 요인은 지역특성화가 낮은 수준으로 이루어진 군집이라는 것이다. 그 외에는 소속 산업별로 상당히 특성이 뚜렷하지만 공통의 특성은 잘 발견되지 않으며 다소 약하기는 하지만 나름대로 타 산업에 대한 영향력 요인이 정(+)의 값을 보이고 있다.

군집 2는 인쇄·출판 및 복제, 정밀기기, 가구 및 기타 제조업으로 이루어진 군집으로서 타 군집에 비해 낮은 무역특화도와 높은 지역특성화를 들 수 있다.

군집 3은 석유 및 석탄제품으로서 1990년의 군집 5와 똑같은 특성을 보이고 있는데, 상대적으로 높은 산업 내 무역과 현저히 떨어지는 영향력 요인이 그것이다.

군집 4는 화학제품과 일반기계, 수송장비를 포함하는 군집으로서 그 특성은 낮은 산업 내 무역을 하고 있는 산업들의 군집이다. 또한 나름대로 무역특화도 요인에도 영향을 받는 것으로 나타나고 있다.

군집 5는 비금속광물제품으로 이 군집도 1990년 군집 6과 비슷한 성향을 보이고 있는데, 물류산업에 영향을 많이 받는 군집이지만 산업 내 무역은 그다지 활발하지 않은 성향을 보이고 있다.

군집 6은 제1차 금속으로서 감응도는 다른 요인에 비해 상대적으로 높지만 지역특성화는 낮은 유형의 군집이다.

군집 7은 전기전자기기로서 1990년 군집 7과 유사하게 높은 무역특화도와 지역특화도를 가지고 있는 군집이다.

다음으로 적합군집 가능성이 높은 군집을 살펴보면, 전체 평균인 −0.04보다 높은 군집은 군집 2, 군집 5, 군집 6, 군집 7이 있으나, 군집 2의 경우에는 평균과 그다지 차이가 나지 않기 때문에 적합군집 가능성이 높은 군집으로는 군집 7, 군집 6, 군집5가 있다.

선정된 적합군집들의 요인 특성을 살펴보면, 무역특화도와 다른 산업이나 물류비에 영향을 많이 받는 군집들이 적합군집을 이루고 있다. 전반적으로 지역특성화 부분에서는 군집 간의 강약이 엇갈려 상쇄되는 모습을 보이며, 산업 내 무역은 약한 군집의 특성을 보이고 있다.

표 83 군집 간 평균비교(1995년)

군 집		무역특화도	영향력	물류영향력	지역특성화	취업유발도	감응도	산업 내 무역	평 균
1	평균	−0.12	0.42	0.01	−0.58	−0.13	−0.33	0.26	−0.06
	N	4	4	4	4	4	4	4	4
2	평균	−0.75	0.19	0.10	1.30	−0.10	−0.49	−0.07	0.03
	N	3	3	3	3	3	3	3	3
3	평균	−0.44	−2.92	−0.37	−0.37	−0.93	−0.58	0.82	−0.68
	N	1	1	1	1	1	1	1	1
4	평균	0.37	0.06	−0.38	−0.26	−0.17	0.40	−1.63	−0.23
	N	3	3	3	3	3	3	3	3
5	평균	0.11	0.56	3.70	−0.60	−1.10	−0.29	−1.45	0.13
	N	1	1	1	1	1	1	1	1
6	평균	0.08	0.62	−0.53	−1.08	−0.49	1.68	1.49	0.25
	N	1	1	1	1	1	1	1	1
7	평균	2.73	−0.16	0.39	1.55	−0.71	−0.08	0.32	0.58
	N	1	1	1	1	1	1	1	1
합 계	평균	0.06	0.04	0.17	0.02	−0.33	−0.06	−0.21	−0.04
	N	14	14	14	14	14	14	14	14

표 84 산업의 군집화와 군집특성(1995)

구 분	해당 산업	군집특성
군집 1	음식료품, 섬유 및 가죽제품, 목재 및 종이제품, 금속제품	H 영향력−L 지역특성화
군집 2	인쇄·출판 및 복제, 정밀기기, 가구 및 기타 제조업	H 지역특성화−L 무역특화도
군집 3	석유 및 석탄제품	H 산업 내 무역−L 영향력
군집 4	화학제품, 일반기계, 수송장비	H 무역특화도−L 산업 내 무역
군집 5	비금속광물제품	H 물류영향력−L 산업 내 무역
군집 6	제1차 금속	H 감응도−L 지역특성화
군집 7	전기전자기기	H 무역특화도−H 지역특성화

(3) 2000년 군집특성 분석

2000년도 군집특성들을 종합해 보면 전반적으로 모든 군집에서 취업유발도가 1990년과 1995년에 비해 하락하였다는 점이다. 따라서 군집의 특성을 파악할 때 낮게 형성된 취업유발도 요인은 특성이 될 수 없으나 군집 간의 상대적 비교를 통해 다른 군집에 비해 현저히 높거나 낮은 수준의 취업유발효과를 나타내는 군집은 포함하였다.

군집 1은 음식료품, 일반기계, 수송장비가 속해 있으며, 이는 1990년과 동일한 군집이라 할 수 있다. 특성을 파악해 보면 영향력은 높게 나오는 반면 그 외의 요인에 있어서는 낮은 요인점수를 나타내고 있으며 특히 물류영향력 면에서는 소속 산업들이 공통적으로 낮게 나오고 있다. 이러한 점에서 볼 때 1990년 군집 1과 소속 산업들은 같을지 몰라도 그 특성은 상당히 다르게 나오고 있다는 점이 특이하다.

군집 2는 섬유 및 가죽제품과 비금속광물제품이 포함되어 있으며, 특성으로는 다른 요인들에 비해 상대적으로 높은 영향력과 낮은 감응도라 할 수 있다.

군집 3은 목재 및 종이제품, 인쇄·출판 및 복제, 금속제품, 가구 및 기타 제조업이 군집을 이루고 있으며, 그 특성으로는 낮은 무역특화도에 반해 높은 수준의 산업 내 무역이라 할 수 있다.

군집 4는 석유 및 석탄제품으로서 1990년과 1995년과 유사하게 역시 영향력에 있어서는 가장 낮게 나오고 있으나, 다소 특이한 점은 산업 내 무역에 있어서 이전 기간과는 다르게 음(−)의 값을 보이고 있다는 점이다.

군집 5는 화학제품과 제1차 금속으로 이루어져 있으며, 감응도 요인에 대해서는 높게 나오고 있지만 지역특성화에 있어서는 다른 요인에 비해 상대적으로 낮게 나오고 있다.

군집 6은 전기전자기기로서 1990년과 1995년과 비슷하게 무역특화도와 지역특성화에서 강점을 보이고 있으나 취업유발효과는 다른 군집에 비해서 현저히 떨어지는 특성을 가지고 있다.

군집 7은 정밀기기인데 높은 수준의 지역특성화를 보이고 있으나 물류영향력에서는 낮게 나오고 있어 물류산업에 그다지 영향을 받지 않는 특성을 보이고 있다.

다음으로 2000년의 적합군집을 살펴보면, 우선 전체 평균보다 높은 군집은 군집 2, 군집 3, 군집 5, 군집 6이며, 이 중에서 특히 군집 6 같은 경우에는 다른 군집에 비해 상당히 높은 평균을 보이고 있다.

선정된 적합군집의 특성을 종합해 보면, 강점이 있는 요인으로는 물류영향력, 산업 내 무역, 감응도, 무역특화도와 지역특성화 등이며, 약점 요인으로는 감응도, 무역특화도, 지역특성화, 취업유발도 등이 나타나고 있다. 무역특화도, 감응도, 지역특성화 요인들은 군집 간에 강약이 동시에 나타나고 있어 각 요인의 효과가 감소하는 것으로 추정할 수 있기 때문에 2000년의 적합군집특성은 물류에 영향을 많이 받는 군집이면서 한편으로는 취업유발효과가 상대적으로 낮다는 특성을 보인다고 할 수 있다.

2000년은 몇 가지에서 다른 연도와 차이를 보이고 있는데 우선 같은 요인에 대해 강약이 서로 공존하는 경우가 많아서 서로 상쇄되는 효과가 나타날 수 있으며, 이전에는 산업 내 무역이 잘 이루어지지 않은 군집들이 적합군집으로 선정되었지만 2000년에는 산업 내 무역이 잘 이루어지는 군집이 적합군집에 포함되었다.

표 85 군집 간 평균비교(2000년)

군 집		무역 특화도	영향력	물류 영향력	지역 특성화	취업 유발도	감응도	산업 내 무역	평 균
1	평균	−0.04	0.51	−0.75	−0.85	−0.83	−0.55	−0.69	−0.45
	N	3	3	3	3	3	3	3	3
2	평균	0.11	0.60	0.68	−0.43	−1.25	−0.86	0.42	**−0.11**
	N	2	2	2	2	2	2	2	2
3	평균	−0.75	0.45	−0.14	0.29	−0.74	−0.48	0.96	**−0.06**
	N	4	4	4	4	4	4	4	4
4	평균	−0.10	−3.73	−0.56	−0.49	−1.08	−0.53	−1.25	−1.11
	N	1	1	1	1	1	1	1	1
5	평균	0.23	0.49	−0.54	−1.03	−0.92	1.39	0.16	**−0.03**
	N	2	2	2	2	2	2	2	2
6	평균	3.00	−0.34	−0.05	2.10	−1.36	1.15	0.58	**0.73**
	N	1	1	1	1	1	1	1	1
7	평균	−0.90	0.22	−1.27	1.88	−0.70	−0.17	−0.23	−0.17
	N	1	1	1	1	1	1	1	1
합계	평균	−0.03	0.12	−0.32	−0.06	−0.92	−0.14	0.15	−0.17
	N	14	14	14	14	14	14	14	14

표 86 산업의 군집화와 군집특성(2000)

구 분	해당 산업	군집특성
군집 1	음식료품, 일반기계, 수송장비	H 영향력−L 물류영향력
군집 2	섬유 및 가죽제품, 비금속광물제품	H 물류영향력−L 감응도
군집 3	목재 및 종이제품, 인쇄·출판 및 복제, 금속제품, 가구 및 기타 제조업	H 산업 내 무역−L 무역특화도
군집 4	석유 및 석탄제품	L 영향력−L 산업 내 무역
군집 5	화학제품, 제1차 금속	H 감응도−L 지역특성화
군집 6	전기전자기기	H 무역특화도, 지역특성화−L 취업유발도
군집 7	정밀기기	H 지역특성화−L 물류영향력

(4) 1990~2000 군집특성 분석

마지막으로 전체 기간을 대상으로 하여 산업의 군집화와 해당 군집의 특성을 고찰해 보고자 한다.

군집 1은 음식료품, 화학제품, 일반기계, 수송장비가 포함되며 당해 군집의 특성으로는 상당히 낮은 수준에서 산업 내 무역이 이루어지고 있으며, 또한 물류산업의 영향력도 비교적 낮은 산업들로 이루어져 있다.

군집 2는 섬유 및 가죽제품으로서 높은 무역특화도를 가지고 있으나 다른 산업에 영향을 받는 정도인 감응도 요인이 상당히 낮은 군집이다.

군집 3은 목재 및 종이제품, 제1차 금속, 금속제품으로 이루어져 있으며, 상당히 높은 산업 내 무역을 보이고 있으나 지역특성화에는 부적합한 산업이라 할 수 있다.

군집 4는 인쇄·출판 및 복제, 정밀기기, 가구 및 기타 제조업으로 이루어져 있으며, 군집 3과는 다르게 지역특성화에는 상당히 적합한 산업이지만 무역특화도가 상당히 낮게 나오는 내수중심의 군집이다.

군집 5는 석유 및 석탄제품으로서 다른 요인들에 비해 특히 다른 산업(물류산업)에 영향을 주는 영향력이 낮은 군집으로서 물류유발효과는 상당히 낮은 군집이라 할 수 있다.

군집 6은 비금속광물제품으로서 물류산업에 영향을 많이 받는 산업이지만, 취업유발도가 낮아서 고용효과가 낮은 군집이라 할 수 있다.

군집 7은 전기전자기기로서 전반적으로 취업유발도를 제외하고는 모든 요인들에 있어 양의 값을 나타내고 있으며, 특히 높은 수준의 무역특화도와 지역특성화를 보이고 있기 때문에 적합산업 선정에 있어서 적당한 군집이라 할 수 있을 것이다.

표 87 군집 간 평균비교(1990~2000)

군 집		무역 특화도	영향력	물류 영향력	지역 특성화	취업 유발도	감응도	산업 내 무역	평균
1	평균	0.04	0.24	−0.53	−0.46	0.07	0.31	−1.09	−0.20
	N	4	4	4	4	4	4	4	4
2	평균	1.52	0.46	−0.10	−0.65	0.56	−1.47	0.64	0.14
	N	1	1	1	1	1	1	1	1
3	평균	−0.43	0.34	−0.15	−0.67	0.00	0.57	1.06	0.10
	N	3	3	3	3	3	3	3	3
4	평균	−0.80	0.24	−0.04	1.31	0.19	−0.43	0.19	0.09
	N	3	3	3	3	3	3	3	3
5	평균	−0.34	−3.36	0.01	−0.50	−0.39	−0.29	0.23	−0.66
	N	1	1	1	1	1	1	1	1
6	평균	−0.13	0.43	2.69	−0.49	−0.63	−0.37	−0.55	0.14
	N	1	1	1	1	1	1	1	1
7	평균	2.50	−0.21	0.12	1.54	−0.37	0.48	0.28	0.62
	N	1	1	1	1	1	1	1	1
합계	평균	0.34	−0.27	0.28	0.01	−0.08	−0.17	0.11	0.03
	N	14	14	14	14	14	14	14	14

한편 전체 기간을 대상으로 한 분석에서 적합군집일 가능성이 높은 군집을 도출해 보면, 전체 평균보다 높은 군집인 군집 2, 군집 3, 군집 4, 군집 6, 군집 7이 적합군집 가능성이 높으며, 특히 군집 7의 경우에는 평균이 상당히 높다는 점에서 적합군집으로 보아도 무방할 것이다.

표 88 산업의 군집화와 군집특성(1990~2000)

구 분	해당 산업	군집특성
군집 1	음식료품, 화학제품, 일반기계, 수송장비	L 물류영향력-L 산업 내 무역
군집 2	섬유 및 가죽제품	H 무역특화도-L 감응도
군집 3	목재 및 종이제품, 제1차 금속, 금속제품	H 산업 내 무역-L 지역특성화
군집 4	인쇄·출판 및 복제, 정밀기기, 가구 및 기타 제조업	H 지역특성화-L 무역특화도
군집 5	석유 및 석탄제품	L 영향력
군집 6	비금속광물제품	H 물류영향력-L 취업유발도
군집 7	전기전자기기	H 무역특화도-H 지역특성화

(5) 군집분석에 의한 적합산업 선정과 산업특성

이상과 같이 각 연도별로 산업의 군집화 유형과 각 군집에 대한 특성, 그리고 각 연도별 군집의 평균을 기준으로 한 적합군집 가능성에 대해 살펴보았다. 이를 이용한 적합산업 선정을 위한 기준으로는 상술한 각 연도별 적합군집에 속한 산업들의 빈도를 정리해 사용하기로 하며, 내용은 아래 표와 같다.

먼저 모든 연도에서 적합군집으로 선정된 군집은 3개가 있었으며 해당 군집들에 속한 산업은 비금속광물제품, 제1차 금속, 전기전자기기이다. 다음으로는 2개 연도(1990년, 2000년)에서 선정된 군집에 속한 산업은 섬유 및 가죽제품, 목재 및 종이제품, 화학제품이었으며, 1개 연도(2000년)에서 선정된 군집의 산업은 인쇄·출판 및 복제, 금속제품 그리고 가구 및 기타 제조업 산업이다.

따라서 군집분석의 결과만을 놓고 볼 때 가장 적합한 산업은 3개 연도에 모두 선정된 3개의 산업이며, 다음 순위 적합산업은 2개 연도, 1개 연도에서 선정된 산업들이라고 추정해 볼 수 있다.

이들 선정된 산업들의 요인에 대한 특성을 살펴보면, 요인별로 산업 내 무역이 강한 산업이 5개로 가장 많았으며, 다음으로는 물류영향력, 지역특성화, 감응도 부문에서 3개씩 나타나고 있으며, 무역특화도 면에서도 2개의 산업이 강점을 보이고 있는 것으로 나왔다. 그러나 물류산업에 미치는 영향을 알 수 있는 영향력과 취업유발효과 부문에서는 강점을 나타내는 산업이 없는 것으로 나타났다.

산업별로 상대적으로 약한 요인들은 무역특화도 요인이 총 4개 산업에서 나타나 적합산업으로 지정된 산업들의 요인에 대한 영향도가 가장 낮게 나타나고 있다. 다음으로는 지역특성화와 취업유발도가 각각 2개 산업, 감응도와 산업 내 무역이 각각 1개 산업에서 나타나고 있다.

표 89 군집분석에 의한 적합산업과 산업특성

빈 도	적 합 산 업	요인별 강점	요인별 약점
3개 연도	비금속광물제품	**물류영향력**	산업 내 무역, 취업유발도
	제1차 금속	감응도, 산업 내 **무역**	**지역특성화**
	전기전자기기	**무역특화도, 지역특성화**	**취업유발도**
2개 연도	섬유 및 가죽제품	**무역특화도**, 물류영향력	**감응도**
	목재 및 종이제품	감응도, 산업 내 **무역**	**무역특화도**
	화학제품	감응도	지역특성화
1개 연도	인쇄·출판 및 복제	산업 내 무역, 지역특성화	**무역특화도**
	금속제품	**산업 내 무역**	**무역특화도**
	가구 및 기타 제조업	산업 내 무역, 지역특성화	**무역특화도**

* 굵은체는 전 기간(1990~2000)에서 각 산업이 속한 군집특성임.

3. 수도권 산업집적 현황과 적합도 분석

수도권에서의 산업집적 적합도란 실제 연도별 산업집적의 현황과 군집분석을 통해 도출한 적합군집 내지 적합산업의 집적 정도를 비교해서 적합군집으로 선정된 군집이 실제 현황에서도 집적이 잘되었다면 수도권에서의 산업집적은 적합한 방향으로 집적이 되었다고 할 수 있을 것이다.

수도권에서의 산업집적 현황과 앞서 분석한 군집들과의 관계를 통한 산업집적의 적합도와 특성을 살펴보기 위해 연도별로 산업의 수도권입지 현황을 조사하였다. 입지 현황 파악은 통계청의 각 연도 전국사업체기초조사[13]를 이용하여 사업체 수 기준과 종사자 수 기준으로 구분하여 산업별 전국대비 수도권 비중과 입지계수(LQ)를 정리하였다. 그러나 실제 입지특성을 파악하는 데 있어서는 사업체 수 기준만을 이용하였는데, 이는 종사자 수 기준 자료는 요인분석에 사용된 변수이기 때문에 중복의 우려가 있다.

특정 산업의 집적이 잘 이루어져 있는가의 기준으로는 전국 대비 수도권의 사업체 수 비중이 50% 이상이며, 또한 영국 상무성에서 사용하는 산업집적 기준인 LQ 지수 1.25 이상인 산업을 대상으로 하였다.

먼저 산업집적의 적합도를 분석하기 위해서는 각 연도별 수도권의 산업집적의 현황과 적합군집으로 선정된 군집의 소속 산업들과의 비교를 통해 쉽게 파악할 수 있다. 다음으로 수도권 산업집적의 특성을 파악하기 위해서는 산업집적 기준을 충족한 산업들에 대해 이들

---

13) 통계청의 전국사업체기초조사는 1993년부터 시작되었기 때문에 1990년 자료를 사용하지 않고 1990년에 가장 가까운 1993년 사업체 수와 종사자 수를 사용하여 분석하였다.

산업이 속한 군집을 추적하여 해당 군집의 특성을 분석하여 정리를
하면 될 것이다.

1) 1993년 산업집적 현황과 특성

1993년의 경우 수도권에 집적도가 우수한 산업은 전기전자기기,
인쇄·출판 및 복제, 정밀기기, 화학제품, 일반기계, 제1차 금속 산
업 순이다. 이들 산업이 속한 군집을 살펴보면, 일반기계는 군집 1,
화학제품과 제1차 금속은 군집 3, 인쇄·출판 및 복제와 정밀기기는
군집 4, 그리고 전기전자기기는 군집 7로 구분된다. 1990년 적합군
집은 군집 2, 군집 3, 군집 6, 군집 7이었으며, 소속 산업들은 섬유
및 가죽제품, 목재 및 종이제품, 제1차 금속, 화학제품, 비금속광물
제품, 전기전자기기 산업이다.

표 90 수도권 산업집적 현황(1993)

1993	사업체 수 기준		종사자 수 기준	
	비중	LQ	비중	LQ
음식료품	0.28	0.63	0.42	0.83
섬유 및 가죽제품	0.53	1.18	0.54	1.05
목재 및 종이제품	0.45	1.01	0.55	1.09
인쇄, 출판 및 복제	0.65	1.45	0.78	1.53
석유 및 석탄제품	0.55	1.24	0.45	0.88
화학제품	0.60	1.35	0.58	1.14
비금속광물제품	0.38	0.86	0.42	0.82
제1차 금속	0.57	1.27	0.43	0.85
금속제품	0.48	1.07	0.52	1.02
일반기계	0.60	1.34	0.62	1.21
전기, 전자기기	0.71	1.59	0.65	1.28

1993	사업체 수 기준		종사자 수 기준	
	비중	LQ	비중	LQ
정밀기기	0.63	1.42	0.62	1.21
수송장비	0.41	0.92	0.46	0.90
가구 및 기타 제조업	0.53	1.19	0.70	1.36

따라서 산업집적이 적합하게 이루어진 군집으로는 군집 3, 군집 7이며, 군집 1과 4는 적합도 면에서 떨어진다고 할 수 있다. 그러나 군집 4의 경우 1990년 적합군집 선정 시 전체 평균보다는 높았지만 값의 차이가 그다지 크지 않아서 선정에서 제외했다는 점을 고려하면 전체적으로 1990년에는 산업집적 적합도가 높다고 할 수 있을 것이다.

산업집적의 요인별 특성을 살펴보면, 강점으로는 감응도, 지역특성화, 무역특화도 요인들이며, 약점으로는 물류영향력, 산업 내 무역, 무역특화도, 지역특성화 요인이다. 이 중에서 지역특성화와 무역특화도는 군집 간에 강점과 약점이 공존하고 있기 때문에 그 효과가 희석될 것으로 추정되기 때문에 실제 수도권에서 산업집적의 특성을 찾는다면 감응도가 강한 군집이면서 물류영향력과 산업 내 무역에는 별 관계가 없는 군집이라고 할 수 있다.

2) 1995년 산업집적 현황과 특성

1995년의 경우 사업체 수 비중이 50% 이상이며, LQ 지수가 1.25 이상인 산업은 1993년과 동일하게 전기전자기기, 인쇄·출판 및 복제, 정밀기기, 화학제품, 제1차 금속, 일반기계 산업 순으로 나타났다. 소속 군집을 살펴보면 인쇄, 출판 및 복제와 정밀기기는 군집 2, 화학제품과 일반기계는 군집 4, 제1차 금속은 군집 6, 전기전자기기는 군집 7이다. 해당 연도 적합군집은 군집 5, 군집 6, 군집 7이었으며, 산업으로는 비금속광물제품, 제1차 금속, 전기전자기기이다.

따라서 군집 2, 4의 경우에는 적합하지 못한 집적이라 할 수 있으나 군집 2의 경우에는 적합군집 선정 시 앞서 1990년의 군집 4의 경우와 같이 전체 평균보다는 값의 차이가 별로 없어서 제외했던 군집이기 때문에 1995년도에 비교적 적합도가 높다고 할 수 있을 것이다.

실제 산업집적이 이루어진 군집들의 요인에 대한 특성을 살펴보면, 강점을 보이는 요인은 지역특성화, 무역특화도, 감응도이며, 약점을 보인 요인은 무역특화도, 산업 내 무역, 지역특성화로 나타나고 있다. 앞선 연도 분석에서와 같이 강점과 약점이 중복되는 무역특성화와 지역특성화의 경우 부분적으로 효과가 상쇄가 되나, 무역특화도는 강점 면에서 지역특성화는 약점 면에서 두드러진다. 따라서 정리를 하면 무역특화도와 감응도 면에서는 강점을 가지고 있으나 산업 내 무역과 지역특성화 면에서 취약한 군집성격을 보여주고 있다.

표 91 **수도권 산업집적 현황(1995)**

1995	사업체 수 기준		종사자 수 기준	
	비중	LQ	비중	LQ
음식료품	0.28	0.63	0.38	0.77
섬유 및 가죽제품	0.53	1.19	0.48	0.99
목재 및 종이제품	0.38	0.85	0.51	1.04
인쇄, 출판 및 복제	0.65	1.46	0.75	1.52
석유 및 석탄제품	0.54	1.21	0.31	0.63
화학제품	0.58	1.30	0.53	1.09
비금속광물제품	0.39	0.88	0.37	0.77
제1차 금속	0.58	1.30	0.35	0.72
금속제품	0.47	1.06	0.49	1.00

1995	사업체 수 기준		종사자 수 기준	
	비중	LQ	비중	LQ
일반기계	0.57	1.28	0.55	1.13
전기, 전자기기	0.68	1.53	0.63	1.29
정밀기기	0.63	1.40	0.58	1.19
수송장비	0.38	0.86	0.33	0.67
가구 및 기타 제조업	0.54	1.22	0.70	1.43

3) 2000년 산업집적 현황과 특성

2000년의 경우 산업집적이 잘 되어 있는 산업은 전기전자기기, 인쇄·출판 및 복제, 정밀기기, 일반기계, 화학제품, 섬유 및 가죽제품 산업 순이다. 앞선 연도와 차이가 있는 점은 제1차 금속이 제외되고 새롭게 섬유 및 가죽제품의 입지계수가 1.25를 넘어서 포함이 되었다. 소속 군집을 추적해 보면, 일반기계는 군집 1, 섬유 및 가죽제품은 군집 2, 인쇄·출판 및 복제는 군집 3, 화학제품은 군집 5, 전기전자기기는 군집 6, 정밀기기는 군집 7로 구분된다.

이러한 결과는 앞선 1990년과 1995년과 비교해 볼 때 석유 및 석탄제품인 군집 4를 제외하고는 모든 군집에서 소속 산업이 존재하여 산업집적의 다양화가 이루어지는 것으로 나타나고 있다. 즉 이러한 군집의 다양한 집적현상은 배후지역에 산업이 입지하는 데 영향을 주는 모든 요인에 대한 고려가 이루어지고 있다는 긍정적인 측면과 함께 지역의 특성화를 위한 집중이 떨어진다는 부정적인 측면이 공존한다고 볼 수 있다.

집적의 적합도를 보면 군집 1과 군집 7의 집적이 부적합한 것으로 나타났으나, 군집 1의 경우에는 일반기계를 제외한 다른 산업들은 집적이 이루어지지 않았기 때문에 비교적 적합한 산업집적이 이루어졌다고 할 수 있다.

2000년도 산업집적 현황에 대한 특성을 살펴보면 강점을 보이는 요인은 영향력, 물류영향력, 산업 내 무역, 감응도, 무역특화도, 지역특성화 등 거의 모든 요인이 나타나고 있으며, 약점으로는 물류영향력, 감응도, 무역특화도, 지역특성화, 취업유발도가 나타나고 있다. 이는 거의 모든 군집이 포함되었기 때문에 요인 또한 거의 대부분이 강점과 약점이 나타나고 있다. 전술했듯이 동일 요인의 강점과 약점이 동시에 나오기 때문에 그 효과는 부족한 부분의 보완이라는 긍정적인 면과 상쇄를 통한 하향평준화라는 부정적인 면이 나타난다.

그럼에도 불구하고 요인들 중에선 산업 내 무역요인이 1990년, 1995년 약점에서 2000년에는 강점으로 변해서 산업 내 무역의 중요성이 부각되었다는 점과 1990년에 물류영향력이 높았던 것이 2000년에는 약하게 되었다는 것은 산업입지에 있어서 물류산업이 미치는 영향이 줄었다고 해석할 수 있을 것이다.

표 92 수도권 산업집적 현황(2000)

2000	사업체 수 기준		종사자 수 기준	
	비중	LQ	비중	LQ
음식료품	0.29	0.65	0.36	0.73
섬유 및 가죽제품	0.57	1.27	0.52	1.07
목재 및 종이제품	0.47	1.05	0.53	1.08
인쇄, 출판 및 복제	0.65	1.45	0.75	1.54
석유 및 석탄제품	0.41	0.92	0.36	0.74
화학제품	0.57	1.28	0.49	1.01
비금속광물제품	0.38	0.86	0.35	0.71
제1차 금속	0.53	1.18	0.29	0.59
금속제품	0.49	1.09	0.48	0.99

2000	사업체 수 기준		종사자 수 기준	
	비중	LQ	비중	LQ
일반기계	0.58	1.30	0.51	1.03
전기, 전자기기	0.68	1.52	0.64	1.30
정밀기기	0.60	1.34	0.59	1.21
수송장비	0.33	0.74	0.27	0.55
가구 및 기타 제조업	0.55	1.22	0.66	1.34

3절 물류클러스터 배후입지 적합산업 선정

　물류클러스터 활성화를 위한 배후입지 적합산업을 선정하기 위해서는 다음과 같은 선정기준을 적용해 볼 수 있을 것이다. 첫째, 앞선 요인분석을 통해 확보한 산업들의 요인점수를 바탕으로 하여 요인점수가 평균보다 높은 산업을 적합산업으로 선정할 수 있을 것이다. 둘째, 지역적 특성을 반영하는 성장잠재력, 지역경쟁력, 입지계수 등의 지표를 통해 적합산업을 선정할 수 있다. 즉 성장잠재력과 지역경쟁력은 성장하고 있는 산업인가와 지역이 가지고 있는 산업의 경쟁력에 미치는 영향과 입지적 우위성에 기준을 두는 지표이다. 셋째, 중앙정부와 지자체의 정책의지를 확인할 수 있는 국가계획과의 일치성을 살펴보아야 할 것이다.

1. 요인점수 기준

먼저 요인분석을 통해 산출한 각 산업별 요인점수를 이용하여 적합산업을 분석해 보면 다음과 같다. 우선 각 산업별 요인들에 대한 요인점수의 연도별 요인점수가 증가하는 산업을 선정하고, 이후 전체 기간을 대상으로 요인점수의 값이 높은 산업을 적합산업으로 선정하여야 할 것이다. 이는 물류클러스터 활성화를 위해 배후에 입지할 산업을 선정하는 데 영향을 줄 요인들에 대한 중요도를 나타내는 표준화 값이 요인점수이기 때문에 각 산업별 요인점수의 평균은 해당 산업이 적합산업인가의 척도를 보여주는 것이라 할 수 있기 때문이다.

각 산업의 요인점수의 연도별 추이를 살펴보면 전기전자기기를 제외하고는 모든 산업이 1990년에 비해 지속적으로 감소하는 모습을 보이고 있다. 그러나 인쇄·출판 및 복제와 수송장비에 있어서는 2000년에 소폭 상승하였다. 따라서 추이 면에 있어서는 전기전자기기와 인쇄·출판 및 복제, 수송장비가 적합산업의 대상이 될 것이다.

또한 전체 기간을 대상으로 해서 살펴보면, 전기전자기기, 제1차 금속, 목재 및 종이제품, 인쇄·출판 및 복제, 화학제품, 섬유 및 가죽제품, 비금속광물제품, 가구 및 기타 제조업제품 순으로 적합산업의 대상으로 포함시킬 수 있을 것이다.

표 93 요인점수를 통한 적합산업 선정

구 분	항공운송비중	1990	1995	2000	전 체
음식료품	2.2%	−0.19	−0.32	−0.50	−0.34
섬유 및 가죽제품	15.3%	0.40	0.07	−0.06	0.14
목재 및 종이제품	1.3%	0.47	0.12	0.00	0.20
인쇄, 출판 및 복제	57.9%	0.40	0.03	0.12	0.18

구 분	항공운송비중	1990	1995	2000	전 체
석유 및 석탄제품	0.0%	−0.20	−0.68	−1.11	−0.66
화학제품	10.8%	0.42	0.11	0.00	0.18
비금속광물제품	17.0%	0.43	0.13	−0.15	0.14
제1차 금속	1.0%	0.50	0.25	−0.06	0.23
금속제품	5.5%	0.06	−0.13	−0.29	−0.12
일반기계	21.2%	0.07	−0.18	−0.33	−0.15
전기, 전자기기	73.4%	0.56	0.58	0.73	0.62
정밀기기	78.8%	0.23	−0.13	−0.17	−0.02
수송장비	14.2%	−0.37	−0.63	−0.53	−0.51
가구 및 기타 제조업제품	30.8%	0.24	0.18	−0.05	0.12
평 균	23.5%	0.21	−0.04	−0.17	0.00

2. 산업의 지역경쟁력 기준

다음으로는 지역적 특성을 반영하는 성장잠재력과 지역경쟁력을 산출하기 위해서는 변이할당분석기법을 사용한다. 변이할당분석기법 (shift-share method)은 일정 기간 동안 일어난, 각 지역의 특정 경제실적 변화(예를 들어 고용성장, 소득증가 등)를 세 가지 구성요소로 산술적 또는 통계적으로 구분해서 파악하는 지역분석방법이다. 세 가지 구성요소는 벤치마킹 대상으로 보통 설정되는 국가 전체에서의 해당 경제실적 변화, 각 지역의 산업구조상 특성(지역산업구조요소), 그리고 각 지역의 고유한 입지상 이점(지역경쟁할당요소)에 각각 귀속된다고 간주된다.

이러한 변이할당분석기법은 지역의 경쟁력 내지는 그에 상응하는 고유한 특성의 평가에 활용됨으로써 지역분석방법의 하나로 널리 사용되고 있다. 지역산업구조요소는 지역의 산업구조상 특성에 귀속되는 고용증가분이다. 즉 전국 총고용증가율보다 높은 전국수준의 증가율을 보인 산업 부문 k가 지역 j에 존재하고 있다는 산업구조상의 특성을 나타내는 것으로 지역 고유의 성장잠재력을 의미하는 요소로 해석할 수 있다.

지역경쟁할당요소는 지역의 경제성장을 가져올 수 있는 특성으로 해석할 수 있는데, 변이할당분석기법을 각 지역의 산업 부문별 고용자 수 변화에 적용함으로써 산출되는 지역경쟁할당요소는 지역의 고유한 경쟁력 및 상대적 이점에 귀속되는 고용증가분이다. 예를 들어 산업 부문 k의 전국수준 고용증가율이 전국 총고용증가율에 미치지 못하더라도(지역산업구조요소가 음(−)의 값을 가지더라도) 해당 산업의 지역 j에서의 고용증가율을 산업 부문 k의 전국수준 고용증가율보다 높게 만드는(지역경쟁할당요소가 양(+)의 값을 가진다면) 부문별 고용성장의 측면에서 발현된, 지역 고유의 경쟁력 내지는 상대적 이점이 있다고 해석할 수 있다[14].

따라서 이들 지표들은 형성될 산업군의 자체경쟁력을 의미하는 것으로 적합산업의 선정기준은 지역산업구조요소와 지역경쟁할당요소가 모두 음(−)이거나 지역경쟁할당요소가 음(−)이고 입지계수가 1.0 미만인 경우는 적합산업에서 제외한다. 마지막으로 입지계수는 LQ(Location Quotient) 지수로 측정이 가능하며, 각각 종사자 수 기준과 사업체 수 기준으로 나누어 구할 수 있다.

---

14) 변필성 외, "지역 경쟁력과 경제발전 간의 관계", 『한국경제지리학회지』, 8:2, 2005.

지역경쟁할당요소를 도출하는 식은 아래와 같다.

$$PSE_{jk} = E_{jk}\left\{\left(\sum_j E_{jkt} / \sum_j E_{jk}\right) - \left(\sum_j\sum_k E_{jkt} / \sum_j\sum_k E_{jk}\right)\right\}$$

$$DSE_{jk} = E_{jk}\left\{\left(E_{jkt} / E_{jk}\right) - \left(\sum_j E_{jkt} / \sum_j E_{jk}\right)\right\}$$

PSE_{jk}: 지역산업구조요소

DSE_{jk}: 지역경쟁할당요소

E_{jk}: 지역 j의 산업 부문 k의 기준연도 종사자 수

E_{jkt}: 지역 j의 산업 부문 k의 t연도 종사자 수

지역산업구조요소와 지역경쟁할당요소를 연도별로 구분해서 정리를 하면 아래 표와 같다. 93~95년 기간에는 지역산업구조요소와 지역경쟁할당요소가 모두 음의 값을 가지고 있으며, 또한 93~2000년 전체 기간에서도 모두 음의 값을 가지고 있다. 그러나 95~2000년 기간에는 섬유 및 가죽제품, 목재 및 종이제품, 인쇄·출판 및 복제, 석유 및 석탄제품, 전기전자기기와 정밀기기에서 지역경쟁할당요소가 양의 값을 보인다.

이는 전술한 산업의 수도권에서의 고용증가율이 해당 산업 부문의 전국의 고용증가율보다 높게 나왔다는 것을 의미하며, 이것은 해당 산업들에 대한 수도권지역의 고유의 특성 및 상대적 이점이 있음을 의미한다.

표 94 성장잠재력과 지역경쟁력을 고려한 적합산업 선정

연 도 별	93~95		95~2000		93~2000	
구 분	지역산업 구조요소	지역경쟁 할당요소	지역산업 구조요소	지역경쟁 할당요소	지역산업 구조요소	지역경쟁 할당요소
음식료품	−22916	−14587	−10641	−5636	−34801	−18897
섬유 및 가죽제품	−137624	−38262	−82219	19920	−228670	−9128
목재 및 종이제품	−18600	−5932	−8467	2459	−27815	−2670
인쇄·출판 및 복제	−22082	−4930	−3627	1100	−25829	−3650
석유 및 석탄제품	−632	−2113	287	882	−212	−1358
화학제품	−38632	−15799	−9832	−13027	−49220	−27950
비금속광물제품	−9889	−6718	−18801	−3159	−30740	−7789
제1차 금속	−27740	−9924	5616	−8480	−20782	−19664
금속제품	7211	−9435	−14398	−1304	−8174	−9748
일반기계	−30173	−24832	−23978	−15617	−56909	−37570
전기, 전자기기	−4516	−9814	32930	3006	29474	−7837
정밀기기	−715	−1890	1585	589	957	−1382
수송장비	−25844	−47738	−10464	−19140	−40543	−62481
가구 및 기타 제조업	−18835	479	−17750	−6038	−36473	−5631

3. 입지계수 기준

LQ 지수를 활용한 입지계수를 살펴보면, 사업체 수 기준과 종사자 수 기준으로 나누어 구할 수 있는데, 각 산업별 수도권의 LQ 지수는 다음과 같다.

사업체 수 기준으로 보았을 때, 음식료품, 비금속광물제품, 수송장비가 LQ 지수가 1보다 작으며, 석유 및 석탄제품은 지속적인 하락 추이를 보이다가 2000년에는 1보다 작아졌다. 그러나 전기전자기기,

인쇄·출판 및 복제, 정밀기기, 화학제품, 일반기계 등은 상당히 높은 LQ 지수 값을 보이고 있어 수도권에 특히 특화되었다고 할 수 있는 산업들이다.

종사자 수 기준으로 보았을 때, 제1차 금속을 제외하고는 사업체 수 기준과 동일하며, 경공업 부문의 산업들이 특히 LQ 지수가 높게 나오고 있다.

표 95 LQ 지수를 고려한 적합산업 선정

구 분	사업체 수 기준				종사자 수 기준			
연 도 별	93	95	2000	전체	93	95	2000	전체
음식료품	0.63	0.63	0.65	0.64	0.83	0.77	0.73	0.78
섬유 및 가죽제품	1.18	1.19	1.27	1.21	1.05	0.99	1.07	1.04
목재 및 종이제품	1.01	0.85	1.05	0.97	1.09	1.04	1.08	1.07
인쇄·출판 및 복제	1.45	1.46	1.45	1.45	1.53	1.52	1.54	1.53
석유 및 석탄제품	1.24	1.21	0.92	1.13	0.88	0.63	0.74	0.75
화학제품	1.35	1.30	1.28	1.31	1.14	1.09	1.01	1.08
비금속광물제품	0.86	0.88	0.86	0.86	0.82	0.77	0.71	0.76
제1차 금속	1.27	1.30	1.18	1.25	0.85	0.72	0.59	0.72
금속제품	1.07	1.06	1.09	1.07	1.02	1.00	0.99	1.00
일반기계	1.34	1.28	1.30	1.31	1.21	1.13	1.03	1.12
전기전자기기	1.59	1.53	1.52	1.55	1.28	1.29	1.30	1.29
정밀기기	1.42	1.40	1.34	1.39	1.21	1.19	1.21	1.20
수송장비	0.92	0.86	0.74	0.84	0.90	0.67	0.55	0.71
가구 및 기타 제조업	1.19	1.22	1.22	1.21	1.36	1.43	1.34	1.38

4. 국가계획의 일치성

마지막으로 국가계획과의 일치성을 고려해야 할 것이다. 국가계획의 일치성은 그동안 발표되었던 지역전략산업 선정에 관한 정책을 살펴봄으로써 정책집행의 의지를 통해 확인할 수 있을 것이다. 이를 위해 산업집적활성화계획과 국가균형발전위원회에서 추진 중인 제1차 국가균형개발 5개년계획에서 수도권(서울, 경기, 인천)의 전략산업으로 선정된 산업을 우선적으로 검토하고 이후 지방 각 시도별 혁신전략산업과 수도권의 전략산업과의 중복성 여부 또한 검토해야 한다. 즉 수도권의 혁신전략산업 이외 산업의 경우 지방의 각 시도에서 혁신전략산업으로 검토하고 있는 산업에 대해서는 적합산업 선정에 있어 재검토가 필요할 것으로 보인다.

이를 위해서 앞에서 정리를 했던 중앙정부와 지자체의 지역특화산업에 관한 정책에서 수도권과 관련된 내용에서 제조업만을 대상으로 정리해 보면 다음과 같다. 서울시와 인천시, 경기도의 지역전략산업을 종합하면 섬유 및 가죽제품, 인쇄·출판 및 복제, 화학제품, 비금속광물, 금속, 일반기계, 전기전자기기, 정밀기기, 수송장비 산업을 들 수 있다. 그러나 전기전자기기, 수송장비, 화학, 일반기계 등 사업은 타 지역에서도 전략산업으로 추진하고 있어서 어느 정도 중복성이 발생하고 있다.

표 96 수도권지역별 전략산업

지 역	추진 중인 지역별 전략산업
서 울	섬유 및 가죽제품, 인쇄·출판 및 복제, 정밀기기, 전기전자기기,
인 천	비금속광물, 화학, 금속, 일반기계, 전기전자기기, 수송장비,
경 기	인쇄출판, 화학, 비금속광물, 일반기계, 전기전자기기, 정밀기기, 수송장비,
종 합	**섬유 및 가죽제품, 인쇄·출판 및 복제, 화학제품, 비금속광물, 금속, 일반기계, 전기전자기기, 정밀기기, 수송장비**

5. 배후입지 적합산업 선정

이상과 같은 물류클러스터 활성화를 위한 배후입지 적합산업을 선정하는 과정을 종합해 보면 다음과 같다. 요인점수 기준으로는 섬유 및 가죽제품, 목재 및 종이제품, 인쇄·출판 및 복제, 화학제품, 비금속광물, 제1차 금속, 전기전자기기, 가구 및 기타 제조업 산업이 적합한 것으로 나타났다.

지역경쟁력 측면에서는 섬유 및 가죽제품, 목재 및 종이제품, 인쇄·출판 및 복제, 석유 및 석탄제품, 전기전자기기, 정밀기기 산업이 적합하다고 볼 수 있다.

입지계수를 통한 적합도는 사업체 수 기준으로 보았을 때, 음식료품과 비금속광물, 수송장비 산업만이 부적합한 것으로 나타났으며, 종사자 수 기준으로 볼 때는 전술한 산업 이외에 석유 및 석탄제품, 제1차 금속 산업이 포함되었다.

중앙정부와 지자체의 정책의지 측면에서는 음식료품, 목재 및 종이제품, 석유 및 석탄제품, 제1차 금속, 가구 및 기타 제조업을 부적합한 산업으로 보고 있다.

전체적으로 모든 요인들에 대해서 적합 판정을 받은 산업은 섬유 및 가죽제품, 인쇄·출판 및 복제, 그리고 전기전자기기 산업이다. 따라서 가장 우선적으로 적합산업으로 선정하여 지역의 전략산업으로 집중 육성할 수 있는 산업이라 할 수 있을 것이다.

다음으로는 모든 요인에서 적합판정을 받지는 못했지만 4개의 요인에서 적합판정을 받은 산업으로는 목재 및 종이제품, 화학제품, 정밀기기 산업이 있다. 이러한 산업은 비록 최우선의 적합산업은 아닐지라도 차순위로서 적합산업이라 할 수 있기 때문에 지역의 전략산업으로 육성할 필요가 있을 것이다.

마지막으로 3개의 요인에서 적합판정을 받은 산업 중에서 정책의지를 중심으로 하여 살펴보면, 금속제품과 일반기계산업을 들 수 있다. 이들 산업은 요인점수와 지역경쟁력 요인에서는 부적합한 산업이지만 입지계수와 정책의지 측면에서 적합산업으로 평가되고 있기 때문에 지역의 전략산업으로 육성될 수 있을 것이다. 즉 산업 자체의 적합도는 뒤떨어지더라도 현재 지역의 입지계수가 높아서 지역특화가 이루어져 있기 때문에 정책적 지원이 제대로 이루어진다면 충분히 지역전략산업으로서 자리를 잡을 수 있을 것이다.

기타 산업들 중에서 비금속광물의 경우에는 요인점수 기준과 정책의지가 적합하기 때문에 지역전략산업으로 자리매김할 수도 있겠지만, 실제 정책의지의 내용에서 보면 비금속광물 산업 중에서 신소재분야 등이 아닌 이천의 도자기 분야의 특화이기 때문에 후순위로 결정하였다. 또한 가구 및 기타 제조업의 경우 입지계수와 요인점수 기준으로는 적합산업에 속하지만 정책의지가 없는 산업으로서 성장 가능성이 크지 않기 때문에 적합산업 선정 시 후순위에 위치시켰다.

한편 적합산업으로 선정된 산업들의 타당성에 대한 검증은 수도권 입지에 따른 경쟁력 확보 가능성을 판단해 볼 수 있는 대중국 교역비중15)과 항공운송 활용도를 비교해 보면 쉽게 입증이 될 수 있을 것이다. 먼저 산업별 전체 수출액 대비 대중국 교역비중은 화학제품, 목제 및 종이제품, 섬유 및 가죽제품 등의 순으로 상대적으로 높게 나타나고 있으며, 수입비중의 경우 섬유 및 가죽제품, 가구 및 기타 제조업제품, 전기전자기기 등의 순으로 높게 나타나고 있다. 항공운송 활용도의 경우에도 정밀기기, 전기전자기기 등은 75%를 상회하

---

15) 부록 참조.

고 있으며, 인쇄·출판 및 복제의 경우 절반 이상을 항공운송을 이용하고 있어서 항공운송을 주된 운송수단으로 이용하고 있는 산업이라 할 수 있을 것이다. 그 외에도 가구 및 기타 제조업제품, 섬유및 가죽제품의 항공운송비중이 상대적으로 높게 나타난다.

이상과 같이 적합산업으로 선정된 산업들이 대중국 교역비중과 항공운송 활용도 등에서 상대적으로 높게 나오는 산업들을 확인할 수있었으며, 이는 수도권에 입지할 적합산업들의 선정에 있어 타당성을 부여할 수 있을 것이다.

표 97 적합산업 선정 종합

구 분	요인 점수 기준	지역 경쟁력	사업체 수 기준 LQ	종사자 수 기준 LQ	정책 의지	적합산 업순위	항공운 송비중
음식료품	부적합	부적합	부적합	부적합	부적합	부적합	2.2%
섬유 및 가죽제품	적합	적합	적합	적합	적합	1	15.3%
목재 및 종이제품	적합	적합	적합	적합	부적합	2	1.3%
인쇄·출판 및 복제	적합	적합	적합	적합	적합	1	57.9%
석유 및 석탄제품	부적합	적합	적합	부적합	부적합	5	0.0%
화학제품	적합	부적합	적합	적합	적합	2	10.8%
비금속광물제품	적합	부적합	부적합	부적합	적합	4	17.0%
제1차 금속	적합	부적합	적합	부적합	부적합	5	1.0%
금속제품	부적합	부적합	적합	적합	적합	3	5.5%
일반기계	부적합	부적합	적합	적합	적합	3	21.2%
전기, 전자기기	적합	적합	적합	적합	적합	1	73.4%
정밀기기	부적합	적합	적합	적합	적합	2	78.8%
수송장비	부적합	부적합	부적합	부적합	적합	4	14.2%
가구 및 기타 제조업	적합	부적합	적합	적합	부적합	4	30.8%

6장

적합산업의 육성과
물류클러스터 활성화 방안

1절 개 관

　지금까지 본 연구는 인천경제자유구역에 위치할 물류클러스터의 활성화를 위한 배후지역 적합산업을 살펴보기 위해 입지에 영향을 줄 수 있는 무역 관련 항목, 산업연관 항목, 물류 관련 항목, 지역특성화 항목 등 다양한 변수들에 대한 분석을 통해 배후지역이라 할 수 있는 인천경제자유구역 및 인천을 중심으로 하는 수도권에서의 입지에 적합산업을 도출할 수 있었다.

　이상과 같이 도출된 적합산업의 전략적 육성은 인천경제자유구역의 물류클러스터에 물류수요 지원을 통한 안정적인 수요기반 창출이라는 기본적인 목표를 달성할 수 있을 것이다. 이러한 안정적인 물류수요를 기반으로 하여 물류클러스터는 동북아 물류거점이라는 목표를 달성하기 위해 보다 근본적이고 장기적인 전략을 수립·집행할 수 있을 것으로 예상된다.

또한 수도권의 지역적 특성과 인천경제자유구역의 관문적 특성을 고려한 적합산업의 전략적 육성은 수도권 자체의 경쟁력 제고는 물론 기존의 외국인투자 유치를 위한 여러 정책들과 맞물려 상당한 시너지효과가 예상되어 외국인투자 유치에 긍정적 효과를 유발할 것으로 보인다.

인천경제자유구역 내 위치할 물류클러스터의 기능은 크게 두 가지 측면에서 분석할 수 있는데 먼저 글로벌 경영활동을 전개하는 기업들의 글로벌SCM을 지원할 수 있는 동북아지역물류거점의 역할을 수행하는 외부적 기능과 우리나라의 수출입물류 특히 항공운송 관련 물류에 있어서 거의 유일한 창구라고 할 수 있기 때문에 국내 수출입 항공물류의 관문이자 거점의 역할을 수행하는 내부적 기능으로 구분할 수 있다.

물론 간과해서는 안 될 점은 이러한 외부적 기능과 내부적 기능이 완전히 독립적인 부문으로 구별이 되고 수행되는 것이 아닌 서로 상호 보완적인 측면에서 이루어진다는 것이다. 앞에서도 언급하였지만 국내에서의 안정적인 물류수요 기반 위에서 동북아지역물류거점 전략을 전개하여야 하며, 반대로 인천경제자유구역이 동북아지역물류거점으로 성공한다면 국내 기업들은 보다 효율적이고 체계적인 글로벌 물류서비스를 제공받음으로써 기업경쟁력을 향상시킬 수 있을 것이다.

먼저 외부적 기능 수행을 위해 동북아지역물류거점으로 자리 잡기 위해서는 우선적으로 인천국제공항을 정점으로 하는 물류클러스터의 경쟁력 확보가 필요하며, 이를 통해 글로벌 기업(글로벌 물류기업을 포함)의 유치가 선행되어야 한다. 이때 인천경제자유구역 내에 위치할 글로벌 기업들은 기본적으로 생산 위주의 활동보다는 그들의 글로벌 경영전략에 부합되는 물류활동 중심의 투자가 우선될 것이다.

이를 위해서는 기본적으로 인천국제공항의 동북아 허브공항으로서의 우위를 점하고 있음으로써 글로벌 기업의 입지에 대한 유인효과가 존재하여야 한다. 그러나 이러한 지리적 우위를 통한 단순 물류활동(운송, 보관, 환적, 간단한 부가가치물류활동 등)을 통한 경쟁력과 차별성 확보는 한계가 있을 수밖에 없다. 따라서 보다 효과적인 유인책으로는 글로벌 기업의 SCM전략의 한 축을 담당할 수 있음을 보여주는 것이다. 즉 인천경제자유구역의 동북아 허브공항이라는 우위에 더하여 국내 내수시장 접근과 자사의 글로벌SCM의 일부분을 국내 산업에서 지원받을 수 있다는 점을 강조한다면 글로벌 기업 유치에 더욱 효과적일 것이다.

즉 인천경제자유구역 내 물류클러스터는 이러한 글로벌 기업의 니즈를 적극 반영하여 인천국제공항을 중심으로 한 인천경제자유구역의 하드웨어적·소프트웨어적 경쟁력 확보와 아울러 그들의 글로벌 SCM전략에 적합한 물류시설과 물류시스템을 구축함으로써 유수의 글로벌 기업과 글로벌 물류기업의 유치가 가능할 것이다.

다음으로 인천경제자유구역의 물류클러스터의 내부적 기능 수행을 위해서는 국내 내수물류가 충분하게 공급되어야 한다. 이를 위해서는 인천경제자유구역의 배후지역이라 할 수 있는 수도권에 지역적 우위와 무역에 미치는 영향이 크면서 항공물류를 많이 활용하는 적합산업이 전략적으로 육성될 필요성이 있다.

이와 같은 적합산업의 전략적 육성은 대외적으로는 인천경제자유구역 내 물류클러스터의 국제 항공물류의 공급 증가를 통해 규모의 경제를 달성하는 데 일조할 것으로 예상되며, 또한 글로벌 기업이 추구하는 글로벌SCM의 한 축을 제공할 수 있는 여건을 조성함으로써 외국인투자 유치에 더욱 박차를 가할 수 있을 것이다. 대내적으로는 여타 지역과 차별되는 인천경제자유구역의 특성과 역할을 충분히 활용할 수 있는 지역적 우위산업을 수도권의 전략산업으로 선정하여 특화·발전시킴으로써 다른 지역과의 중복투자를 배제할 수 있기에 기존의 국토균형발전이라는 대전제에 부합되는 수도권 발전방향이라 할 수 있을 것이다.

이상에서 논의된 인천경제자유구역 내 물류클러스터의 역할 및 기능을 활성화하기 위한 구체적인 방안을 배후입지 적합산업의 전략적 육성과 인천국제공항의 활용도 증대로 구분하여 살펴보고자 한다.

2절 배후입지 적합산업의 전략적 육성방안

1. 적합산업의 혁신클러스터 구축

현재 우리나라의 요소투입형 양적성장전략은 한계에 직면해 있기 때문에 새로운 성장전략으로의 전환이 필요하다. 즉 지식의 창출과 확산, 활용의 선순환적 혁신경제로의 전환과 기업가 정신의 고양을 통한 신기술과 일자리 창출이 긴요한 시점이라 할 수 있다.

이를 위해 새로운 국가발전전략으로서 경쟁력의 원천인 지식창출과 기술혁신을 촉발하는 데 있어서 가장 유효한 정책수단으로 평가받고 있는 글로벌 경쟁력을 갖춘 혁신클러스터의 육성이 필요하다. 이는 경쟁의 단위가 국가 또는 개별 기업에서 클러스터 간 경쟁으로 전환하였고, 또한 이미 세계 각국은 국제경쟁력을 높이고 신경제구조를 정착시키기 위해 혁신클러스터 육성을 토대로 한 경쟁력 강화를 추진하고 있기 때문이다.

혁신클러스터의 개념을 살펴보면, 먼저 혁신이란 신제품, 신공정의 도입 혹은 기존 제품, 공정의 향상을 통해 새로운 기술, 아이디어, 방법 등을 성공적으로 상업화하는 것을 의미하며, 클러스터란 지역 내 다양한 주체들이 지리적으로 인접하여 상호 지식을 교류함으로써 높은 부가가치를 창출하는 지리적 집중체를 의미한다.

따라서 혁신클러스터란 혁신 관련 주체들이 임계규모(critical mass)를 확보하고 상호 유기적인 네트워킹을 형성하여 협력과 신뢰하에 높은 혁신과 고부가가치를 창출하는 지리적 집중체라 할 수 있다. 또한 혁신의 집적지역으로는 지식의 집중, 지식교류, 대학, 공항, 고급인력, 벤처캐피탈 등이 갖추어져 있는 대도시가 유리하다고 할 수 있다.[1]

이상과 같은 혁신클러스터의 개념과 적합산업의 전략적 육성을 연계하여 살펴보면, 전기전자기기와 화학 산업 등은 나름대로 수도권에서 집적지 형성을 통한 관련 산업과 대학 등의 연구기관과의 연계를 통한 초기 혁신클러스터의 형태를 가지고 있으나, 섬유 및 가죽, 인쇄·출판 산업과 같은 경공업의 경우 사양산업이라는 인식과 더불어 기업규모가 영세한 업체가 많기 때문에 현 상태에서의 혁신클러스터 구축은 상당히 어려움이 따르기 때문에 적절한 정부의 대책이 필요할 것으로 보인다.

이를 위해 수도권 적합산업으로 선정된 산업들에 대한 지식의 창

---

1) 권영섭 외, 『지역특성화 발전을 위한 혁신클러스터 육성방안 연구』, 국토연구원, 2005.

출과 유통, 공유를 원활하게 하기 위해서는 공간적으로 집적지를 중심으로 육성하여야 한다. 즉 수도권 적합산업은 공간적 집적을 통해 시장, 기술 등의 정보를 공유하며, 집적을 통해 전문인력 수급에 보다 효율적으로 대처하고, 상호 협력의 폭을 넓혀 거래비용을 절감시키도록 해야 한다.

산업의 집적지 확보를 위해 중앙부처와 공공기관의 이전적지에 전문서비스 특화단지를 조성하여 수도권 적합산업을 육성하도록 활용함으로써 경쟁력 강화와 연관 업체의 사업능력 향상에 기여하도록 하는 것도 한 방법일 것이다.

또한 산업의 집적지 인근의 대학을 중심으로 하는 연구기관과의 긴밀한 산학연 협력체계를 구축하여 기술개발을 통해 경쟁력을 제고하여야 하며, 개발된 기술의 실제 상업화를 위해 집적지에 시험공장 (pilot plant)방식 운영을 위주로 하는 벤처기업의 창업을 적극 지원하고, 이후 영구적인 생산기능은 생산중심의 다른 단지로 이전해 나가는 방식을 사용하여야 할 것이다. 그리고 생산된 제품의 판매망을 확보하기 위해 개별 기업의 마케팅은 한계가 있기 때문에 해당 혁신 클러스터 단위의 마케팅 전담 조직을 구성하여 후술할 인천경제자유구역 내에 입지할 국제업무단지에 입주하여 국제적인 판로 개척을 담당하여야 할 것이다.

2. 지식기반서비스업과의 융합

정보통신기술의 발달과 세계화에 따라 산업과 지역의 발전에 지식의 역할이 중요해지고 있다. 토지, 노동, 자본 등 전통 생산요소들보다 지식의 투입비중이 높은 지식기반산업[2]은 지식의 수확체증 특성으로 인하여 고부가가치 창출의 원천으로 간주되며 산업규모가 점점 커지고 있고 경제에도 큰 영향을 미치고 있다.

이러한 지식기반산업은 다시 지식기반제조업과 지식기반서비스업으로 구분되는데 국가나 연구자별로 기준이 조금씩 상이하지만, 권영섭 외(2002)의 분류[3]에 의하면 각각 9개 산업을 선정하였다. 이 중에서 지식기반서비스업은 정보통신서비스, 소프트웨어, 연구개발, 전문·과학 및 기술서비스업, 광고업, 디자인, 문화산업, 관광산업, 물류산업으로 분류된다.

이러한 지식기반서비스업의 입지 추이를 살펴보면, 관광산업을 제외하고는 나머지 지식기반서비스업의 경우 고용자 수 기준으로 전국 대비 수도권 비중이 50% 이상 많게는 80% 이상의 집중도를 보이고 있다. 따라서 수도권 적합산업으로 선정된 산업의 육성에 있어서 이상과 같은 지식기반서비스업의 활용 여하에 따라 산업의 구조고도화를 통한 국제경쟁력 확보가 가능할 것으로 사료된다.

---

[2] 지식기반산업이란 부가가치가 창출되는 과정에서 지식과 정보의 활용도가 높은 산업을 말하는데, 같은 소프트웨어(지식과 정보)를 투입하였을 때 타 산업보다 높은 부가가치를 창출할 수 있는 잠재력을 지니고 있고, R & D 투자비율이 높은 특징이 있다.(산업연구원, 『창조적 지식국가론』(1999))

[3] 권영섭 외, 『지식기반산업의 입지특성과 지역경제 활성화 방안 연구』, 국토연구원, 2002.

표 98 지식서비스업의 수도권 집적 현황

산 업	전 국 (99년)	수도권 (99년)	수도권 비중	전 국 (03년)	수도권 (03년)	수도권 비중	전 국 증가율	수도권 증가율
정보통신	82.7	42.5	(51.4)	85.8	47.0	(54.8)	0.9	2.5
소프트웨어	71.0	61.8	(87.0)	146.9	129.3	(88.1)	19.9	20.3
연구개발	46.7	30.4	(65.2)	62.5	39.8	(63.7)	7.6	6.9
전문기술	219.0	136.0	(62.1)	281.3	179.9	(63.9)	6.5	7.2
광 고	22.2	16.3	(73.3)	28.9	22.7	(78.4)	6.8	8.6
디자인	9.9	7.2	(73.0)	9.8	7.7	(78.7)	−0.4	1.5
영 상	36.3	22.2	(61.2)	48.2	31.8	(66.0)	7.3	9.4
공 연	4.8	2.4	(49.3)	5.3	3.5	(65.2)	2.4	9.8
관 광	180.9	79.2	(43.8)	232.1	107.0	(46.1)	6.4	7.8
물 류	228.8	112.0	(49.0)	321.3	167.9	(52.3)	8.9	10.6

자료: 통계청, 사업체 기초통계 1999, 2003 각 연도.

특히 적합산업으로 선정된 산업 중 섬유 및 가죽제품, 인쇄·출판 및 복제, 목재 및 종이제품, 가구 및 기타 제조업 등의 경우에는 반드시 전술한 지식기반서비스업과의 제휴가 필요할 것으로 보인다. 왜냐하면 이상과 같은 산업들은 현재 우리나라의 산업구조상 사양산업에 속해 있다고 보아야 하기 때문에 이론적으로 볼 때는 수도권에 특화하기보다는 적극적으로 해외이전을 고려해야 되는 산업이기 때문이다.

그러나 이탈리아 섬유산업에서 보듯이 사양산업으로 간주되어 오던 재래산업에도 지식이 투입될 경우 고부가가치의 산업으로 성장할 수 있다는 점을 알아야 한다. 실제로 섬유산업은 협의의 의미에서 지식기반산업에 속하지 않지만, 방직·봉제·염색·가공의 자동화 응용기술인 CAD, CAM을 통한 제조공정의 Ling의 CIM화 응용기술은 최근 첨단기술 및 제품의 범위에 포함되었고, 섬유산업에서 첨단기술비중이 높아지면 지식기반산업에 속하게 되기 때문이다.

이를 수도권 적합산업에 적용해 본다면 특히 산업기반이 취약한 경공업 부문의 적합산업들을 중심으로 수도권에 집적화되어 있는 정보통신 및 소프트웨어 등 IT 관련 지식기반서비스업과의 제휴를 통해 제조·판매·물류 부문에서 효율성을 증대시킬 수 있는 시스템 개발 및 운용이 가능하며, 연구개발 및 전문기술 등의 R & D 관련 지식기반서비스업의 연구개발을 통한 지속적인 신기술과 신제품의 확보는 향후 당해 적합산업의 경쟁력 제고에 기여할 것으로 보인다.

한편 디자인 산업과 섬유·의류 산업, 인쇄 및 출판 산업 등의 제휴는 각 제품에 적합하고 독특한 외형과 포장 등을 통해 제품 차별성을 확보하여 다양한 소비자의 기호를 충족시킬 수 있을 것이다. 또한 최근의 한류열풍을 주도하고 있는 영상 및 공연 등의 문화산업과 광고업의 마케팅 능력의 연계는 중소기업 중심인 경공업 부문의 취약한 대외 인지도와 영업력을 보완해 주는 역할을 할 것으로 기대된다.

마지막으로 선정된 적합산업의 대부분이 항공운송비중이 타 산업보다 상대적으로 높기 때문에 항공운송을 중심으로 차별화된 물류서비스가 지원된다면, 적합산업이 비록 사양산업이라 할지라도 지식기반서비스업과의 제휴로 인한 시너지효과를 통해 국제경쟁력을 제고할 수 있을 것으로 기대된다.

3. 3PL기업과의 전략적 제휴

세계경제의 글로벌화로 인한 경쟁 심화는 기업들로 하여금 전 세계를 대상으로 경영여건의 최적화를 통한 조달·생산·판매를 추구하는 글로벌 경영전략의 도입을 요구하고 있다. 이에 글로벌 기업을 중심으로 전 세계를 상대로 조달·생산·판매 그리고 물류활동을 통합적으로 관리하고 운영할 수 있는 공급망관리(SCM)의 개념에 기반을 둔 통합 국제물류관리체계를 구축·운영하고 있는 추세이다.

물론 이러한 통합 국제물류관리체계를 구축·운영하기 위해서는 원자재 공급처, 생산시설, 유통 및 물류시설 그리고 시장을 연계하여 기업의 각종 자원을 효율적으로 관리하고 운영할 수 있는 물류시스템의 지원이 절대적으로 필요하다.

한편 많은 기업들이 경쟁이 심화된 경영환경 속에서 생존하기 위해 핵심역량 부문에 전 자원을 집중하고 있으며, 그 외의 부문에 대해서는 아웃소싱을 하고 있는 추세이다. 물류 부문 또한 일반 제조업의 경우 핵심역량이라 할 수 없기 때문에 최초에는 자사물류로 시작하여 점차 위탁물류로 전환하여 현재는 물류전문기업이라 할 수 있는 3PL기업에 맡기는 전략적 제휴가 활성화되고 있다.

이상과 같은 세계적인 경영환경의 변화를 수도권 적합산업의 육성방안과 연결하여 살펴보면, 우선 수도권 적합산업을 구성하고 있는 산업에 대한 이해가 필요하다. 즉 적합산업에 선정된 산업 중에는 경공업이 다수 포함되어 있으며, 이러한 경공업의 특성 중에는 중소 영세기업의 비중이 높다는 점이다. 이는 세계적인 경영전략 추세라 할 수 있는 SCM과 같은 전략을 통한 원가 절감 및 고객서비스 향상, 리드타임 감소, 재고 감소를 통한 물류비용 감소 등을 요구하기에는 중소 영세기업에는 사실상 무리이다. 그러나 이러한 글로벌 경영전략의 실행 없이는 경쟁력을 제고할 수 없다는 것은 주지의 사실이므로 이에 대한 해결책을 찾아야 할 것이다.

따라서 이러한 해결책으로 제시해 볼 수 있는 방안이 화주의 다양한 물류 관련 요구들을 종합적으로 처리할 수 있는 종합물류전문 기업 또는 3PL기업에 맡기는 전략적 제휴를 고려해 볼 수 있을 것이다. 즉 물류기반이 취약한 중소 영세기업의 경우 3PL기업에 물류 부문을 아웃소싱하고 자사의 핵심역량(제조)에만 신경을 쓰고, 3PL 기업은 다양한 운송수단을 효과적으로 연계하는 복합일관운송, 보관, 하역, 검사, 재고관리, 포장, 레이블링, 수리, 회수물류, 유통가공, 주문 및 물류 관련 정보의 처리, 통관, 보험, 포워딩, 물류컨설팅, 그리고 다양한 부가가치물류서비스들을 모두 맡아서 처리를 하는 것이다.4) 특히 선정된 수도권 적합산업은 대부분 항공운송을 주로 이용하는 산업이기 때문에 항공운송을 기반으로 하는 3PL기업이 보다 효과적일 것으로 사료된다.

그러나 현실적으로 중소 영세기업을 대상으로 3PL기업이 전략적 제휴를 추진하기에는 어려움이 있다. 현재 우리나라에서 3PL기업과의 전략적 제휴를 하고 있는 사례를 살펴보면, 화주기업이 삼성전자, 자동차 완성차 기업 등 대부분 대기업 중심으로 구성되어 있음을 알 수 있다. 이는 대기업의 경우 대규모 물량으로 수주규모가 많으므로 3PL기업의 전략적 제휴 파트너로 인정받을 수 있지만 중소기업의 경우 소규모 물량과 안정적인 물량 유지 불가능 등으로 3PL기업의 서비스를 받기가 쉽지 않을 것이다.

이에 앞에서 제안한 산업별 지리적 집중을 통한 클러스터 형성을 통해 해당 산업의 지리적 집중이 이루어진다면 개별 기업이 아닌 해당 산업클러스터 전체와 한 개의 3PL기업 내지 3PL기업의 컨소시엄

---

4) 김현옥 외, "항공화물운송시장에서의 제3자물류 도입 전략", 『로지스틱스 연구』, 12:2, 2004. 12.

과 전략적 제휴를 추진한다면 충분히 가능성이 있을 것으로 보인다. 이럴 경우 단순히 기업의 물류효율성 증가의 효과뿐만 아니라 해당 산업클러스터 전체의 경쟁력 제고와 연결되기 때문에 상당한 시너지 효과가 발생할 것으로 보인다.

4. 적합산업별 물류인프라 확충

수도권 적합산업의 육성에 있어서 해결되어야 할 과제로는 산업의 특성에 부합하는 물류인프라의 확충을 들 수 있다. 특히 물류산업의 경우에는 다른 산업에 의해서 시장이 형성되는 유발산업의 성격이 강하면서 동시에 적절한 물류산업의 지원이 없다면 산업의 경쟁력을 높일 수 없는 상호 보완적인 측면이 존재하는 산업이다. 따라서 수도권 적합산업의 전략적 육성을 위해서는 개별 산업의 물류수요를 예측하고 그에 따른 적합한 물류인프라를 확충하는 것이 중요하다.

제조업 개별 산업의 물류업종별 수요를 산업연관표의 생산유발계수를 통해 살펴보면 제조업 전반적으로 육상화물 운송업과 창고업의 수요가 상당히 높았음을 알 수 있으며, 특히 수도권 적합산업의 경우 항공화물 운송업의 의존도가 다른 산업에 비해 높게 나타나고 있음을 알 수 있다. 이러한 항공화물 운송업의 비중이 높은 이유로는 적합산업의 선정 시 지역적 특성, 즉 인천국제공항의 활용을 고려하여 수출입물류에서 항공운송 이용이 높은 산업에 가중치를 주었기 때문이라 사료된다.

이러한 결과를 근거로 비추어 볼 때 수도권 적합산업을 육성하기 위한 적합한 물류인프라의 확충은 육상화물 운송업과 항공화물 운송업 그리고 창고업을 중심으로 이루어져야 하며, 특히 항공화물 운송업에 더욱 신경을 써야 할 것으로 보인다. 세부적으로 살펴보면, 먼저 항공화물 운송업에 대한 물류인프라의 경우 인천국제공항을 중심으로 하는 인천경제자유구역에 집중적으로 확충이 되어야 할 것으로 보인다.

또한 물류수요가 가장 많은 육상화물 운송업은 수출입물류의 경우 기본적으로 수도권에 입지한다는 자체가 가장 큰 메리트가 될 수 있으며, 확충되어야 할 물류인프라로는 현재 인천국제공항과의 육상운송 접근로가 공항고속도로밖에 없으며, 인구밀집지역이 많은 수도권의 특성상 상시적인 적체로 인한 비용 및 시간 소모가 많다. 따라서 인천국제공항의 접근육로의 신설과 아울러 인구밀집지역을 우회할 수 있는 산업화 도로의 확충이 우선되어야 할 것이다.

다음으로 창고업의 경우 적합산업의 집적지와 인천국제공항과의 절대적 거리가 짧기 때문에 창고업의 중요성은 상대적으로 감소하기는 하지만 없어서는 안 될 물류업종이다. 이를 위해 수출입화물의 경우 인천국제공항 주변에 그리고 내수화물일 경우 지역물류거점과의 연계를 위해 경부고속도로 인근의 수도권 경계 지역에 물류창고의 확보가 필요하다. 이러한 물류창고 확보에 있어서도 개별 산업클러스터 단위로 하여 물류 공동화 전략을 활용한다면 개별 기업의 큰 부담 없이 해결할 수 있을 것으로 예상된다.5)

---

5) 보다 구체적인 물류업종별 필요 시설에 대한 내용은 아래 표를 참조하면 될 것이다.

표 99 제조업의 업종별 물류산업 수요(단위: %)

구 분	육상 화물	해상 화물	항공 화물	창고업	화물터미널 운영업	도로 관련 시설 운영업	기타 화물운송 관련 서비스업
음식료품	70.7	2.6	5.2	14.2	0.2	6.2	0.9
섬유 및 가죽	71.7	1.6	12.1	6	0.4	6	2.2
목재 및 종이	74	2	4.4	12.1	0.4	6.1	1
인쇄, 출판	57	0.7	35	4.3	0	3	0
석유, 석탄	32.4	8.3	7.3	47.7	0	3.1	1.2
화 학	66.4	8.3	11.1	9.6	0.2	3.2	1.1
비금속광물	56.4	23.2	7	7.4	0.1	5.3	0.5
제1차 금속	60.7	10	3.8	22.1	0.1	2.5	0.8
금속제품	57.1	11.4	11.6	5.1	0.1	12.2	2.5
일반기계	65.2	5.3	17.4	5.9	0.1	5.4	0.7
전기, 전자	57.2	1.9	28.4	5.7	0.3	4.5	1.9
정밀기기	58.8	1.4	27.4	4.3	0.1	5.9	2
수송장비	73.5	4.5	5.1	8.5	0.5	2.1	5.8
가구 및 기타	63.7	2.3	15.8	5.3	0	7.8	5.1

* 각 산업별 물류업종에 대한 생산유발계수를 분석하였음
** 음영처리 산업이 1순위 적합산업, 굵은체 사업이 2순위 적합산업
*** 자료: 한국은행, 『2000년 산업연관표』, 2003.

표 100 물류산업별 필요 물류시설의 구분

업 종	필요 시설
육상화물 운송업	환적시설 / 터미널, 보관시설, 조립·가공시설 화물차차고지, 정보화시설, 집배송센터 등
해상화물 운송업	환적시설 / 항만, 항만배후지, 보관시설, 조립·가공시설, CY 및 처리시설, 컨테이너포장시설, 정보화 시설 등
항공화물 운송업	환적시설 / 공항, 공항배후지, 운송시설, 보관시설, 조립·가공시설, 컨테이너포장시설, 정보화 시설 등
창고업	냉동, 냉장, R & D 시설, 경매시설, 도소매시설 등
화물터미널 운영업	차고지, 주선업 사무실, 정보화 시설 등
도로 관련 시설 운영업	환적시설, 차량대기시설 등

자료: 김경석 외, 『경제자유구역의 물류거점기능 활성화 방안』, 국토연구원, 2004.

3절 인천국제공항 활용도 제고방안

1. 대중국 Sea & Air 화물 유치

기본적으로 항공운송을 이용하는 화물은 주로 긴급한 화물, 고가치 화물, 긴급하지는 않으나 제품의 라이프사이클이 짧은 화물이었다. 그러나 최근에는 물류 관련 총비용분석,[6) 고객서비스, 경쟁상황, 특정 기업의 글로벌 경영 및 물류전략에 의하여 항공운송을 활용하는 상품이 늘어나는 추세이다.

이러한 추세로 인해 항공운송의 비중은 지속적으로 증가를 하고 있으나, 대개의 수출입화물을 취급하는 국제공항의 경우 그 수가 많지 않기 때문에 현지 공장에서 공항까지의 접근성의 문제가 발생할 수 있다. 이로 인해 다양한 운송경로가 시도되고 있는데 그중 하나가 바로 Sea & Air 방식이다. 즉 보통의 경우 국제공항까지 육상운송을 통해 운송을 하고 있으나 육상운송 인프라가 미흡하거나 장거리인 경우 다른 대체 운송수단인 해상운송이나 항공운송을 이용하는 것이 경제적일 경우가 있는데, 이때 해상운송을 통해 국제공항까지 운송을 하는 경우를 Sea & Air라고 한다.

한편 중국의 빠른 경제성장과 세계 생산공장화 등으로 인한 수출입의 대폭 증가 등으로 중국의 물류수요는 상당히 빠른 속도로 증가하고 있다. 이러한 물류수요를 뒷받침하기 위해 중국정부는 공항만

---

6) 타 운송수단에 비해 운임이 비싸지만 순환재고 관리비용, 안전재고 관리비용, 재고 진부화 비용, 운송 중 재고 관리비용, 판매손실 비용 등을 감소시키기 때문에 총비용의 감소를 가능케 한다.

의 확충과 외국 물류기업의 유치를 적극적으로 추진하고 있으나 아직까지는 물류수요를 충족시키기에는 부족함이 있다.

항공물류에 있어서 지속적인 공항 확충에도 불구하고 중국 내의 수송수단 간의 연계성 부족, 각 성을 연결하는 간선 인프라의 부족, 폭발적으로 증가하는 항공수출물동량 등을 감안할 때 한계를 보이고 있다. 특히 동북 3성과 산동성에서 발생하는 Sea & Air 화물의 경우 중국 내 공항을 이용하는 것보다는 인천국제공항을 이용하는 것이 현재까지는 비용7)과 서비스 질 양측 모두 유리하기 때문에 인천국제공항이 Sea & Air 운송에 있어서 경쟁력만 확보할 수 있다면 화물 확보에 있어서 상당히 유리한 위치를 점할 수 있을 것으로 예상된다.8)

그러나 현재의 카페리 위주의 해상운송체계, 인천항의 높은 부대비용, 인천항에서 인천국제공항까지의 연계운송망 미흡, 인천국제공항 내의 전용터미널 부재, 인청국제공항의 항로 및 편수 제한, 중국 내 물류산업과 전문 포워더의 역량 부족, 국내 포워더의 영세성으로 인한 중국 내 네트워크 구축 미흡 등은 중국 Sea & Air 화물 유치에 있어서 걸림돌로 작용하고 있기 때문에 이에 대한 대책이 필요할 것으로 보인다.

이를 위한 대책으로서는 우선적으로 여객과 화물을 동시에 취급할 수 있는 다목적의 인천신공항 부속항만 건설이 시급한 과제라 할 수 있다. 부속항만을 통해 전문적인 Sea & Air 화물처리를 위한 물류시

---

7) 예를 들어 중국의 청도발 뉴욕행 복합운송 형태별 비용을 비교해 보면, 청도에서 인천까지 해상운송 후 인천국제공항에서 뉴욕까지 항공운송을 하는 Sea & Air 운송은 전체 구간을 항공운송 할 경우와 비교하여 운송시간의 증대가 없거나 오히려 감소되는 경우가 발생하며, 비용감소는 상당 수준 이루어진다.

8) 이헌수 외, "한중간 해공복합운송 활성화 전략", 『로지스틱스연구』, 14:1, 2006. 6.

설(컨테이너선 전용부두, 전용터미널 등)을 확보할 수 있으며, 기존의 인천항에서 인천국제공항까지의 내륙운송에서 소요되는 시간과 비용을 절약할 수 있을 것이다.

중장기적인 대책으로는 Sea & Air 화물에 대한 중국의 통관절차 간소화를 정부 차원에서 협의를 하여야 하며, 국내 포워더들의 중국 시장 확보를 위한 중국의 대형항만의 물류단지에 대한 투자가 이루어져야 할 것이다. 또한 현재의 카페리 위주의 해상운송에서 화물전용 초고속 컨테이너 선박의 투입을 검토하여야 하며, 2010년 상용화를 목표로 추진 중인 위그선의 활용방안 검토 등을 통해 Sea & Air 운송의 경쟁력을 향상시켜야 할 것이다.

2. 보완적인 서비스산업 육성

인천국제공항의 배후지라 할 수 있는 인천경제자유구역에 육성되어야 할 서비스산업의 성격으로는 크게 두 가지로 구분할 수 있는데, 먼저 인천경제자유구역 내 거주자의 삶의 질을 충족시킬 수 있는 의료 및 교육 등의 기본적인 서비스산업이다. 다음으로는 인천국제공항의 여객 수요 증가를 목적으로 하는 관광산업의 육성이라 할 수 있다.

먼저 의료 및 교육 등의 기본적인 서비스산업에 대해 살펴보면, 인천국제공항을 중심으로 하는 인천경제자유구역의 동북아지역거점화를 위해서 장기적으로 가장 중요한 당면과제는 글로벌 기업(물류회사 포함)을 중심으로 하는 외국인투자 유치와 이에 상응하는 국내 기업들의 진출을 통한 국제비즈니스거점으로서의 발전이라 할 수 있다. 이를 위해서는 필수적으로 인천경제자유구역에 주거기능이 포함된 하나의 계획된 도시화가 이루어져야 할 것이다.

이를 위해서는 거주자의 삶의 질에 대한 보장이 필요할 것으로 보인다. 실제 외국기업이 투자처를 결정할 때 중요한 요인으로 지적하고 있는 것이 생활환경의 문제로서 국제적 수준의 의료, 교육, 주거환경을 요구하고 있으며, 국내 기업 종사자 또한 이러한 점에서는 다르지 않다는 점에서 볼 때 삶의 질에 대한 니즈에 충분한 대응이 필요할 것이다.

따라서 기본적으로 이러한 삶의 질에 대한 문제를 해결하기 위해서는 의료, 교육, 주거환경 등에서 최소한 주변 경쟁도시(상하이, 싱가포르, 홍콩 등)보다는 비교우위에 있도록 제도와 시설을 정비 및 확충하여야 할 것이다.

한편 인천국제공항의 여객 수요 증가와 인천경제자유구역의 또 다른 경쟁력(매력)으로 인식시키기 위해서, 그리고 여객항공운송에 있어서 우리나라의 관문으로서 국내 관광지와의 연계가 용이하기 때문에 관광산업을 육성하여야 한다.

인천경제자유구역을 기점으로 하는 관광상품을 개발하여 관광산업을 활성화시킬 필요가 있다. 즉 국내 관광을 목적으로 오는 여행객을 대상으로 국내 여행의 시발점으로서 다양한 국내 여행 상품을 제시할 수 있을 뿐 아니라, 여기에 추가하여 영종도를 출발하여 제주도와 울릉도를 연결하는 국내 크루즈 여행과 인천항을 출발하여 중국 동안을 연결하는 한중 크루즈 여행 등의 관관상품을 제공할 수 있을 것으로 보인다.

또한 인천경제자유구역 자체의 관광상품화 방안으로서 테마파크 도입을 고려해 볼 만하다. 실제 외국의 사례를 살펴볼 때 일본 요코하

마의 미나토 미라이 21과 오사카의 테크노포트, 미야자키의 시가이아 해양돔 등의 경우를 보면 박물관, 동물원, 유니버셜 스튜디오와 같은 테마파크를 입지시켜 그 자체로도 하나의 관광상품으로서 효과를 거두고 있다.

3. 복합물류 연계네트워크 확충

글로벌 기업들은 투자 유치를 결정하는 요건으로 시장 접근성과 시장규모를 상당히 중요시 여긴다. 이러한 접근성 향상에 가장 큰 영향을 미치는 것이 바로 다양한 교통수단의 복합적 활용이라 할 수 있으며, 이는 복합운송체계의 활용 가능성에 관한 문제로 귀결된다. 즉 글로벌 기업의 유치를 위해서는 반드시 경제자유구역과 주변 지역의 시장성 확보를 위한 물류 연계네트워크의 확충이 필요하다.

특히 경제자유구역에 입지를 결정하는 기업의 경우 글로벌SCM전략의 일환으로서 경제자유구역에서 조립·가공 등을 통해 생산된 제품의 재수출 기회와 더불어 국내시장으로의 판매를 기대하는 것이 일반적이라 할 수 있다. 따라서 경제자유구역에서 생산된 제품을 다시 외국으로 반출하기 위한 기능과 함께 국내 내수시장을 겨냥한 물류기능의 강화도 요구하게 될 것이다.

즉 경제자유구역에 입지한 기업이 요구하는 물류수요는 동북아지역물류거점으로서의 국제물류수요와 국내 내수시장을 겨냥한 국내물류수요로 구분될 수 있다. 전자의 경우 국제운송에 있어서 주된 수단인 해상운송과 항공운송의 연계에 관한 문제로서 인천경제자유구역의 경우 주된 국제물류거점이라 할 수 있는 인천국제공항과 인천항 및 평택항의 원활한 연계를 통해 해결되어야 한다. 후자의 경우에는 인천경제자유구역과 전국적인 물류네트워크와의 연계에 관한 문제로서 인천경제자유구역과 각 지역별 물류거점과의 원활한 연계를 통해 해결되어야 할 것이다.

이를 위해 국제물류수요에 있어서는 인천항과 평택항 그리고 인천국제공항을 연결하는 육상운송네트워크의 활성화를 위해 인천국제공항의 육상 접근로의 조속한 확보가 선행되어야 한다. 또한 국내 각 지역과의 연계물류네트워크를 위해서는 기본적으로 인천경제자유구역과 국내 지역별 물류거점과의 연계네트워크를 구축하여야 한다. 즉 각 지역별로 내륙에 위치한 2개의 ICD와 5개의 내륙화물기지(복합화물터미널)를 거점으로 하는 육상운송네트워크를 주된 운송방법으로 하며, 부수적으로 긴급화물의 경우 김포공항과 각 지방 공항의 연계를 통한 항공운송과 육상운송의 적체와 고비용 그리고 환경문제 등을 고려한 연안운송 등을 고려해 볼 수 있을 것이다.

그러나 이상과 같은 국제물류와 국내물류의 연계네트워크를 효율적으로 활용하기 위해 선행되어야 할 것은 역시 배후교통망이라 할 수 있는데 현재 인천경제자유구역의 경우 전국 운송망의 중심이라 할 수 있는 고속도로와의 연계가 쉽지 않은 상황이다. 즉 인천경제자유구역을 연결하는 육로는 공항고속도로 한 군데밖에 없으며 이 또한 경부고속도로와 서해안 고속도로와 연결되기 위해서는 교통체증이 심한 수도권을 가로질러 가야 하기 때문에 시간적인 낭비가 심하며 이는 물류비 상승효과를 가져온다.

따라서 조속한 시간 내에 제2연륙교와 제3경인고속도로, 인천국제공항철도 등 계획된 연계교통망을 확충함으로써 기존의 공항고속도로와 함께 제2연륙교가 인천국제공항, 영종도, 인천, 서울 그리고 주변 지역을 연결하는 광역교통체계의 기본골격을 갖추는 것이 시급한 과제라 할 수 있다.

4. 국제업무시설 신속 확충

인천국제공항을 중심으로 한 인천경제자유구역이 동북아지역물류 거점이 되기 위해서는 물류클러스터의 활성화가 전부가 될 수는 없다. 싱가포르나 네덜란드의 경우를 예로 보더라도 단지 물류중심지만이 아닌 금융 및 비즈니스 중심지로서의 기능까지 수행할 수 있는 기반을 갖추고 있어야만 진정한 물류거점, 나아가 비즈니스거점으로서 성공할 수 있음을 확인시켜 준다.

또한 외국공항의 사례를 통해 최근의 추세를 살펴보더라도 대부분의 공항들은 공항배후지역에 업무기능, 숙박 및 판매기능, 주거기능을 포함하고 있으며, 일부 공항의 경우 레저 기능, 전시 및 컨벤션 기능, 산업기능을 가지고 있다는 점에서 인천국제공항의 배후지역이라 할 수 있는 인천경제자유구역 내에 이러한 국제업무시설 및 기타 지원서비스기능의 확충이 필요할 것으로 보인다.

국제업무단지는 수도권을 포함한 국내외 중소업체와 무역업체를 위한 거래 알선, 해외정보 수집 및 분석, 전시회 및 컨벤션 개최, 국제경영 및 무역교육 실시 등 다양한 지원활동을 할 수 있는 공간이다. 세부적으로 필요한 기능과 시설들을 살펴보면, 국제무역기능의 수행을 위해 국제업무지원, 국제정보네트워크 구축, 컨설팅, 국제교류 등을 하는 국제업무기능과 상품전시행사 개최, 국제박람회 개최, 이벤트행사 개최 등의 전시기능, 국제회의 유치, 국제교류세미나 개최 등의 회의기능, 국제업무단지를 이용하는 외국바이어와 국제전시장 및 회의에 참석하는 참가자를 위한 저렴하면서 다양한 업무지원 서비스가 제공될 수 있는 숙박기능이 제공되어야 할 것이다.

또한 국제유통기능을 수행하기 위해 아시아비즈니스센터(Asian Business Center)를 통해 세계 각국 상품의 전시와 거래지원기능을 제공함으로써 유통을 촉진하고 동북아지역에 있어서 유통기지 역할을 수행하여야 한다. 즉 국제유통시스템을 통합화, 체계화함으로써 지역 및 국내 제조업체와 유통업체, 특히 마케팅 및 무역활동이 상대적으로 빈약한 중소업체를 위해 적극적으로 시장개척 및 마케팅 활동을 할 수 있도록 지원하는 기능을 수행하여야 한다.

이상과 같은 국제업무기능을 수행하기 위해서는 기본적으로 정보센터의 기능이 동반되어야 한다. 즉 수집된 정보를 분석하여 입지기업들이 그들의 제품, 판매 및 유통방식, 물류 및 고객서비스, 마케팅 및 기업전략 등을 신속히 조정 및 통제할 수 있도록 시장조사시스템 및 POS를 포함한 마케팅정보시스템과 EOS 및 재고관리시스템을 포함한 물류정보시스템을 제공할 수 있어야 한다.

여기에 덧붙여 글로벌 제조 및 유통기업과 다양한 물류활동(운송, 창고, 포장, 수리, 회수물류, 주문처리 등)을 원활하게 지원하기 위해서는 최신의 광범위한 데이터베이스와 커뮤니케이션 네트워크가 필요하다. 이를 위해 자체적인 정보네트워크를 구축하여 이를 국제화물네트워크 및 기타 글로벌네트워크와 연계하여 기업들의 글로벌 경영 지원과 국내 및 동북아지역 내 기업들의 전자상거래를 지원하기 위한 사이버 무역거래공간을 제공할 수 있을 것이다.

7장

요약 및 결론

1절 연구결과 요약

오늘날 급격하게 나타나고 있는 경제의 글로벌화와 지역블록화로 인해 기업경영전략으로서 기업의 글로벌화와 지역거점화가 중요한 이슈로 떠오르고 있다. 또한 국가적 차원에서도 글로벌 기업들을 대상으로 한 해외직접투자 유치 등을 통해 지역거점국가로의 발전을 도모하고 있으며, 그러한 전략의 일환으로 지역의 물류거점 선점 필요성이 높아지고 있다.

지역물류거점이 되기 위해서는 글로벌 기업의 물류전략인 글로벌 SCM이 요구하는 수준의 물류서비스 제공과 아울러 최근의 추세인 물류인프라 측면에서의 대형화·허브화와 기능 면에서의 부가가치물류를 창출할 수 있는 물류거점으로서의 물류클러스터 및 공항만 배후단지의 클러스터 형성이 필요하다.

이에 우리나라도 물류산업 육성을 통한 동북아 물류중심지 구축을 위해 동북아 물류중심지 로드맵을 발표하여, 3개의 경제자유구역을 지정하고 이를 중심으로 하는 물류중심지 전략을 수립·실행에 옮기고 있으나, 경제자유구역의 물류정책은 배후입지산업이나 경제자유구역의 지역적 특성을 반영하지 못하고 모두 유사한 형태의 물류시설 확보와 발전방향을 제시하고 있어 중복투자의 우려와 경쟁 과열이 일어날 수 있다.

또한 단순한 물류시설의 확충과 물류기업의 유치를 통해 경제자유구역의 물류산업 집단화는 경쟁국 공항만과의 전략적 우위와 차별성을 달성할 수 없기 때문에 물류기능만의 제고전략이 아닌 경제자유구역 내에서의 물류산업의 집적과 함께 개별 경제자유구역의 차별성이 잘 반영될 수 있는 산업군의 집적이 배후지역에 반드시 이루어져야 할 것이다.

이상과 같은 배경하에서 본 연구는 물류클러스터의 활성화와 경쟁력 제고를 위한 배후입지 적합산업을 도출하는 것을 목적으로 하고 있다. 그러나 적합산업의 도출에 있어 그동안의 연구와 정책방향은 유발산업이라는 물류산업의 특성과 해당 지역의 특성화와 무역과의 연관성들이 반영되지 않은 채 산업연관효과와 차세대 발전 가능성이 높은 산업을 중심으로 하여 선정되는 경향이 많았다.

이에 본 연구에서는 적합산업 선정을 위해 산업집적과 입지에 관련된 선행연구들을 바탕으로 하여 물류클러스터를 활성화하기 위해 산업이 배후입지 선정 시 영향을 줄 수 있는 산업연관효과, 물류연관성, 무역특화도, 지역특성화를 중요한 부문으로 인식하여 배후입지에 영향을 줄 수 있는 35개의 변수들을 도출하였다.

이후 각 변수들에 대한 산업의 현황과 추이를 살펴보기 위해 1990년, 1995년, 2000년으로 연도별 분석을 하였으며, 도출된 변수를 요인분석을 통해 총 7개의 요인군으로 분류하여 연도별로 각 요인에 대한 산업의 효과를 분석한 후 배후입지에 적합한 산업을 선정하였다.

그리고 요인분석을 통해 얻은 요인점수를 변수로 하여 연도별 군집분석을 실시하여 연도별로 7개의 군집을 산출하여 각 산업들의 군집화 유형과 군집특성을 분석하였으며, 이를 통해 적합군집과 적합군집을 이루고 있는 소속 산업 중에서 적합산업을 도출하였다. 또한 실제 수도권의 산업집적 현황을 입지계수(LQ)를 이용하여 도출한 후 이를 군집분석결과와 비교하여 수도권 산업집적의 적합성을 분석하였다.

마지막으로 이상과 같은 분석결과들은 선행연구들을 근거로 하여 선정된 배후입지 적합산업의 기준을 이용하여 최종적으로 물류클러스터 활성화를 위한 배후입지 적합산업을 제시하였다.

연구결과를 요약해 보면 다음과 같다.

첫째, 요인분석을 통해 분류된 배후입지 결정 시 영향을 주는 요인군으로는 산업별 무역과의 관련성을 나타내는 무역특화도, 개별 산업이 다른 산업에 미치는 영향(후방효과)과 물류산업에 미치는 영향의 정도를 나타내는 영향력, 산업의 국내물류비 비중과 물류산업이 타 산업에 미치는 영향력을 보여주는 물류영향력, 산업의 항공수출입비중과 지역입지계수를 통해 수도권입지가 적합한 정도인 지역특성화, 산업의 취업유발효과를 나타내는 취업유발도, 다른 산업들에 의해 개별 산업이 받는 생산·투입의 영향(전방효과)을 보여주는 감응도, 해외직접투자 유치 가능성을 보여주는 산업 내 무역으로 정리할 수 있다.

둘째, 요인분석을 통한 적합산업 선정결과는 다음과 같다. 먼저 선정기준은 산업별 요인들에 요인점수가 연도별로 증가하는 산업과 전체 기간(1990~2000년)을 대상으로 요인점수가 높은 산업을 적합산업으로 선정할 수 있다. 분석결과 적합산업으로는 전기전자기기, 인쇄·출판 및 복제, 화학제품, 섬유 및 가죽제품, 비금속광물제품, 가구 및 기타 제조업 산업을 선정할 수 있다.

셋째, 군집분석을 통해 적합산업을 도출한 결과는 다음과 같다. 가장 적합한 산업으로는 비금속광물, 제1차 금속, 전기전자기기 산업이라 할 수 있으며, 차순위로 섬유 및 가죽제품, 목재 및 종이제품, 화학제품, 인쇄·출판 및 복제, 금속제품, 가구 및 기타 제조업 산업이다. 이들의 산업특성을 보면 요인 중에서는 산업 내 무역이 상당히 강한 산업이며 상대적으로 무역특화도가 약한 산업들이 많았다.

넷째, 수도권 산업집적 현황과 군집분석에 도출한 적합군집과의 비교를 통해 산업집적의 적합도를 살펴본 결과 전반적으로 산업집적이 적합군집과 비슷하게 이루어져 어느 정도 적합도가 있다고 할 수 있다. 한편 산업집적 현황에서 특이한 점은 2000년의 경우 거의 대부분의 군집이 산업집적이 잘되어 있는 산업으로 나타나고 있어 산업집적의 다양화가 이루어지는 것으로 추정할 수 있었다. 그러나 이러한 다양한 집적현상은 배후입지 적합산업 선정에 영향을 주는 모든 요인에 대한 고려가 이루어졌다는 면에서 긍정적인 측면이 있으나, 지역의 특성화를 위한 선택과 집중이 떨어지는 부정적인 측면이 공존한다고 볼 수도 있다.

마지막으로 물류클러스터 활성화를 위한 배후입지 적합산업을 선정한 결과는 다음과 같다. 먼저 기존 이론을 바탕으로 선정한 기준으로는 산업의 요인점수, 성장잠재력과 지역경쟁력을 이용한 지역적 특성, 입지계수, 정부의 정책의지이며, 적합산업은 섬유 및 가죽제품, 인쇄·출판 및 복제, 전기전자기기가 모든 기준에 부합하여 최적의 적합산업이라 할 수 있다. 다음 순위로는 목재 및 종이제품, 화학제품, 정밀기기, 금속제품, 일반기계 산업 순이다.

한편 인천경제자유구역 내 위치할 물류클러스터의 기능은 크게 두 가지 측면에서 분석할 수 있는데 먼저 글로벌 경영활동을 전개하는 기업들의 글로벌SCM을 지원할 수 있는 동북아지역물류거점의 역할을 수행하는 외부적 기능과 우리나라의 수출입물류 특히 항공운송 관련 물류에 있어서 거의 유일한 창구라고 할 수 있기 때문에 국내 수출입 항공물류의 관문이자 거점의 역할을 수행하는 내부적 기능으로 구분할 수 있다. 이러한 인천경제자유구역 내 물류클러스터의 내·외부적 기능을 활성하기 위한 구체적인 방안을 배후입지 적합산업의 전략적 육성방안과 인천국제공항의 활용도 증대방안으로 나누어 제시해 보면 다음과 같다.

먼저 배후입지 적합산업의 전략적 육성방안으로는 첫째, 수도권 적합산업 특히 경공업을 중심으로 공간적 집적을 통해 시장, 기술 등의 정보를 공유하며, 집적을 통해 전문인력 수급에 보다 효율적으로 대처하며, 상호 협력의 폭을 넓혀 거래비용을 절감시킬 수 있는 혁신클러스터를 구축하여야 한다. 둘째, 수도권에 집중되어 있는 지식기반서비스산업과의 제휴 등을 통한 협력관계를 구축하여 산업의 고도화를 통한 경쟁력 확보에 주력하여야 한다. 셋째, 물류기반이 부족한 적합산업의 경우 3PL기업 또는 종합물류전문기업과의 전략적 제휴를 통해 전략적 물류시스템을 구축하여야 할 것이다. 마지막으로 개별 수도권 적합산업의 물류수요를 예측하고 그에 따른 적합한 물류인프라를 확충하는 것이 중요한데 특히 육상화물 운송업과 항공화물 운송업 그리고 창고업의 물류인프라 확충이 시급하다.

다음으로 인천국제공항 활용도 제고방안으로는 첫째, 중국의 빠른 경제성장으로 인한 물류수요의 급증에 따른 대중국 화물의 유치가 필요하다. 특히 동북 3성과 산동성의 Sea & Air 화물의 유치를 적극적으로 추진하여야 할 것이다. 둘째, 글로벌 기업과 국내 기업의 유치와 여객수요 창출을 위해서는 물류시설의 확충뿐만 아니라 삶의 질을 높일 수 있는 의료 · 교육 등의 기본적인 서비스산업과 관광산업과 같은 보완적인 서비스산업의 육성이 필요하다. 셋째, 인천국제공항의 국내외 시장의 접근성 향상을 위한 운송수단의 복합적 활용을 위해서는 육 · 해 · 공 연계운송네트워크의 구축이 필요하다. 마지막으로 동북아지역물류거점에서 나아가 비즈니스거점으로 발전을 위해서는 국제무역과 유통기능을 담당할 수 있는 국제업무시설의 조기 확충이 필요할 것으로 보인다.

2절 연구 활용도 및 한계

이상과 같은 인천경제자유구역의 물류클러스터 활성화 방안으로서 수도권을 대상으로 하는 적합산업의 선정과 당해 산업을 중심으로 하는 전략산업 육성을 통한 지역특성화에 대한 본 연구는 중앙정부의 국토균형발전과 지자체의 수도권 발전이라는 정책 추진에 있어서 지역적 특성화와 국가경제에 미치는 영향(무역, 물류, 산업연관 등)을 고려한 적합산업을 제시함으로써 향후 동북아 물류 · 업무거점으로 성장 가능성이 높은 인천경제자유구역을 최대한 활용하면서 수도권의 성장을 주도할 수 있는 전략산업의 선정과 육성방안에 대한 방향성을 제시할 수 있을 것으로 보인다.

또한 현재 진행되고 있는 인천경제자유구역의 활성화 논의에 있어서도 타 경제자유구역과의 차별성과 경쟁성 향상을 위해 물류클러스터의 구축 과정에 있어서 단순한 항공운송 중심의 물류시설의 집적이 아닌 수도권 등 배후에 입지할 적합산업의 물류수요를 최대한 충족시킬 수 있는 물류시설과 서비스의 제공이 필요하다는 논의와 함께 물류클러스터에 입지해야 할 구체적인 물류시설과 서비스의 공급과 효율적인 활용에 대한 연구가 필요하다는 논의의 출발점을 제기할 수 있다고 사료된다.

마지막으로 인천경제자유구역의 활성화뿐만 아니라 수도권 및 국가의 경제성장을 위해서도 반드시 필요한 외국인직접투자의 확충방안으로서 물류클러스터 배후입지 적합산업을 중심으로 하여 당해 산업을 육성하는 데 도움이 될 수 있는 연관산업 및 서비스산업입지를 외국인직접투자전략의 중심축으로 삼는다면, 수도권 지자체 및 인천경제자유구역이 유치에 적극적으로 나서야 할 목표기업의 선정에 있어 조금이나마 기여할 수 있을 것으로 생각된다.

본 연구의 한계점으로는 물류클러스터와 경제자유구역에 관한 기존의 연구가 산업연관분석 또는 설문조사를 바탕으로 한 정성분석이 대부분이라는 문제점을 극복하기 위해 배후지역입지에 영향을 줄 수 있는 모든 요소(산업의 지역적 특성, 무역 기여도, 물류 활용도 등)를 고려하여 분석을 시도하였다. 그러나 이러한 분석을 위한 적합한 분석 모델을 도출하기 어려운 관계로 요인분석을 시도할 수밖에 없었으며, 요인분석결과 또한 신뢰성이 낮게 나오는 문제가 발생하였다. 따라서 추후 좀더 체계적인 계량 모델의 정립이 필요할 것으로 여겨진다.

다음으로는 본 연구가 물류클러스터 배후에 입지할 적합산업의 도출이 주된 목적이었기 때문에 도출된 적합산업별 구체적인 육성방안에 관한 연구가 미약했다. 따라서 향후 연구에서는 적합산업별 구체적인 육성방안에 대한 별도의 연구가 반드시 필요할 것으로 사료되며, 특히 선정된 적합산업 중에는 이른바 사양산업이라 여겨지는 산업들이 있기 때문에 이러한 산업의 육성에 있어 좀더 정책적이고 전략적인 접근이 필요할 것으로 보인다.

마지막으로 본 연구는 배후입지에 영향을 줄 수 있는 다양한 요인들을 대상으로 하기 위해서 무역 관련 자료, 지역특화 관련 자료, 물류 관련 자료, 산업연관분석 관련 자료 등을 활용하였으나, 해당자료들의 산업 분류 기준이 상이하며 자료의 연도가 일치하지 않는 문제점이 발생하였다. 이를 해결하기 위해 먼저 연구자의 판단으로 산업 분류 연계표를 작성하여 자료별 상이한 산업 분류를 일치시켰기 때문에 산업 분류에 있어 약간의 오차가 있을 수도 있다.

또한 산업 분류의 복잡성으로 인해 연구의 범위를 산업의 세분류까지 실시하지 못하고 산업연관표 28개 부문으로 한정시킬 수밖에 없었으며, 이로 인해 산업의 분류가 너무 크게 이루어져 있어서 실제 정책으로 활용하는 데 무리가 있을 것으로 예상된다. 그리고 각 자료별 연도를 일치시키기 위해서 부득이 산업연관표 작성 연도(1990, 1995, 2000년)에 맞출 수밖에 없어서 최신 자료의 활용이 부족했다. 따라서 추후 연구에 있어서 보다 체계적인 산업의 세분류까지 적용된 산업 분류 연계표의 작성을 통해 적합산업을 선정함에 있어 산업의 분류단계를 좁힐 필요가 있을 것이다. 또한 자료의 시기에 있어서도 2005년 산업연관표가 나온다면 이를 추가하여 최근의 자료를 이용하여 분석을 하여야 할 것이다.

참고문헌

〈국내문헌〉

강광화,『산업연관분석론』, 연암사, 2000.

강창덕, "산업연관표로 본 한국 ICT클러스터의 산업연계 특성과 그 정책적 함의",『국토연구』(국토연구원), 제34권 3호, 2002.

경기도,『수도권 성장관리 기본구상』, 2004.

곽승준 외, "산업연관분석을 이용한 해양산업의 국민경제적 파급효과 분석",『해양정책연구』, 한국해양개발연구원, 2002.

국가균형발전위원회,『2006년도 국가균형발전계획에 관한 연차보고서』, 2006.

권영섭 외,『지식기반산업의 입지특성과 지역경제 활성화 방안 연구』, 국토연구원, 2002.

권영섭 외,『지역특성화 발전을 위한 혁신클러스터 육성방안 연구』, 국토연구원, 2005)

김경석 외,『경제자유구역의 물류거점기능 활성화 방안』, 국토연구원, 2004.

김기환, "경제자유구역의 추진현황과 향후 과제",『산업경제분석』, 산업연구원, 2003

김상호 외, "무역과 지역 제조업의 생산성",『국제경제연구』, 국제경제학회, 제4권 1호, 1998.

김새로나, "항만클러스터 구축에 영향을 미치는 요인에 관한 연구", 중앙대학교 박사학위논문, 2003.

김익성 외, "전략적 제휴 및 제3자물류 기반 총공급망 관리전략: 전자 및 자동차산업 사례연구",『로지스틱스연구』, 제13권 2호, 2005.

김의준 외, "수도권 제조업 집적경제 분석",『국토연구』, 제45권, 2005.

김정홍,『지역산업의 혁신역량 강화방안』, 산업연구원, 2004. 12.

김주한 외,『바이오클러스터의 성공조건과 발전방안』, 산업연구원, 2003.

김현옥·이현수, "항공화물운송시장에서의 제3자물류 도입 전략",『로지
스틱스연구』, 제12권 2호, 2004.

동북아경제중심추진위원회,『동북아경제중심의 비전과 과제』, 2003.

무역연구소,『우리나라의 산업내 무역(Intra-Industry Trade)과 결정요인
에 관한 연구: 동아시아 주요국과의 국제분업 패턴 분석』, 한국
무역협회, 2004.

박기찬, "Pentaport Networking-분석방법 및 개발전략", 동북아물류허브
국제포럼 발표논문, 인하대학교, 2003.

박창호,『인천지역 물류산업 활성화를 위한 기초연구』, 인천발전연구원, 2001.

방희석 외, "동북아 물류거점의 Cluster 접근방안",『무역학회지』, 제29
권 3호, 2004.

백종실 외,『관세자유지역의 글로벌 물류기업 유치 강화방안 연구』, 한
국해양개발연구원, 2001.

변필성 외, "지역 경쟁력과 경제발전 간의 관계",『한국경제지리학회지』,
한국경제지리학회, 제8권 2호, 2005.

유완 외, "요인분석을 이용한 산업군집의 설정",『국토계획』, 대한국토
도시계획학회, 제24권 2호, 1989.

이규훈, "광주·전남지역의 물류환경분석", 2003년도 제2회 광주·전남
지역발전 포럼, 2003.

이미영, "부산지역경제활성화를 위한 물류Cluster 전략화 방안",『물류학
회지』, 제14권 2호, 2004. 7.

이양우 외, "부산지역 항만물류산업의 클러스터 분석",『국제상학』, 2004.

이영준,『요인분석의 이해』, 도서출판 석정, 2002.

이원섭 외,『지역의 특성화 발전을 위한 산업별 수위도시 육성방안 연
구』, 국토연구원, 2004.

이재민 외,『한·중·일 FTA 진전이 물류부문에 미치는 영향 분석』, 한
국교통연구원, 2005.

이창재,『동북아 비즈니스 거점화 전략의 기본방향』, 대외경제정책연구

원, 2002.

이헌수 외, "한중간 해공복합운송 활성화 전략", 『로지스틱스연구』, 제 14권 1호, 2006.

전성혜, "요인분석을 이용한 최적 군집화", 『청주대학교 산업과학연구』, 제23권 2호, 2006.

정봉민, 『컨테이너항만 물동량예측 재검토』, 한국해양수산개발원, 2004.

차미숙, "외국인직접투자기업의 지역산업연계 실태분석", 『국토연구』, 제 42권, 2004.

최용록, "동북아물류허브를 위한 Techno-Port의 개발 방안", 『무역학회 지』, 2004.

최용록, 『알기쉬운 국제운송물류의 이해』, 인하대학교 출판부, 2002.

최태성 외, 『사회과학을 위한 통계자료분석』, 다산출판사, 2004.

하헌구 외, 『동북아물류중심지화 전략 수립 및 시행방안』, 교통개발원, 2002.

한국은행, 『산업연관표』, 2003.

한철환, 『Port Cluster 구축 및 효과에 관한 연구』, 한국해양수산개발원, 2002.

〈외국문헌〉

Audretsch, D. B., Feldman, M. P., "Knowledge Spillovers and the Geography of Innovation and Production", CEPR Discussion Paper, No.953, 1994.

Ballou. R. H., "Logistics Network Design: Modeling and Informational Considerations", *International Journal of Logistics Management,* Vol.6 No.2, 1995.

Brush. T. H., Maritan. C. A. and Karnani. A., "The Plant Location Decision in Multinational Manufacturing Firms: An Empirical Analysis of International Business and Manufacturing Strategy Perspectives", *Production and Operations Management*, Vol.8,

No.2, Summer 1999.

Copacino. W. C., "The Emergence of 'Value Networks'", *Logistics Management & Distribution Report*, August 1999.

Coyle. J. J., Bardi. E. J., and Langley Jr. C. J., *The Management of Business Logistics*, West Publishing Company, 1997.

De Bresson, C., *Economic Interdependence and Innovative Activity*, Edward Elgar Publishing, 1996.

De Langen, P. W., "Clustering and Performance: The Case of Maritime Clustering in the Netherlands", *Maritime Policy and Management*, Vol.29, No.3, 2002.

Drejer. Ina, "Boosting Innovation: The Clusters Approach", *OECD Proceedings*, Paris: OECD, 1999.

Dutch Ministry of Economic Affairs, "Overview of Cluster Policies in International Perspectives", 2000.

Engdahl. L. F., "Optimizing Global Supply Chains", *Annual Conference Proceedings*, CLM, 1997.

Feldman, M. P., *The Geography of Innovation*, Kluwer Academic Publishers, Netherlands, 1994.

Gooley. T. B., "The Changing Face of Asia: How It affects Logistics", *Logistics Management and Distribution Report*, February 1998.

Handfield. R. B. and Nichols. Jr. E. L., *Introduction to Supply Chain Management*, Prentice Hall, NJ, 1999.

Juga Jari, "Organizing for Network Synergy in Logistics: A Case Study", *International Journal of Physical Distribution & Logistics Management*, Vol.26, No.2, 1996.

Krugman. P., "Increasing Returns and Economic Geography", *Journal of Political Economy*, 1991.

Krugman. P., "On the Relationship between Trade Theory and Location Theory", *Review of International Economics*, 1993.

Krugman. P., *Geography and Trade*, MIT, Cambridge, 1991.

MacCormack. A. D., Newman Ⅲ. L. J. and Rosenfeld. D. B., "The New Dynamics of Global Manufacturing Site Location", *Sloan Management Review*, Vol.35, No.4, Summer 1994.

Muizer, A. and Hospers, G. J., "SMEs in Regional Industry Clusters, The Impact of ICT and the Knowledge Economy", *EIM*, 2000.

Nelson, R. R., "The Sources of Industrial Leadership: A Perspective on Industrial Policy", *De Economist*, No.147, 1999.

Ocean Shipping Consultants Ltd, "Kwangyang Phase Ⅲ Market Study", 2003.

OECD, *Boosting Innovation: The Clusters Approach*, OECD Proceedings, Paris: OECD, 1999.

Oxford University, Oxford Advanced Learner's Dictionary(Oxford University Press, 2000).

Padit. N. R. et al., "A Comparison of Clustering Dynamics in the British Broadcasting and Financial Services Industries", *International Journal of the Economics of Business*, Vol.9, No.2(2002).

Poirier. C. C., *Advanced Supply Chain Management*, Berret−Koehler Publisher Inc., SF, 1999.

Porter. M. E., On Competiti*on*, Harvard Business Press, 1998; *The Competitive Advantage of Nations*, New York, The Free Press, 1990.

Porter. M. E., "Location, Competition, and Economic Development: Local Clusters in a Global Economy", *Economic Development Quarterly*, February 2000.

Porter. M. E., *The Competitive Advantage of Nations*, The Free press, 1990.

Roelandt, T. et al., "Cluster Analysis and Cluster−based Policy Making in OECD Countries: An Introduction to the Theme", *Boosting Innovation: The Cluster Approach*, OECD, 1999.

Scottish Enterprise, "Scottish Enterprise Network Strategy", 1999.

· 저자 ·

유광현
俞洸鉉

· 약 력 ·

건국대학교 무역학과 졸업
건국대학교 국제무역학과 경제학 석사
건국대학교 국제무역학과 경제학 박사
건국대학교 경제경영연구소 연구원
현) 부천대학교 비서과 겸임교수
　건국대학교 국제무역학과 강사
　대진대학교 국제통상학과 강사
　덕성여자대학교 경영학과 강사
　배화여자대학 국제무역과 강사

· 주요논저 ·

「농작물재해보험제도의 개선방안에 관한 연구」, 상경연구, 2004.
「상품의 전자상거래에 있어서 물류·결제 통합시스템 구축에 관한 연구」, 상품학연구, 2004.
「동북아 물류중심을 위한 물류클러스터 구축에 관한 연구」, 관세학회지, 2005.
『무역초보자가 꼭 알아야 할 139가지』(원앤원북스, 2006) 외 다수

〈공동저자〉

장동한
張東漢

· 약 력 ·

한국외국어대학교 영어과 졸업
Univ. of Michigan 경제학과 졸업
Univ. of Pennsylvania 경제학 석사
Wharton School, Univ. of Pennsylvania 경영학(보험) 박사
Pennsylvania State Univ. 경영대학 교수
한국금융연구원 연구위원
Univ. of Pennsylvania 교환교수(Fulbright Scholar)
현) 건국대학교 상경대학 국제무역학과 교수
　노동부 임금채권보장기금 심의위원회 위원
　한국 CPCU 협회 회장
　APRIA(아시아-태평양 보험학회) 이사

· 주요논저 ·

「Workers' Compensation for Occupational Disease」, Journal of Risk and Insurance, 1993.
「1980년대 미국 유니버설 생명보험의 발전 분석」, 금융연구, 1994.
「사회보험의 민영시스템 도입에 관한 연구」, 사회보장연구, 2001.
「개인구좌제도의 도입을 통한 우리나라 연금시스템의 효율성 제고 방안에 관한 연구」, 보험학회지, 2004.
『이야기로 배우는 경제공부』(매일경제신문사, 1999)
『국제금융과 대한민국』(유인출판사, 2004)
『개인구좌제도의 도입을 통한 우리나라 연금시스템의 발전 방안』(한국금융연구원, 2004) 외 다수

물류클러스터를 연계한
수도권 적합산업

• 초판 인쇄   2008년 4월 28일
• 초판 발행   2008년 4월 28일

• 지 은 이   유광현 · 장동한
• 펴 낸 이   채종준
• 펴 낸 곳   한국학술정보㈜
            경기도 파주시 교하읍 문발리 513-5
            파주출판문화정보산업단지
            전화 031) 908-3181(대표) · 팩스 031) 908-3189
            홈페이지 http://www.kstudy.com
            e-mail(출판사업부) publish@kstudy.com
• 등   록   제일산-115호(2000. 6. 19)
• 가   격   18,000원

ISBN   978-89-534-9088-8 93320 (Paper Book)
        978-89-534-9089-5 98320 (e-Book)